HISTOIRE
UNIVERSELLE
DES RELIGIONS.

PARIS. — IMPRIMERIE DONDEY-DUPRÉ,
46, rue Saint-Louis, au Marais.

HISTOIRE

UNIVERSELLE

DES RELIGIONS

Théogonies, Symboles, Mystères, Dogmes, Livres sacrés.

ORIGINE DES CULTES,

FOURBERIES SACERDOTALES, PRODIGES ET MIRACLES, SUPERSTITIONS, CRIMES DES PRÊTRES, MOEURS, COUTUMES ET CÉRÉMONIES RELIGIEUSES.

MYTHOLOGIES

de l'Inde, de la Chine, du Japon, de la Chaldée, de la Perse de l'Égypte, des Celtes, des Germains, des Slaves, de la Grèce, de l'Italie, et généralement de tous les peuples de l'Asie, de l'Afrique, de l'Europe, de l'Amérique et de la Polynésie.

DEPUIS L'ORIGINE DU MONDE JUSQU'A NOS JOURS.

PAR UNE SOCIÉTÉ D'HOMMES DE LETTRES ET DE SAVANTS,

SOUS LA DIRECTION
DE J. A. BUCHON.

Magnifique édition splendidement illustrée.

I

RELIGIONS DE L'INDE.

PAR

Eugène Pelletan et L. F. Alfred Maury.

PARIS.

ADMINISTRATION DE LIBRAIRIE,

26, RUE NOTRE-DAME-DES-VICTOIRES, PRÈS LA BOURSE.

1845

ORIGINE DU MONDE.

Dans tous les temps et dans tous les lieux, l'homme s'est montré enclin à subordonner les autres histoires à son histoire, les autres créatures à lui seul. De même que, sur la terre qu'il habite, il suppose tous les êtres doués de vie créés pour lui, sa vanité aime à croire aussi que dans ce vaste espace des cieux peuplé de tant de mondes, tous ont été créés pour servir d'ornement à son monde. Les systèmes cosmogoniques des peuples se ressemblent en ce point, et tous, en mentionnant dans leurs annales ou leurs traditions la première création ou formation de notre globe, la font contemporaine de la création ou formation simultanée de ces millions de globes lumineux distribués dans l'espace; plusieurs même la font antérieure aux autres créations, et supposent que sa destruction sera le signal de toutes les autres destructions.

Et cependant, combien de millions de mondes, dans lesquels le mouvement et la vie se manifestent avec les formes qui leur sont propres, nous resteront à jamais inconnus! Nous avons sans doute apprécié avec grande sagacité les lois par lesquelles se meuvent les corps célestes du système particulier auquel nous nous rattachons nous-mêmes. Nous avons fait plus :

pénétrant au delà de ce système, nous avons mesuré la distance qui nous sépare de ces astres dont l'existence ne nous est révélée que par le jet lumineux qu'ils projettent jusqu'à nous, et qui ne nous parvient qu'après avoir mis une longue série d'années à tracer sa route ; nous avons déterminé le mouvement, l'étendue, le poids de ceux qui se rapprochaient le plus de nous. Mais, bien au delà de ces sphères et de tant d'autres corps célestes à peine visibles malgré toute la puissance de la science, se multiplient, dans les champs infinis de l'espace, beaucoup d'autres astres au delà desquels s'étend un nombre incommensurable d'autres mondes, dont le point central nous est inconnu, et où se manifestent aussi le mouvement, la lumière et la vie. Et si, dans le système particulier où nous gravitons, l'apparition et la disparition de notre planète ne pourrait être qu'un accident passager, ou même un phénomène régulier, se manifestant sans rien changer aux lois imposées aux planètes nos sœurs qui gravitent comme nous, et plus imposantes que nous, dans le même système solaire, quel effet pourraient, avec plus de raison, produire cette apparition ou cette disparition au delà de ce système où nous nous mouvons ! L'anéantissement et la disparition complète de ce système lui-même en son entier, de ce vaste ensemble, qui n'est pourtant qu'un point infiniment petit dans l'espace, ne saurait porter atteinte à ces milliers de mondes placés en dehors de son action.

Le premier résultat de la science doit donc être de nous faire comprendre ses limites et les nôtres. Réduits à mettre notre intelligence sous la discipline de sens très-circonscrits, nous ignorerons longtemps, toujours peut-être, mais sans pouvoir les nier, beaucoup de mystères qui vont à chaque heure s'accomplissant au delà de ce qu'aucune de nos sciences humaines dans leur état présent ne saurait encore nous révéler. Mais, en portant toute l'ardeur de nos recherches sur ce qu'il nous est réservé de bien connaître, nous remonterons de certitude en certitude à un degré plus élevé de la science, et en nous rendant un compte sévère de notre faiblesse et de nos erreurs, nous saurons mieux aussi apprécier notre force et la puissance de notre raison.

Bien des obstacles naturels et artificiels s'opposent encore et s'opposeront toujours plus ou moins à leur libre développement ; mais chaque génération sème des germes de science qui seront recueillis par les générations suivantes, et si les passions des hommes, toujours les mêmes, viennent souvent détruire les meilleurs fruits de l'expérience, les erreurs au moins sont démasquées et connues, et ne sauraient plus obtenir une domination durable. Les sciences physiques, en étendant peu à peu leurs conquêtes, ont déjà beaucoup ajouté au domaine de la vérité. Elles sont en progrès régulier dans notre coin du monde, et chaque jour une erreur dangereuse disparaît pour faire place à une vérité utile. Les sciences politiques et morales, la connaissance exacte des rapports nécessaires à établir entre les hommes pour améliorer leur société particulière, la connaissance des relations à établir avec les autres sociétés humaines, la connaissance de l'homme lui-même, sont loin sans doute d'être aussi avancées, bien qu'elles soient depuis plus longtemps livrées à l'examen des hommes. Le poids des erreurs des générations passées pèse sur les générations présentes, trouble la netteté de leur jugement et arrête leurs progrès. Mais la vérité la plus étrangère en apparence à une branche d'études fait souvent jaillir mille autres vérités. Toutes se coordonnent, se fortifient en s'unissant, et forment avec le temps un faisceau difficile à briser. Il convient donc de marcher avec courage à la conquête de toutes les vérités, les unes dans les sciences, celles-ci dans la morale, celles-là dans l'histoire ; le temps saura bien produire le ciment qui les unira toutes en une seule. Que chacun accepte, selon son courage, sa part d'études et de recherches, et que le but final soit toujours d'atteindre à ce souverain bien, la vérité.

Notre but à nous c'est de suivre pas à pas dans l'histoire la naissance et le développement de cette faculté si spécialement propre à l'homme, la faculté religieuse. Nous examinerons les différentes formes qu'elle revêt chez les différents peuples à tous les âges du monde; nous montrerons ces diverses formes religieuses naissant, grandissant, s'affaiblissant et s'éteignant ou se transformant, comme naît, grandit, s'affaiblit et s'éteint ou se transforme tout ce qui est destiné à l'homme. Une telle histoire, si elle était bien complète, si elle était tracée d'une main ferme, si elle était conçue dans des vues hautes et sévères, serait le tableau le plus instructif des grandeurs et des misères, de la force et aussi des maladies de l'intelligence humaine. Nos connaissances actuelles du monde antique et des divers cultes de l'Asie moderne elle-même, cette inépuisable source des systèmes religieux et des systèmes philosophiques, sont encore trop imparfaites pour qu'on puisse exécuter un tel tableau dans sa perfection; mais une esquisse bien étudiée a aussi son prix, quand les contours en sont nets et arrêtés, et que la scène est présentée d'une manière vive et dramatique.

Avant d'exposer comment le sentiment religieux vint à surgir dans le cœur de l'homme, examinons comment l'homme fut placé dans ce monde, et d'abord, comment ce monde lui-même, balancé dans l'espace et prenant désormais sa place au milieu des autres mondes, s'organisa et se développa, et comment, après une série de révolutions physiques, il devint propre à recevoir les diverses familles de l'espèce humaine. Demandons quelques lumières aux découvertes modernes de la science.

M. de La Place pense : que les matériaux dont se compose le globe terrestre ont été d'abord sous forme élastique; qu'ils ont pris successivement, en se refroidissant, la consistance liquide, et qu'ils en sont ainsi venus à se solidifier.

Le calcul mathématique démontre : qu'une masse de matière fluide emportée dans l'espace par un mouvement de translation, comme celui de la terre autour du soleil, et tournant sur elle-même par un mouvement de rotation autour d'un axe constant, comme le fait la terre sur son axe, prend la forme d'un sphéroïde aplati vers ses pôles; et telle est en effet la forme du globe terrestre.

Des expériences exactes et neuves de M. Cordier ont démontré : que cette fluidité était ignée; que les matières qui composent la terre étaient liquéfiées par la chaleur; que cette chaleur, qui, au centre du globe, devait être de 3,500 degrés du pyromètre de Wedgwood, était déjà de 100 degrés à 20 lieues ou 100,000 mètres de profondeur au-dessous de la surface habitable de la terre, température suffisante pour fondre toutes les laves et la plupart des roches; que l'écorce de la terre, abstraction faite de cette pellicule superficielle et incomplète qu'on nomme sol secondaire, s'était formée par un refroidissement successif et permanent, insensible à la surface de la terre, où les pertes de chaleur sont, selon le savant Fourrier, compensées par l'effet d'une propagation qui procède uniformément du dedans au dehors; que cette écorce continue journellement à s'accroître par de nouvelles couches solides; que la formation des terrains primordiaux n'a pas cessé, et qu'elle ne cessera qu'après un temps immense, c'est-à-dire lorsque la chaleur centrale, resserrée progressivement vers son centre, aura fini par perdre sa puissance expansive et par être neutralisée et anéantie; et qu'enfin sur ce globe, formé par un refroidissement successif, la vie disparaîtra à la surface de la terre et dans son sein, lorsque ce refroidissement aura atteint ses dernières limites, et qu'ainsi l'extinction de la chaleur entraînera l'extinction de la vie.

Cette matière solidifiée dont les couches tendent successivement à s'accroître par l'intérieur, de même que s'épaississent par une adjonction intérieure remontant du fond les couches de glace qui couvrent nos eaux, forme comme le *nucleus* de la terre; les terrains secondaires en forment comme l'écorce et la pellicule, et les terrains tertiaires, d'une composition beaucoup plus récente, en sont comme l'épiderme. Les recherches de M. G. Cuvier et celles de M. Brongniart ont porté la lumière dans cette nuit de la géologie. Nous présenterons ici un aperçu des plus hauts résultats de leurs recherches, mais en procédant dans un sens inverse de l'exposition donnée par M. G. Cuvier, c'est-à-dire en remontant du centre de la terre à sa surface, des couches les plus anciennes aux couches les plus nouvelles, des époques les plus obscures du monde à ses époques les plus récentes.

Les fondements primitifs de notre globe se composent, suivant M. G. Cuvier, de marbres, de schistes primitifs et de granits. Telles sont les formations les plus anciennes qu'il nous soit donné de connaître ; c'est la première nature, la nature morte et purement minérale. De longues révolutions contribuèrent à l'agrégation de ce premier terrain primordial ; la vie ne s'y manifestait pas encore.

Une sorte de lutte se préparait cependant entre cette nature morte et les forces organisatrices de la nature vivante. Déjà, dans les calcaires noirs et les schistes, superposés à ces terrains primordiaux et formant les terrains de transition qui alternent avec des restes de terrains primitifs, on trouve la trace de crustacés et de coquilles de genres aujourd'hui perdus. Soit que la nature des liquides et de l'atmosphère ne fût compatible qu'avec l'existence de ces êtres imparfaits, soit que la force productrice ait dû procéder par degrés dans son intensité et ses perfectionnements, les zoophytes sont les premiers et les seuls animaux de cette époque du monde. La vie existait déjà, mais c'était une vie équivoque et dénuée de sensibilité.

Au-dessus de ces terrains remplis de crustacés et de coquilles se manifeste la trace des premières richesses végétales qui aient orné la face du globe. C'est dans le grès rouge, qui compose cette nouvelle couche, que l'on rencontre ces fameux amas de charbons de terre, au milieu desquels se remarquent les empreintes d'énormes troncs de fougères, de bambous et de palmiers, qui disent assez combien ces antiques forêts, réduites en mines inépuisables de charbon, différaient de nos forêts actuelles. Ces débris végétaux supposent déjà des terres sèches et une végétation à l'air ; mais il s'en faut de beaucoup que l'on trouve sitôt, parmi les couches successives produites par autant de révolutions, aucun reste d'animaux qui aient pu vivre sur la terre sèche et respirer l'air en nature. Par la production de ces immenses végétaux, la force organisante de la nature semble préluder pas à pas à la formation d'êtres plus perfectionnés. La sensibilité paraît dans le monde, bien que renfermée encore dans des limites très-étroites.

C'est avec les terrains secondaires, qui se superposent aux terrains primordiaux et à ces terrains de transition, que la vie commence à se montrer sous une forme plus perfectionnée.

De minces couches de schiste cuivreux enveloppent la couche de grès rouge du terrain de transition, et c'est dans leur sein qu'on retrouve les traces d'une organisation supérieure aux organisations précédentes. Les poissons et reptiles d'eau douce y abondent. Avec les poissons, la vie montre plus de force, mais elle est encore bornée à un sentiment automatique, à un pur instinct. Les reptiles, qui plus tard paraissent avoir peuplé les îles et les rivages, sont des êtres plus intelligents encore, et probablement les seuls qui convinssent à la nature sauvage d'alors. Telle est la première couche des terrains secondaires, et tels sont les êtres vivants recelés dans son sein.

Puis vient un terrain calcaire dans lequel sont déposés de grands amas de gypse et de riches couches de sel.

Puis des couches de grès bigarré séparent ces terrains calcaires d'un autre calcaire.

Puis vient un autre calcaire tout rempli d'innombrables coquilles et zoophytes.

Puis de grandes couches de sables et de grès remplies d'empreintes végétales recouvrent ce second calcaire coquillier.

Puis de grandes masses de schistes calcaires, entrecoupées de véritables bancs d'oolithes et d'un amas innombrable de poissons, de crustacés, d'huîtres à valves recourbées, et des reptiles les plus singuliers dans leurs formes et leurs caractères, se superposent à ces sables et à ces grès.

Puis des sables verts et des sables ferrugineux, agglutinés avec de nombreux débris de reptiles, recouvrent ces diverses assises calcaires.

Puis enfin toutes ces couches diverses, fruit d'autant de révolutions, qui sont venues chacune à leur tour apporter leur tribut de dépouilles et bouleverser dans certains lieux ces couches dans leur inclinaison, sont recouvertes d'une couche de craie, aussi immense par son épaisseur comparative que par son étendue. Cette craie, dépôt d'une mer tranquille et peu entrecoupée, ne contient que des restes de produits marins et de quelques animaux vertébrés appartenant tous à la classe des poissons et des reptiles, de grandes tortues et d'immenses lézards.

Jusque-là, malgré les diverses révolutions qui s'étaient manifestées à la surface du globe, la vie a été se perfectionnant peu à peu, dans sa transition des crustacés aux végétaux, des végétaux aux poissons, des poissons aux reptiles. Elle semble procéder par tâtonnements, mais toujours en se fortifiant et s'améliorant. Dans cette élaboration des terrains secondaires comme dans celle des terrains de transition et dans celle des terrains primordiaux, tout procède par des révolutions régulières, plutôt que par des mouvements convulsifs. Il en est autrement pour les terrains superposés à ceux-là.

Au-dessus de ces immenses bancs de craie qui forment la dernière enveloppe des terrains secondaires, commence la série des terrains tertiaires qui se terminent par l'amas des dépôts accumulés lors de la dernière des grandes révolutions des eaux, le déluge. Dans ces terrains tertiaires, tout annonce une série infinie de tourmentes et de variations, probablement assez rapides, puisque les dépôts qu'ils ont laissés ne montrent nulle part beaucoup d'épaisseur ni beaucoup de solidité. De curieuses expériences, faites par des hommes supérieurs, tels que MM. G. Cuvier et Brongniart, dans le bassin des environs de Paris, et appliquées ensuite à l'examen de plusieurs autres lieux, ont jeté le plus grand jour sur la composition présente de ces terrains tertiaires, composition soumise à des lois qui semblent s'étendre à toute la surface du globe. En dévoilant ainsi l'histoire du passé de notre terre, ces savants nous ont aidés à pénétrer et à comprendre l'histoire de son avenir. Ces faits sont intéressants à suivre.

Après avoir longtemps couvert chacun de ces terrains primordiaux et ensuite la dernière couche de craie qui les recouvre tous, et après y avoir déposé tranquillement leurs diverses couches successives, la mer a, pendant une longue série d'années, abandonné ce sol aux eaux douces. Et en effet, le premier terrain qui s'élève au-dessus de ces immenses bancs de craie est un terrain d'eau douce formé d'argile. Là, on trouve de nombreuses couches de lignite, charbon de terre d'une origine plus récente que la houille, des débris de végétaux, un très-grand nombre de coquilles terrestres et fluviatiles, des os de reptiles, des crocodiles et des tortues, mais on n'y trouve pas de débris d'une seule espèce de mammifères. Ils n'existaient sans doute pas à cette époque du monde. A la création des vertébrés ovipares aquatiques ou des poissons, avait succédé celle des vertébrés ovipares terrestres ou des reptiles, qui étaient alors les êtres les plus nobles. Ces nouveaux habitants du monde avaient des genres pour toutes les conditions dans lesquelles les animaux peuvent exercer leurs mouvements; il y en avait de terrestres, d'aériens, d'aquatiques, comme aujourd'hui nous avons des mammifères marchants, des mammifères volants et des mammifères nageurs. Tels étaient: l'*ichthyosaurus*, énorme reptile à la fois terrestre et nageur, avec une tête de lézard, un museau effilé, des dents coniques et pointues, un corps de plus de vingt pieds de longueur, quatre membres courts et gros, et des nageoires, parce qu'il vivait dans la mer et qu'il ne pouvait que ramper tout au plus sur la terre, comme le font les phoques, bien qu'il respirât cependant l'air élastique ; le *plesiosaurus*, avec un cou grêle aussi long que son corps, qui avait plus de vingt pieds de longueur, et ce cou s'élevant sur le tronc, comme pourrait le faire un corps de serpent, et se terminant par une petite tête de lézard ; le *megalosaurus*, qui avait la forme d'un lézard et la grandeur d'une baleine, car sa taille était de plus de soixante-dix pieds ; des crocodiles à long bec et à petit bec ; le *lacerta gigantea* ; des *ptérodactyles longirostres*, sorte de reptile de petite dimension à queue très-courte, à cou très-long, à museau fort allongé et armé de dents aiguës, à hautes jambes dont l'extrémité antérieure avait un doigt excessivement long, revêtu, comme dans les chauves-souris, d'une membrane propre à le soutenir en l'air, et accompagné de quatre autres doigts de dimension ordinaire, qui se terminaient par des ongles crochus ; sorte d'animaux étranges dont les débris, retrouvés peut-être avec plus d'abondance dans les temps primitifs, ont pu faire croire à l'existence des hydres et de tous les autres animaux fabuleux. Aucun de ces êtres n'a survécu aux révolutions qui recouvrent aujourd'hui leurs restes. Nés sous des conditions particulières d'existence, ils devaient cesser d'être sous les conditions différentes par lesquelles allait passer le monde, et qui, à mesure qu'elles se manifestaient tour à tour, entraînaient la ruine de celles des espèces qui n'étaient plus en harmonie avec la nouvelle création, et amenaient la production d'êtres tout nouveaux et d'une organisation moins imparfaite que ceux des créations précédentes.

L'eau douce, qui a laissé sur la craie le dépôt d'argile plastique dans lequel sont enfouis tous ces débris d'êtres doués d'une vie analogue à leur époque, fit ensuite place à la mer, et celle-ci forma au-dessus de cette argile d'eau douce sa couche propre de terrain marin. Ce dépôt est composé de puissants bancs de ce calcaire coquillier dont est construit Paris, et qui renferme un grand nombre de coquilles fossiles, la plupart inconnues dans les mers d'aujourd'hui, ainsi que quelques fragments d'ossements de mammifères marins. Les nouveaux êtres qui apparaissent ici pour la première fois marquent peut-être un degré dans l'échelle ascendante des êtres créés, celle où, de tous les genres de mammifères, il n'existait encore que les mammifères marins, qui précédaient l'époque où allaient se manifester les mammifères terrestres, de la même manière que l'époque des poissons avait précédé celle des reptiles. On voit que déjà les forces de la vie commençaient à se répandre et à se développer dans des créatures plus perfectionnées.

La mer s'étant de nouveau retirée après un séjour assez long, il se forma de vastes lacs d'eau douce, sur les bords desquels vivaient et mouraient les animaux dont les os se retrouvent aujourd'hui dans leurs sédiments, et qui y étaient entraînés par les ruisseaux et les rivières. Ainsi se forma de nouveau un terrain d'eau douce, composé, dans les environs de Paris et dans beaucoup d'autres lieux de l'Europe, de l'Asie et de l'Amérique qui ont été scientifiquement examinés, de couches de calcaire siliceux coquillier, et aussi, tout près de nous, de ce gypse de Paris qui se présente dans le sein de la terre en collines isolées, quelquefois assez allongées, mais toujours très-bien limitées, et remplies d'ossements de poissons, de reptiles, d'oiseaux, et, pour la première fois, d'une multitude d'espèces de mammifères terrestres inconnus à notre monde actuel. Les nouveaux êtres qui font leur apparition sont les pachydermes de moyenne taille; car la population de cette époque était loin d'atteindre à la haute taille des animaux de l'époque suivante. Parmi les nouveaux hôtes du monde, on remarque : le *palœotherium*, qui fourmille dans nos plâtrières, genre intermédiaire entre le tapir, le rhinocéros et le cheval, de la taille de nos chevaux, et portant une petite trompe; le *lophiodon*, se rapprochant encore plus du tapir et retrouvé en masse à Paris, en Bourbonnais, en Berry, en Languedoc, en Alsace; l'*anoplotherium*, genre extraordinaire qui ne peut se comparer à rien dans la nature vivante, et liant d'une part les rhinocéros et les chevaux aux hippopotames et aux cochons, et de l'autre les cochons aux chameaux; le *chéropotame*, assez voisin du genre des cochons; l'*adapis*, qui rappelle le hérisson; de petits hippopotames et de petits rhinocéros, de beaucoup inférieurs pour la taille à nos hippopotames et à nos rhinocéros. Les ruminants, comme le chevreuil, y étaient peu nombreux. Les carnassiers, quoique plus nombreux que les ruminants, ne paraissent pas avoir été dans la même proportion avec les autres espèces que celle où ils se trouvent dans notre monde; et ce qu'il y a de curieux, c'est qu'on trouve par exemple dans les environs de Paris un animal du genre de la sarigue, qui est maintenant tout à fait étranger à nos climats et est exclusivement confiné dans l'Amérique et dans la Nouvelle-Hollande. Les rongeurs, du genre de la souris domestique, y étaient rares, mais peut-être échappent-ils aux recherches par leur petitesse. Les oiseaux y étaient en grand nombre, à en juger par la multitude de leurs ossements. Les poissons d'eau douce, des reptiles assez semblables à ceux d'aujourd'hui, et les coquilles, ont laissé aussi dans ces terrains de nombreux vestiges de leur existence. Quant aux végétaux, leurs traces en sont également fort multipliées, et sans doute leur organisation allait aussi se perfectionnant à chaque acte de ce grand drame de la création, de la même manière qu'allait se perfectionnant l'organisation de tous les êtres doués de sensibilité.

On voit ensuite que la mer reprit de nouveau possession de son ancien domaine. Ainsi, par dessus cette couche de terrain d'eau douce, elle vint déposer de vastes couches de sables, qui comblèrent de profondes vallées, et les remplirent d'huîtres et autres coquilles marines. Dans cette couche marine se forma comme une inépuisable nappe de grès. Après avoir séjourné longtemps sur ces terrains, et les avoir imprégnés d'une nouvelle puissance productive, la mer se retira peu à peu dans le nouveau lit que lui creusa la convulsion du globe à la faveur de laquelle ces terres saturées de l'eau de mer restèrent exposées à l'action de l'air et du soleil.

La surface du globe revêtit encore une apparence nouvelle; mais cette fois la puissance organisatrice de la nature se manifesta sur des proportions tout à fait colossales. Les végétaux et les animaux de toute espèce se présentent, dans ce monde qui a précédé le nôtre, avec une exubérance de vie tout à fait extraordinaire, en harmonie avec les nouvelles conditions de la terre et de l'air et des eaux.

« En général, dit M. G. Cuvier, le savant explorateur de ce monde, le caractère du nouveau règne animal de cette époque, même dans l'extrême nord et sur les bords de la mer Glaciale d'aujourd'hui, ressemble à celui que la seule zone torride nous offre maintenant, et toutefois aucune espèce n'y était absolument la même. Les pachydermes dominaient encore, comme dans le monde précédent; mais des pachydermes gigantesques, des éléphants, des rhinocéros, des hippopotames, accompagnés d'innombrables chevaux et de plusieurs grands ruminants. Des carnassiers de la taille du lion, du tigre et de la hyène, désolaient ce nouveau règne animal. »

Sur cette terre à sève exubérante, au milieu de cette population d'animaux gigantesques et féroces, qui commençaient à se rapprocher des genres aujourd'hui vivants, mais sur de bien plus vastes proportions et avec quelque chose de la même association, aucun quadrumane ne paraît encore, et aucun débris fossile ne révèle l'existence même de singes d'espèces perdues. La terre n'était pas préparée à fournir aux conditions de cette existence plus délicate et plus perfectionnée des quadrumanes, ni bien moins, à celle du plus délicat et du plus perfectionné des animaux, l'homme. Pas à pas et de degrés en degrés, à travers tant de révolutions du globe, et après un nombre incalculable de siècles nécessaires à tant de développements et de transformations, la vie avait été revêtant chaque fois des formes plus perfectionnées. Des minéraux et de la nature morte, époque de sommeil où elle avait pu rester dormante pendant des milliers de siècles, elle avait pris enfin l'essor, et, par un premier et heureux effort, s'était élevée jusqu'aux crustacés ; des crustacés elle s'était élevée aux végétaux ; des végétaux aux poissons ; des poissons aux reptiles ; des reptiles aux mammifères marins ; des mammifères marins à tous les autres mammifères aériens et terrestres ; enfin une nouvelle création avait manifesté la même association d'êtres, soit dans le règne végétal, soit dans le règne animal, mais sur d'immenses proportions. Sans doute, pour devenir propre à recevoir l'homme et les autres êtres destinés à vivre ses contemporains, il fallait que la surface de la terre reçût des germes plus fécondants du *détritus* que devaient laisser après eux les débris de ce monde luxuriant ; car c'est sur les débris de tous ces êtres organisés que l'homme allait bientôt paraître, comme si, selon l'expression d'un savant géologue, la nature eût voulu mettre tous les jours devant ses yeux la fin de tout être organisé, les résultats inévitables de la vie : la mort.

Les terrains d'eau douce, qui composaient à cette époque la surface du globe, nous offrent par grandes masses, dans les environs de Paris, d'énormes pierres meulières. Des marais, des étangs d'eau douce en grand nombre et d'une grande étendue, isolaient alors les unes des autres les parties hautes des terres productives. Les recherches de MM. G. Cuvier et Brongniart permettent de se frayer une route plus assurée à travers les débris de ces races éteintes.

Au premier rang de cette population antédiluvienne était le *mammouth* de Sibérie, sorte d'éléphant colossal, haut de plus de dix-huit pieds en Europe, où on le rencontre par milliers, portant d'énormes défenses, et couvert d'une laine grossière et rousse, et, comme les ours, de longs poils roides et noirs qui lui formaient une crinière le long du dos, vêtement approprié à son existence dans le nord. Un de ces mammouths a été retrouvé, dans les premières années de notre siècle, tout entier en chair et en peau dans les glaces de la Sibérie. En même temps que sa peau couverte de poils annonce qu'il était propre à vivre dans les pays froids, cette conservation si entière prouve qu'il a été saisi d'une manière soudaine par la glace, au moment du grand bouleversement des eaux qui a anéanti toute la population de ce monde. D'autres pachydermes égalaient presque en grandeur et en force cet éléphant colossal. Tels sont : les *mastodontes*, qui portaient aussi des défenses et une trompe, mais avec des dents différentes, et qui se rencontrent en Espagne, en Italie et en France, et sur une échelle plus colossale encore en Amérique ; les hippopotames, ressemblants à l'espèce actuelle d'Afrique, bien qu'une comparaison attentive en fasse sentir la différence, fort communs dans la vallée de l'Arno en Italie, ainsi que dans les pays qui forment actuellement la France, l'Allemagne et l'Angleterre, et dont une petite espèce, de la taille d'un sanglier, n'offre aucun analogue auquel on puisse le comparer ; des rhinocéros de grande taille, dont un individu a été trouvé tout entier avec sa peau en 1771, enseveli dans le sable, en Sibérie, au 64ᵉ degré de latitude boréale, sur les bords du Veloui, qui se jette, bien au dessus de Iakoutsk, dans le fleuve Lena ; le *dinotherium*, dont les mâchelières ressemblaient à celles du tapir, mais dont la mâchoire inférieure portait deux énormes défenses presque égales à celles des éléphants, et qui était au moins le double de l'hippopotame pour la longueur ; l'*elasmotherium*, autre pachyderme colossal, avec des dents à double croissant et ondulées ; enfin des chevaux et des cochons d'une plus grande espèce que les nôtres.

L'ordre des ruminants offrait aussi des espèces tout à fait différentes des espèces nos contemporaines et d'une bien plus grande taille. Ce sont, entre autres, des cerfs d'une taille supérieure même à celle de l'élan, avec des bois élargis et branchus dont les courbures ont plus de quatorze pieds d'une pointe à l'autre, et qu'on retrouve fort communément, à côté des ossements d'éléphants, dans les tourbières d'Irlande et d'Angleterre, aussi bien que dans l'Italie et l'Allemagne ; des rennes, des daims, des bœufs et aurochs, tous d'une taille colossale.

L'ordre des édentés fournit des genres également perdus, également curieux par la grandeur des espèces éteintes, tels que : le *megatherium*, ressemblant aux tatous et aux paresseux, avec des ongles d'une longueur et d'une force monstrueuse, toute la charpente d'une solidité excessive, et la taille des plus gros bœufs ; le *megalonyx*, avec des ongles plus longs et plus tranchants encore, bien qu'avec une taille un peu plus petite ; de gigantesques pangolins de plus de vingt-quatre pieds de longueur.

L'ordre des carnassiers était fort nombreux et devait être fort redoutable. Des lions, des tigres, des panthères, des loups, des ours, d'espèces analogues aux nôtres, bien que d'une taille fort supérieure, et presque toujours avec quelques variétés qui distinguent ces espèces éteintes, étaient multipliés d'une manière étrange dans des climats aussi éloignés l'un de l'autre que le sont le cap de Bonne-Espérance et la Laponie.

Souvent, dans les cavernes où se retrouvent leurs ossements réunis par milliers, soit que quelques espèces y habitassent en grand nombre, soit qu'ils aient été portés par leur instinct à s'y réfugier à l'approche de la grande révolution qui allait les anéantir, comme nos animaux rentrent dans leur retraite à l'approche d'un orage, on voit agglomérés les uns près des autres, ainsi qu'on l'a vu dans une caverne de France, le rhinocéros et le renne. Une grande partie de ces animaux appartenaient sans doute déjà à des espèces fort voisines de celles qui vivent avec nous, mais elles en différaient essentiellement et par leur taille et par certains modes d'organisation propres aux pays tempérés, et même aux pays froids dans lesquels ils vivaient, tandis que leurs analogues, plus petits, ne peuvent exister actuellement que dans la zone torride.

Tout ce monde antédiluvien, auquel manquait encore l'espèce des quadrumanes, accomplissait sa période d'existence, lorsqu'une nouvelle révolution du globe vint subitement déplacer les eaux et les porter sur les terres basses, habitées par ces diverses races d'animaux, et les couvrit de bancs de limon et de sable argileux mêlés de cailloux roulés provenant de pays éloignés, sans que ces eaux atteignissent cependant le sommet des hautes montagnes.

« Cette inondation, dit M. G. Cuvier dans ses savantes *Recherches sur les ossements fossiles*, dans lesquelles nous avons puisé ces faits en les présentant par époque, ainsi que le désirait un de ses savants collaborateurs qui nous a aussi servi de guide, cette inondation ne s'élevait point au-dessus des hautes montagnes, car on n'y retrouve pas de terrains analogues à ceux qui recouvrent les os (les os des animaux enfouis dans cet amas de terres, de sables et de limons, dans ce *diluvium* qui recouvre partout nos grandes plaines, qui remplit nos cavernes, qui obstrue les fentes de nos rochers et renferme dans son sein les débris d'animaux qui formaient incontestablement la population des continents à l'époque de la grande catastrophe qui a détruit leurs races et préparé le sol sur lequel subsistent les animaux d'aujourd'hui). Les os ne s'y rencontrent pas non plus, pas même dans les hautes vallées, si ce n'est dans quelques-unes des parties chaudes de l'Amérique. Ces os ne sont en général ni roulés ni rassemblés en squelette; mais le plus souvent on les trouve détachés, en désordre, et en partie fracturés. Ils n'ont donc pas été amenés de loin par l'inondation, mais trouvés par elle dans les lieux où elle les a recouverts, comme ils auraient dû y être si les animaux dont ils proviennent avaient séjourné dans ces lieux et y étaient morts successivement. Ce n'est qu'en un petit nombre d'endroits et dans des circonstances particulières qu'on les trouve encore réunis, et même quelquefois revêtus de leurs parties molles; et l'on voit que ceux-là ont été saisis subitement pendant cette catastrophe. Ces animaux vivaient donc dans les climats où l'on déterre aujourd'hui leurs os ; cette catastrophe y a recouvert de nouvelles couches les os qu'elle a trouvés épars à la surface ; elle a tué et enfoui les individus qu'elle a atteints vivants ; et comme on n'en retrouve plus ailleurs les mêmes espèces, il faut bien qu'elle en ait anéanti entièrement les races. »

C'est sur les atterrissements formés par cette dernière révolution du globe, due à l'action des eaux, qui n'a pas duré assez longtemps pour laisser la trace de leur qualité, quoique sa puissance annonce que cette action ne peut être due qu'aux eaux de la mer, qu'allait se superposer et se développer notre monde, ce monde dans lequel apparaissent pour la première fois les quadrumanes, les plus récents des êtres créés, et l'homme à leur tête, avec l'organisation et dans l'élément qui leur sont propres.

Dans l'époque précédente ou antédiluvienne, la terre s'était peu à peu embellie, et déjà des hôtes plus élevés, les mammifères de toute espèce, lui avaient été donnés. Elle se préparait ainsi à une époque toute nouvelle, époque de stabilité et de repos comparatifs, et où tout porte le caractère commun de la génération établie sur la terre depuis cette dernière des grandes révolutions qui l'ont bouleversée et renouvelée.

« Lorsque enfin cette terre, dit un éloquent et savant géologue, eut paru avec l'aspect majestueux que nous lui connaissons ; quand la fertilité de son sol put nourrir des centaines de millions d'êtres capables d'apprécier sa beauté, de l'étudier, de la connaître, l'homme fut placé à sa surface pour être à la tête de l'organisation, pour la dominer, pour la rendre sa tributaire, et pour employer ses propres forces, conjointement avec celles de la nature que son intelligence lui a révélées, à conserver l'harmonie entre les diverses espèces d'êtres, à protéger les races faibles, à empêcher que les races fortes ne prissent trop de développement, à entretenir la propreté, la fraîcheur et l'aspect riant des campagnes en enlevant les plantes desséchées, en creusant des canaux pour l'écoulement des eaux stagnantes, en élevant des digues contre les torrents dévastateurs, en bâtissant enfin ces palais, ces temples, ces villes, dignes fruits des efforts de son industrie et de son imagination. »

Comment l'homme naquit-il ? Comment cet être si faible à sa naissance, si lent dans les premiers développements de ses forces physiques et intellectuelles, cet être dont l'instinct inégal et distrait n'a de compensation que dans la supériorité de sa raison, put-il arriver à triompher des obstacles de la nature environnante ? Comment parvint-il à la pleine possession des facultés qui composent son individualité ? Comment l'embryon devint-il enfant, l'enfant devint-il homme, et homme social ? Sans doute cette même puissance intelligente qui a tracé aux astres les lois suivant lesquelles ils doivent se mouvoir dans l'espace, qui a coordonné les divers systèmes planétaires dans une telle harmonie que chacun contribue à la régularité de l'ensemble, qui a communiqué à notre terre cette sève de vie qui, après un nombre voulu de transformations, devait aboutir à celle dans laquelle l'homme a trouvé sa place, qui a préparé l'amélioration progressive et l'association des êtres divers destinés à l'habiter dans chacune des époques de sa transformation, avait également préparé le moment où le développement régulier de la force organisatrice de la nature produirait les générations de tous les êtres qui allaient coexister dans cette nouvelle phase du monde, chacun avec les éléments adaptés à son organisation. A cette époque où la terre fut préparée à le recevoir, où les éléments environnants furent en harmonie avec ses éléments constitutifs, où tous les autres animaux de son monde, grands ou petits, allaient peupler la terre et l'air et les eaux, l'homme naquit.

Serait-ce sur un seul point, serait-ce dans un seul couple, exposé par la faiblesse de sa nature à disparaître avant d'avoir accompli le but de sa création, la propagation et la continuation de l'espèce, que la vie ainsi modifiée se manifesta dans l'homme aussi bien que dans les autres grands et petits animaux ses contemporains? Bien que les lois en vertu desquelles toutes les espèces d'animaux se reproduisent d'une manière régulière, uniforme, en propageant leur propre espèce et non une autre, soient si imprescriptibles qu'aujourd'hui les limites de chacune de ces espèces ne soient pas moins nettement marquées qu'elles l'étaient il y a plusieurs milliers d'années, cependant dans chacune de ces espèces il y a quelquefois des familles d'une telle variété, qu'on ne saurait guère les faire remonter à un seul couple pour toutes les familles, et qu'on est, par des déductions naturelles, amené à penser que, dans le nombre fixé des espèces d'animaux et de végétaux, les familles propres à se propager entre elles ont reçu dès leur origine l'organisation analogue aux conditions dans lesquelles elles étaient destinées à exister. Dès les premiers jours de l'histoire de l'humanité, dans les temps les plus rapprochés de cette grande catastrophe à la suite de laquelle la race de l'homme apparut pour la première fois sur la terre, déjà on aperçoit de grandes sociétés coexistantes dans les parties du monde les plus fécondes, déjà on voit ces sociétés en lutte, déjà on remarque les différences les plus tranchées dans l'apparence physique, dans les dispositions intellectuelles, dans les instincts, dans les passions, dans le génie de chacune : les unes sont molles et douces, les autres rudes et fières; celles-ci sont adonnées à la vie pastorale; dans les autres on ne se plaît qu'à la vie de chasseur; ici on affronte les mers les plus redoutables; là on n'ose s'approcher des mers les plus clémentes; de ce côté la face humaine offre un pur ovale, un profil droit, des yeux pleins de la plus délicieuse expression; ailleurs la tête de l'homme est un rond élargi par les côtés, avec un nez aplati et un œil terne; ici l'homme est blanc, plus loin cuivré, là rouge, ailleurs brun, et là noir et laineux. Et ces nuances si différentes existaient déjà à l'origine de toutes les sociétés, et n'ont pas varié depuis des milliers d'années! Ce qui amène naturellement à penser que, bien que toutes les familles de la race humaine appartiennent évidemment à une seule espèce et peuvent s'allier entre elles et se continuer en vertu de la loi d'assimilation, elles ont été cependant séparées dès leur première origine simultanée, et que chacune est née sous les conditions qui la rendaient propre à exister dans les pays où elle a pris naissance. Ces pays semblent avoir été de hautes vallées méditerranéennes, et il dut s'écouler un assez long temps jusqu'à ce que les hommes descendus de ces hautes vallées dans les vallées inférieures, à mesure qu'elles étaient abandonnées par les eaux et en suivant le cours des fleuves, se décidassent à placer leurs habitations dans le voisinage de cet océan si menaçant et si inconnu, dont les rives étaient si peu propres à la culture, dont les eaux ne semblaient pouvoir jamais devenir une route propre à rapprocher les nations. Autant qu'il est possible de le conjecturer par l'examen comparatif des langues, des usages, des traits de chacune des familles humaines qui habitent le monde actuel, l'espèce humaine se manifesta presque simultanément dans les lieux prédisposés à la recevoir, à l'alimenter des premiers sucs nécessaires à son enfance, à fournir à toutes les conditions de sa nouvelle existence sociale.

Près du mont Ararat et de cette magnifique chaîne du Caucase qui s'étend de la mer Caspienne à la mer Noire, naquit peut-être cette belle famille humaine qui peupla l'Asie-Mineure, s'étendit jusqu'à la mer Rouge, et fut poussée en avant par les migrations d'une autre famille humaine venue de la presqu'île indienne.

Dans cette presqu'île, au pied de l'Himalaya et du mont Mérou, prit peut-être naissance cette autre famille qui continue encore aujourd'hui à propager dans la chaîne du Caucase, où elle a remplacé la première famille, les plus beaux types des races humaines, et qui par diverses émigrations s'étendit, par l'Asie-Mineure et la Méditerranée dans la Grèce et l'Italie, par les bords de la mer Noire dans toute l'Europe septentrionale et occidentale sous les noms divers de Celtes, de Germains et de Slaves, par le midi de l'Asie dans toute la vallée du Gange.

Près des contreforts méridionaux du Thibet naquit peut-être cette race si rude, si féroce, des Malais, qui de la presqu'île de Malacca se répandit ensuite dans quelques-unes des mille différentes îles qui émaillent cette belle mer; et dans une de ces îles peut-être, ces Papous, ces Owas, ces Australiens, dont on retrouve les races de Madagascar jusqu'aux îles Sandwich, et dont les espèces d'animaux diffèrent si étrangement des nôtres.

Près des monts Altaï prit peut-être son origine cette famille mongole, qui descendit vers la Chine et remonta par de profondes vallées jusqu'au delà du fleuve Lena et jusqu'à quelques pas de l'Amérique septentrionale.

Près des monts Oural put prendre naissance cette famille plus rude encore des Finois, qui se répandit dans des pays assortis à ses laborieux penchants et qui semble s'être étendue jusqu'aux Pyrénées avant la grande émigration des Celtes de race indienne.

Au pied de l'Atlas et des monts de Nubie et d'Abyssinie purent naître et se développer ces familles humaines à la figure ovale ou ronde, au menton barbu ou imberbe, à la chevelure lisse ou crépue, à l'épiderme coloré d'une liqueur qui les teint de toutes les nuances du noir sans rien altérer aux autres conditions de l'espèce, et de ces hautes vallées elles purent se répandre dans les plaines de l'Égypte à mesure qu'elles étaient abandonnées par les eaux.

Près des grandes chaînes américaines du Mexique et des Andes péruviennes, naquirent peut-être en leur temps ces familles des Astèques et des Quichos, qui fondèrent deux grands empires et étaient arrivées chacune à un certain mode de civilisation propre à leur race, mais aussi divers dans ses formes, malgré la similitude du fond, que le sont des autres races d'animaux de notre partie du monde, les races d'animaux qui sont propres à leur monde, comme les vigognes, les lamas et tant d'autres.

Enfin, près des monts Alleghany de l'Amérique septentrionale et près des Pampas de l'Amérique méridionale, purent naître, croître et se développer les familles rouges des Lennapes, et autres familles des Pampas et des Patagons, si différentes d'espèces comme de physionomie entre elles et avec toutes les autres.

Mais dans quel milieu purent naître, croître et se développer les premiers germes destinés à devenir la race humaine? Quels sucs nourriciers purent, comme une manne céleste, suffire à leurs premiers besoins? Quels éléments de vie extérieure avait pu préparer à leurs instincts natifs cette puissance intelligente, qui avait déterminé d'avance la série régulière des révolutions à la suite desquelles devait se manifester chaque espèce, et les lois nécessaires de sa naissance, de sa conservation, de sa propagation? L'ingénieuse poétique de l'Inde berce amoureusement ces premiers germes humains sur une couche de feuilles de lotus. Nés sans doute comme tous les autres êtres grands et petits sous les conditions les plus favorables à leur nature, alimentés de ces fluides abondants qui, à cette époque de jeunesse d'un nouveau monde, en présence d'une végétation si luxuriante, si expansive, si libre, étaient à la fois la cause et l'effet d'une surabondante activité de vie dans toute la nature, ils eurent en eux la puissance de se développer par leurs lois propres, et l'homme prit désormais dans le monde la place qui lui était assignée.

C'est une question intéressante à étudier que l'histoire de ces premiers pas du nouvel être social, et l'histoire du premier véhicule de la sociabilité, le langage.

Bientôt, suivant la nature des lieux où les hommes nouveaux se développaient en société, les phénomènes de la terre et du ciel durent produire en eux des sentiments divers : ici la terreur, là l'admiration.

Ces grands fleuves dont la voix bruyante mugissait de cascade en cascade, ces sombres cavernes, retraites d'animaux aux instincts dangereux, ces étroits passages de rochers à travers lesquels se déchaînait un vent impétueux qui balayait tout devant lui, ces pics de montagnes autour desquels s'amoncelaient les nues, et d'où partaient l'éclair qui sillonnait le ciel, la foudre qui frappait et incendiait, toutes les grandes merveilles de la nature physique durent frapper la jeune imagination de l'homme et lui inspirer à la fois le sentiment d'une puissance inconnue placée en dehors de lui, et le sentiment de sa propre faiblesse. Ainsi se développa sans doute le premier instinct religieux, ainsi naquit le premier culte, celui de la nature. Tout était Dieu alors, c'est-à-dire tout était une puissance mystérieuse supérieure au faible discernement de l'homme, et le fleuve à la grande voix, et le sombre mystère de la caverne, et le vent impétueux, et la foudre qui déchire la nue. Tremblant devant les dieux que lui-même s'était créés, l'homme chercha bientôt à les fléchir par les moyens qui agissaient sur lui-même : l'appel à la pitié ou la prière, l'offrande d'une réparation ou le sacrifice. Longtemps ce culte des choses de la nature fut le seul culte de l'homme. Plus les lieux choisis pour son habitation furent âpres et difficiles, plus longtemps se maintint ce respect mystérieux des grandes puissances de la nature. Dans quelques sociétés plus isolées des autres, parmi les peuplades de l'Amérique et des îles de l'Océanie, le culte religieux en est resté à cette forme primitive, le *fétichisme*, et en mille occasions son influence se fait encore ressentir dans les autres sociétés à travers les transformations de tous les cultes. Les restes du fétichisme ne sont pas seulement des débris épars de l'antique culte primitif de la nature, c'est encore un témoignage perpétuel de la prédominance de l'instinct religieux qui a créé ce premier culte; et tantôt par un souvenir obscur de la première époque de l'humanité, tantôt par un retour naturel aux premiers instincts, tantôt par la terreur qu'excitent les phénomènes de la nature, tantôt par le sentiment de reconnaissance qu'inspirent ses bienfaits, ici une pierre mystérieuse, là un arbre consacré, ailleurs un fleuve fécondant, dans beaucoup d'autres lieux des fontaines aux eaux pures, ont continué à être l'objet d'un culte privilégié, transmis de race en race, à côté d'un culte plus épuré, dans les souvenirs traditionnels des peuples.

Sous les climats riants et féconds, l'intelligence, plus libre des soucis matériels de l'existence, s'éleva rapidement à des vues plus hautes. Le retour régulier des planètes qui marquent pour nous le jour et la nuit, l'aspect de ces constellations et de ces astres lumineux qui, dans les belles nuits d'Orient, se présentent avec tant d'éclat et toujours groupés dans le même ordre, la concordance des mouvements du ciel avec les heures du jour et avec les saisons de l'année, appelèrent de bonne heure l'attention des hommes de ces régions favorisées sur les phénomènes astronomiques. Le soleil ou le feu céleste, si ardent et si constant dans sa domination, ne pouvait manquer de tenir la première place dans de semblables contemplations. Aussi le culte du feu ou *sabéisme* date-t-il des premières époques de ces antiques sociétés. Le ciel fut alors réglé d'après les choses de la terre. Le soleil reçut ses douze maisons diverses dans lesquelles il séjournait tour à tour, et les usages pris des choses de la terre servirent à désigner chacune des demeures qu'il avait à traverser dans l'année. Les constellations furent distribuées sous des groupes dont les formes étaient empruntées aux objets terrestres; puis, par une réaction naturelle, les choses du ciel furent appelées à exercer leur influence sur les choses de la terre. On consulta les astres sur toutes les actions de la vie, et la magie vint se placer à côté de l'astronomie pour en faire un instrument destiné à tous les besoins, à toutes les passions, à tous les désirs. Tel fut le culte des peuples qui habitaient les contrées situées entre le Tigre et l'Euphrate, entre l'Euphrate et la Méditerranée, « peuples dont la civilisation et la célébrité, dit l'ingénieux académicien M. Lajard, remontent aux époques les plus reculées de l'histoire du monde, à des époques d'une si haute antiquité, que lorsque d'autres peuples célèbres apparaissent sur la scène politique, ces antiques empires tombaient déjà en décadence. »

Chez d'autres peuples, plus disposés par la richesse prodigue de leur pays et la délicatesse de leurs sens aux recherches les plus raffinées de l'intelligence comme de la matière, la contemplation des objets célestes, comparés aux choses de la terre, prit une toute autre direction, moins exclusivement spirituelle.

« Le sentiment de l'existence propre, dit Goerrès, commença à battre dans le cœur de l'homme, d'abord sous la forme obscure d'une vie plus forte et plus énergique, de la vie organique, s'exaltant dans la passion et n'ayant d'autre but que de se reproduire, se reproduisant par un acte instinctif; et cette forme se réfléchit aussitôt dans la religion. Le monde, animé par l'homme, reçoit de lui deux sens, représentés dans le ciel par le soleil, ici-bas par la terre : le soleil, principe fécondant, mâle et tout de feu; la terre fécondée, femelle et source de l'humide. Toutes choses naissent de l'alliance de ces deux principes. Les forces vivifiantes du ciel se concentrent dans le soleil, chef de l'armée céleste; et la terre éternellement fixée à la place qu'elle occupe, reçoit les émanations de cet astre puissant par l'intermédiaire de la lune. Celle-ci répand sur la terre les germes que le soleil a déposés dans son sein fécond. Chaque printemps devient la fête nouvelle où se célèbre et se consomme à la fois l'hymen des deux principes. Les planètes, les animaux, les hommes, sont les fruits qui naissent de leur union. Le monde, dans cette intuition enfantine, ressemble à une fleur de lotus, dans le sein de laquelle pose la terre, comme un ovaire destiné à être fécondé. Le soleil, organe masculin, vient-il à répandre, à la faveur de la lumière, ses semences fécondantes sur la lune, qui est l'organe féminin, celle-ci les recueille pour les porter ensuite, à la faveur de l'élément humide, dans le sein maternel de la terre, qui doit les nourrir et les mettre au jour. L'organe sexuel, divisé en mâle et femelle (Phallus et Cteïs) est tout ensemble le symbole et le mystère de cette époque religieuse, et son culte se perd dans la nuit des temps. »

Ainsi naquit le *sivaïsme*, ce culte de la nature productive dans toute sa puissance, cette première trinité formée du ciel et de la terre, unis par un lien commun, l'amour.

Dans ceux des premiers peuples chez lesquels l'existence ne se conquérait qu'au prix du travail, où, dans la nature comme dans l'homme, tout semblait un antagonisme des éléments féconds et des éléments destructeurs, où les saisons paraissaient lutter contre les saisons, la lumière contre les ténèbres, le plaisir contre la douleur, la vie contre la mort, le sentiment religieux se présenta aussi sous la forme d'un *dualisme* physique et moral, qui fit appel aux symboles matériels pour se formuler d'une manière intelligible de tous. La vie et la mort, le chaud et le froid, le jour et la nuit, le bien et le mal, la santé et la maladie, les bons penchants et les mauvais, tout se présente en antagonisme dans cette forme de société. Partout l'homme trouve des obstacles qui l'obligent à lutter; et comme le prix de la lutte ne s'obtient d'une manière assurée que par la force, soit physique, soit intellectuelle, l'homme placé dans cet état social s'habitue aisément à dédaigner les faibles, à se les soumettre, à n'estimer que la force. Aussi la domination du ciel est-elle décernée aux dieux forts, comme la domination de la terre est dévolue aux hommes forts. Et comme pour représenter plus au vif le tableau de ces luttes et de cette domination on eut recours aux symboles matériels, ces symboles eux-mêmes ne tardèrent pas à être transformés en réalités.

Ainsi le *fétichisme* ou culte des choses de la terre, le *sabéisme* ou culte du feu céleste et des choses du ciel, le *sivaïsme* avec sa trinité, ou l'alliance du ciel et de la terre par l'amour, culte de la puissance expansive du ciel et de la puissance productive de la terre avec l'amour comme lien et complément de cette triade mystique, le *dualisme* ou l'antagonisme du ciel et de la terre, culte des deux natures en lutte, tantôt avec la métempsycose comme moyen, et tantôt avec la destruction pour résultat de la lutte, tels sont les premiers instincts religieux des sociétés humaines. Chacun, selon ses penchants et ses besoins, a coordonné ces idées premières en un système religieux plus ou moins raffiné, plus ou moins grossier, plus ou moins philosophique et intelligent, plus ou moins matériel et populaire. Souvent même, soit par le développement naturel d'une civilisation indigène, soit par l'importation accidentelle d'une civilisation étrangère, ces divers modes de culte se sont trouvés chez les mêmes peuples superposés l'un à l'autre, ou fondus ensemble de telle manière qu'il est impossible de les séparer et de les classer par ordre de temps ou d'idées, tant toutes ces idées semblent coordonnées en un seul système.

Cette œuvre de coordination religieuse est le résultat de l'action continue et régulière d'un corps sacerdotal, habile à revêtir toutes les formes pour régler et dominer toutes les croyances.

Ici, parmi les peuples voués au *fétichisme* ou culte matériel des choses de la nature, ce sont des sortes de druides, de bardes ou de scaldes, qui saisissent les imaginations afin de mieux asservir la raison, et se mêlent à toutes les passions pour mieux les diriger.

Là, pour les peuples voués au *sabéisme* ou culte des choses célestes, ce sont des astrologues, des savants, des magiciens qui de l'univers entier font un miroir dans lequel viennent se réfléchir les choses humaines. Dans ce système d'interprétation des lois morales par les lois célestes, l'observation préalable et immédiate des faits relatifs aux phénomènes de la nature dans l'ordre intellectuel, dans l'ordre physique et dans l'ordre moral, était le point d'appui nécessaire de la caste sacerdotale. Aussi, comme l'explique ingénieusement M. Lajard, la théologie était alors la science universelle, puisqu'elle comprenait à elle seule toutes les branches de nos connaissances. L'organisation des castes sacerdotales permettait d'appliquer à l'étude de chaque branche des connaissances, et au profit d'une seule intelligence, les facultés et le talent d'observation propres à chacun des membres de la communauté. L'homme supérieur, qui était le fondateur et le chef de la caste, et les autres génies que les âges suivants virent parfois naître et s'élever dans le sanctuaire, eurent chacun à leur tour la faculté de disposer des résultats des divers travaux scientifiques exécutés sous leur direction, et ils s'en servirent pour établir un système dans lequel ces résultats étaient ramenés à l'unité religieuse par l'unité de conception et de rédaction. Mais tout en faisant de la science universelle le privilége exclusif des sanctuaires, la classe sacerdotale savait ne pas s'isoler du reste de la population, et l'institution des mystères, auxquels elle initiait les hommes des autres classes qui, par leur puissance physique, morale ou intellectuelle, constatée par des épreuves, pouvaient être utiles à la propagation de ses idées ou au maintien de son activité, chacun dans les limites du grade de son initiation, devint la chaîne par laquelle elle se rattacha toutes les forces sociales pour les mouvoir à la fois par une seule volonté.

Ailleurs, pour les peuples chez lesquels une nature prodigue manifestait la vie et l'harmonie de la création dans sa puissance, et où tout invitait aux jouissances du corps et aux rêveries de l'esprit, ce furent des brahmanes qui, dégageant la *trinité sivaïque* des langes de la matière, s'élevèrent jusqu'au brahmanisme, et fixèrent à chacun sa part d'activité dans la marche ordonnée de l'ensemble. Réservant pour leur caste les travaux supérieurs de l'intelligence avec laquelle on gouverne les hommes, ils répartirent entre trois autres castes les divers devoirs et travaux de la société. A la seconde caste, ils assignèrent les travaux de la guerre, à l'aide desquels on conserve l'unité des nations; à la troisième, les travaux de l'industrie et des échanges; à la quatrième, les travaux de la terre nourricière, à l'aide desquels on maintient, accroît et fait prospérer les populations; et, sous peine d'être rejeté hors des castes, c'est-à-dire dénaturalisé et privé de tout droit de cité, chaque individu, né par la suite des temps dans l'une de ces castes, dut suivre la voie suivie par ses pères, subir les mêmes lois, plier sous la même fatalité, se laisser jusqu'à nos jours enchaîner par les mêmes habitudes.

Enfin, pour les peuples voués à la croyance du *dualisme* ou de la lutte des deux natures, ce furent des prophètes qui vinrent tracer la voie morale sur laquelle il fallait marcher, afin de triompher des mauvais principes et arriver au souverain bien.

Dans leurs efforts pour inspirer aux hommes le respect des principes fondamentaux indispensables à toute société, pour assurer à eux-mêmes et à leurs paroles la domination des esprits, les membres de ces diverses castes sacerdotales durent nécessairement prendre en parlant aux hommes un langage en harmonie avec les connaissances accessibles aux initiés ou interdites à ceux qui ne l'étaient pas. Entre eux ils pouvaient parler le langage de la science pure et sans emblème; avec les initiés, ils avaient des formules convenues, dont le sens était compris de chacun, selon l'importance de son grade et l'étendue de ses lumières; avec le reste de la population, il était nécessaire de faire appel aux images, aux symboles, aux paraboles, aux emblèmes, aux apologues les plus familiers au pays. Les objets sensibles prêtaient alors leurs traits pour représenter d'une manière toute vive les leçons de la sagesse. Mais à la longue, le langage de la science finit par se perdre dans le secret du sanctuaire; le langage des emblèmes, dont l'interprétation était familière aux seuls initiés, perdit son sens avec l'altération ou la transformation des mystères et la suppression de l'initiation; et les images présentées au peuple pour lui faire mieux comprendre les préceptes de la sagesse, ne tardèrent pas à se confondre avec le précepte lui-même et à s'y substituer.

Mais à mesure que dans chaque société se perfectionnent les moyens de civilisation, la raison, qui est la loi conservatrice de ce monde, et la morale sa compagne, reprennent peu à peu leur empire et pénètrent les religions, aussi bien que toutes les autres institutions, de leur esprit vivifiant. Peu de siècles s'étaient écoulés depuis la dernière révolution du globe à la suite de laquelle l'homme avait paru sur la terre, que déjà de nombreuses agglomérations d'hommes, de mêmes familles et de mêmes habitudes comme de mêmes langues, étaient réparties en corps de nations et de nations imposantes; car partout, autant que le réclament les conditions du pays que l'homme est destiné à habiter, il aime à s'associer à ses semblables, et si les animaux malfaisants ont été organisés pour ne vivre qu'en famille, et seulement pour le temps nécessaire à la propagation et à la conservation de chaque espèce, l'homme a été organisé pour vivre en société, et les grandes sociétés remontent aux premiers jours du monde. En fixant nos regards sur celui des peuples anciens dont la chronologie repose sur les monuments les plus authentiques, nous voyons l'Égypte gouvernée pendant une longue série de siècles par une puissante théocratie, qui nous cache ses secrets dans le sanctuaire et ne révèle le mystère de ses luttes que par la crise qui les termine avec sa défaite. Déjà 5867 ans avant notre ère, suivant les listes des rois des trente-et-une dynasties égyptiennes qui précédèrent la conquête d'Alexandre, dressées par l'historiographe égyptien Manéthon, d'après les archives des temples et les documents publics, Ménès, chef de la caste militaire, était parvenu à faire prévaloir le gouvernement civil sur cette théocratie subjuguée, et avait fondé avec la première dynastie une monarchie héréditaire. Son nom se lit encore aujourd'hui sur les monuments de ce pays, à la tête des noms des rois de toutes les autres dynasties. Deux rois de la troisième dynastie, entre 5318 et 5121 ans avant notre ère, ont laissé des monuments conservés jusqu'aujourd'hui : Suphis, le Chéops d'Hérodote, qui a fait bâtir la plus grande des pyramides de Memphis, et son frère Sene-Suphis, le Chephren des Grecs, qui fit bâtir la seconde pyramide. Et cet empire antique de l'Égypte, dont l'histoire se lit sur la pierre inaltérable de ses monuments, était contemporain d'autres empires non moins puissants dans l'Asie, empires dont la civilisation avait même précédé la civilisation égyptienne. La Chaldée, la Phénicie, la Perse, l'Inde, bien que leurs dates historiques ne soient pas gravées en caractères aussi précis sur leurs monuments, n'en offrent pas moins des preuves incontestables d'une culture intellectuelle déjà fort avancée dès le temps des premières dynasties égyptiennes. En Chaldée, l'observation des astres avait élevé l'astronomie au rang de science, et la religion s'était assise sur la science. En Perse, des monuments et des souvenirs traditionnels remontent, par des séries régulières, jusqu'à ces premiers temps. Dans l'Inde, déjà au culte de la nature, qui dans ce magnifique pays exaltait les esprits, faisait vénérer les grands fleuves si féconds, faisait creuser les montagnes en temples immenses, avait succédé le culte de Siva, qui avait modifié les premières idées en associant le ciel et la terre par l'amour, et en créant la première triade ; et peut-être même déjà, à cette modification du premier culte, avait succédé celui de Brahma, qui avait soumis la force physique à la force morale. Toutefois ces grands empires ne semblent guère remonter au delà de l'année 7000 avant notre ère, ce qui amène à croire que ce fut à peu près vers cette époque, ou bien peu de siècles plus tôt, que l'homme commença pour la première fois à se manifester en société sur la terre renouvelée.

Par l'organisation de ces vastes sociétés, l'intelligence humaine et la civilisation prennent leur essor, et les cultes religieux se modifient en même temps que les autres formes sociales. Le *fétichisme* s'épure et s'agrandit ; le *sabéisme* passe à l'état de science, embrasse toutes les sciences du monde, et domine par ses mystères et ses initiés ; le *sivaïsme* et le *brahmanisme* avec leur trinité ne sont plus qu'un emblème ; le *dualisme* substitue, dans sa lutte des deux principes, la morale à la force.

Cet agrandissement de la puissance morale marque une nouvelle époque, une époque importante dans la civilisation des peuples, celle où l'élément spirituel se dégage de l'élément matériel qui l'avait jusque-là dominé, s'en sépare complétement et finit par le dominer à son tour. C'est l'époque où dans chaque race d'hommes, suivant ses habitudes et ses dispositions, de grands philosophes et législateurs, en résumant pour ainsi dire en eux-mêmes les instincts présents et les besoins à venir de leur société, lui tracent les lois par lesquelles elle doit se diriger. Participant ainsi en quelque sorte à l'autorité divine qui avait fixé à la société la loi de sa conservation, d'interprètes éloquents de la morale divine, ils deviennent aux yeux des hommes, comme Brahma, Bouddha, Zoroastre, Confucius, Numa, les envoyés ou enfants des dieux et souvent dieux eux-mêmes. Parmi les peuples de l'Orient, plus disposés que ceux de l'Occident aux rêveries de la vie contemplative, c'est là l'époque du spiritualisme le plus exalté, le plus raffiné. On avait commencé par considérer toute matière comme vivante, toute vie comme matière ; on en vient à déclarer toute matière comme dénuée de vie, et par isoler de la matière l'esprit, qu'on regarde seul comme vivant. On se crée ainsi, en dehors du monde réel, un autre monde spiritualisé, réglé par des lois différentes et souvent opposées. A force de se spiritualiser, la morale finit par se poser d'autres lois que les lois imprescriptibles de la conscience, et la réforme manque son but en voulant atteindre au delà.

Cependant les idées de l'homme, une fois mises en mouvement, ne sauraient s'arrêter dans leur marche, et avec le temps la vérité ressaisit son empire. L'élément spirituel complétement séparé de l'élément matériel par un profond divorce, lui est rattaché sans se confondre avec lui, mais pour marcher unis ensemble en parfaite harmonie et en dépendance réciproque. L'esprit d'examen pénètre partout. Longtemps sans doute encore les anciennes formes de croyance luttent pour conserver leur terrain, et les corps sacerdotaux, gardiens des anciens cultes, pour maintenir leur empire. Les guerres, les persécutions déchirent tour à tour, comme dans toutes les époques de lutte, le sein de la société. Aucune institution qui a eu sa gloire, qui a eu son utilité, ne consent volontairement à périr, lors même que ses forces épuisées annoncent pourtant sa fin à tous. Les convulsions de son agonie lui semblent à elle-même des indices de jeunesse et de force, et ses pieds sont déjà dans la tombe qu'elle se croit encore sur le trône. Heureuses les sociétés où les institutions les plus utiles autrefois, mais devenues caduques, ne produisent pas, en se débattant dans leur agonie, de bien grands maux en échange des grands biens qu'elles ont produits aux jours de leur splendeur la mieux méritée. Il faut cependant mourir, car l'homme ne vit que sur le tombeau des générations passées, et la mort, ou plutôt une transformation indéfinie, est la loi de ce monde. Mais un culte, qui est le fruit des croyances les plus chères et les plus intimes, ne disparaît jamais complétement. Ce grand naufrage laisse toujours après lui d'immenses débris qui survivent dans la construction du nouvel édifice. Ainsi, quand le *fétichisme*, le *sabéisme*, la *trinité sivaïque* et le *dualisme* s'améliorent et s'épurent, ils laissent encore après eux, dans les institutions qui les remplacent, de nombreux vestiges de leur passage.

Ces rénovations religieuses, bien que préparées et élaborées en secret par le mouvement des siècles et des idées, bien qu'elles soient le produit d'impérieux besoins moraux, ne s'opèrent jamais sans de profondes secousses; et parfois on a vu, comme le brahmanisme l'a fait dans les Indes avec le bouddhisme, comme le catholicisme l'a fait avec le protestantisme dans quelques parties de l'Europe, l'ancien culte triompher temporairement du nouveau et le chasser hors du pays; mais l'influence des idées de progrès ne s'en fait pas moins sentir; et si les formes, toujours plus tenaces, parce qu'elles pressentent leur peu d'avenir, opposent une résistance plus inflexible à toute réforme, le fond s'est déjà beaucoup modifié. La loi morale commence à se dégager des langes du symbole et à reprendre ses formes propres et son utilité pratique. Le corps sacerdotal est descendu de son piédestal; et dans les sociétés avancées, comme on l'a vu dans les vieilles sociétés de l'Inde et de la Chine, l'intelligence plus libre crée aussi la morale la plus raffinée. Alors la raison seule semble avoir ses autels, et se montrer sans nuage à la vue des hommes. Les doctrines d'une psychologie subtile, d'une philosophie toute réglémentaire dans ses nuances les plus délicates, dans ses dévouements les plus exaltés au bien social, deviennent à la fois la théologie et la législation de cette société renouvelée, et les disciples de Bouddha, de Zoroastre et de Confucius revendiquent comme une mission sacerdotale le rôle de professeurs et de législateurs.

Même dans une société aussi avancée, il faut au vulgaire des enseignements plus saisissables, des préceptes appuyés par des exemples, une spiritualité plus imprégnée de matière. Dans l'absence d'une théogonie consacrée, le peuple se jette dans le monde de la démonologie, et les sorciers lui tiennent lieu de précepteurs et de prêtres. Ainsi l'homme se retrouve toujours avec son éternel besoin d'erreurs et sa faiblesse instinctive, qui donne tant de prise aux passions privées, sans cesse à l'éveil pour exciter celles de la société afin de mieux la dominer à leur profit. Ainsi tout change, excepté notre nature elle-même.

Faut-il donc désespérer du triomphe général des lumières? Semblable au sauvage qui, sentant s'affaiblir ses forces en même temps que s'augmente l'impétuosité du torrent contre lequel il avait lutté, dépose les rames, s'abandonne au sort, se couche dans sa barque, se laisse aller au torrent et disparaît, faut-il adopter l'inactivité impassible des partisans du philosophe chinois Lao-tsé, ce rival un instant heureux du laborieux Confucius, et renoncer à la recherche de la vérité? La vérité n'est-elle donc pas la loi morale elle-même? Sans doute des croyances fortes, même erronées, mais admises en commun, impriment une grande force à une société. Ainsi, tant que la vieille religion de l'Égypte a conservé son autorité, l'Égypte s'est conservée comme corps régulier et puissant. Ainsi, tant que le polythéisme s'est maintenu dans les esprits en même temps que dans les institutions, les sociétés antiques se sont maintenues avec lui. Ainsi la Chine se conserve par l'unité des doctrines philosophiques qui lui tiennent lieu de religion. Avoir foi dans les mêmes idées, souffrir des mêmes douleurs, se réjouir des mêmes joies, triompher ensemble de la victoire des mêmes principes, c'est être une société, c'est être une nation. Tant que se soutient sur de profondes racines cette sympathie commune, c'est une force morale qu'il faut reconnaître; tant que les institutions répondent aux besoins de la société, elles ont en elles-mêmes la raison de leur existence; et si elles donnent prise à la critique d'observateurs placés dans d'autres conditions sociales ou dans d'autres sphères d'idées, elles portent aussi leur justification dans leur utilité présente.

Toutefois, comme le présent est mobile, il convient de l'étudier avec attention, d'épier l'affaiblissement progressif des vieilles croyances, d'apprécier le moment où elles deviennent un obstacle et non plus un appui à la force sociale, le moment où toutes les assises de l'antique édifice, ébranlées et disjointes, annoncent une chute plus ou moins éloignée, mais certaine, afin d'empêcher que la morale et la société ne croulent aussi en même temps. Si la crainte de hâter l'affaiblissement des opinions établies, d'enlever à la morale sa sanction ancienne, de troubler l'unité de croyance qui, à différentes époques du monde, a fait la force des sociétés et des nations, pouvait imposer le devoir d'épaissir le voile qui dérobe la vérité aux yeux des hommes, au lieu de chercher à le soulever, on n'aurait fait réellement que dissimuler le danger sans préparer un remède pour l'avenir. La crise arriverait ainsi, sans qu'il y eût rien de prêt pour régulariser une rénovation.

Aucune société ne s'est jamais abandonnée à ce fol hasard. A mesure que partout les vieilles institutions s'affaiblissent, de nouvelles institutions s'élaborent et finissent par s'y substituer, au moment où les conditions de la société le permettent. C'est ainsi qu'on a vu l'unité des principes philosophiques et sociaux du christianisme venir retremper l'anarchie de croyances de la société païenne; c'est ainsi que les simples et fortes croyances du mahométisme ont soumis à une seule volonté, et précipité contre les plus grandes sociétés tant de petites tribus éparses réunies par la même foi religieuse en un seul et même corps ; c'est ainsi que les croyances toutes morales de Confucius ont préparé en Chine des institutions qui ont survécu à tant de siècles. L'examen approfondi des phases par lesquelles a passé l'humanité à toutes les époques peut seul préparer à un meilleur avenir.

C'est cet examen impartial que nous nous sommes proposé pour but dans cet ouvrage. Nous passerons successivement en revue, en suivant la marche des temps, l'histoire de tous les systèmes religieux qui ont régi les sociétés.

L'Inde la première appellera notre attention. Ce fut dans ses hautes vallées que se manifestèrent les plus antiques sociétés humaines. Là on retrouve dans la langue, dans les monuments, dans les institutions, les traces de la plus vieille civilisation. Nous examinerons ce qui reste de ce culte énergique de Siva dans ses éléments tout physiques. Nous verrons ce premier culte, apporté peut-être des plus hautes régions de l'Inde et se rencontrant dans ces riches vallées avec un culte non moins ancien, mais plus subtil, se modifier, s'épurer, se spiritualiser par le brahmanisme, qui imprime à la société indienne la forme des castes qu'elle a conservée jusque aujourd'hui. La domination de la caste sacerdotale des brahmanes sur les autres castes nous offrira d'intéressants tableaux de mœurs, et nous expliquera bien des difficultés de la civilisation indienne. Nous chercherons à faire comprendre clairement la lutte établie au sein de cette société par l'adoption des maximes de Bouddha, qui anéantissaient les divisions de castes et rétablissaient l'égalité parmi les hommes. Nous verrons enfin le bouddhisme, chassé de l'Inde par le brahmanisme vainqueur, se réfugier dans l'île de Ceylan, dans le Thibet et de là dans la Chine, s'y propager, y prendre racine et s'y maintenir en continuant à acquérir de nouvelles forces.

De l'Inde, nous passerons à la Chine, le plus ancien des grands empires du monde. Presque contemporain des états les plus célèbres de notre classique antiquité, il les a tous vus périr, et s'est conservé sous des formes presque invariables, sans que rien puisse annoncer encore son déclin prochain. Nous verrons là trois sectes philosophiques, devenues trois cultes prédominants, se soumettre à l'égalité absolue de droits et porter la tolérance jusqu'à honorer comme célébrités nationales ceux qui ne sont pas les fondateurs de leur propre culte. Le bouddhisme, repoussé de l'Inde, vient se réunir aux doctrines quiétistes de Lao-tsé et aux doctrines utilitairiennes de Confucius, et ses croyances démonologiques, non moins que ses principes d'égalité, lui assurent un accueil favorable auprès de toutes les classes. La grande figure de Confucius domine toute la civilisation de l'empire. Dans notre examen des diverses doctrines philosophiques de la Chine, nous rendrons justice à la pureté de la morale comme à la simplicité des croyances, et en montrant par des détails de mœurs comment se meut cette société chinoise, nous pourrons faire mieux apprécier les qualités et les défauts de ses institutions. Nous verrons là, au pied du Thibet, le spectacle singulier de la cour du grand Lama, ce pontife suprême, qui, sans posséder aucune puissance temporelle, règne sans contrôle sur l'immense population des bouddhistes de tous les pays, et dont l'infaillibilité n'y est jamais mise en doute. Passant de là au Japon, nous y étudierons la nouvelle modification du bouddhisme tel que l'ont fait les mœurs des peuples de cette contrée. Nous placerons en regard le sinto, culte primitif dont les sectaires ne s'inspirent que des simples impressions de la nature, et dans leurs cérémonies religieuses s'abandonnent à toutes les exaltations des sens. Le mélange de la puissance divine et de la puissance monarchique dans le Daïri, automate dieu et empereur, mu par un corps sacerdotal, est un fait des plus curieux à observer. Nous suivrons, autant que les notions historiques et les récits des voyageurs nous le permettent, les variétés de cultes, de peuples et de mœurs, en remontant jusqu'à l'extrémité orientale de l'Asie, et en nous rapprochant de l'Amérique.

Avant de passer aux peuples américains, nous jetterons un coup d'œil sur le vaste archipel de l'Inde et des terres australes, depuis Madagascar jusqu'aux Philippines, depuis les îles Aleutiennes jusqu'à la Nouvelle-Hollande et à la Nouvelle-Zélande, en décrivant les races, les religions, les mœurs. Passant de là en Amérique, nous rechercherons ce qui reste de l'histoire et du culte de l'empire des Astèques dans le Mexique et le Guatemala, de l'histoire et du culte de l'empire des Incas et des Quichos dans le Pérou, la Bolivie et le Chili. A côté de ces peuples plus civilisés, nous suivrons dans leur fétichisme les peuplades rouges de l'Amérique septentrionale, les tribus errantes dans les Pampas et les Hottentots de l'Amérique méridionale. Les Antilles et leur antique population de Caraïbes, aujourd'hui éteinte presque partout, nous fourniront aussi quelques traits pour compléter l'histoire de ces populations, restées la plupart dans un état d'enfance sociale et religieuse.

Retournant au nord des montagnes de l'Inde, nous suivrons dans leurs premiers établissements et dans leurs migrations, d'abord les populations ouraliennes, puis les populations de race indo-européenne qui, par le nord et par l'ouest de l'Asie, se sont portées sur l'Europe sous les noms divers de Celtes, de Germains, de Slaves. Nous décrirons les divers cultes établis en Gaule, en Scandinavie, en Germanie, dans les plus anciens temps, et nous verrons la religion se modifier parmi eux, suivant que se modifient leurs autres institutions sociales, et les modifier à son tour. Le spiritualisme des religions de l'Asie vient là se mêler d'une manière bizarre aux idées de force et de guerre, et le ciel se recompose suivant les habitudes de la terre. Le tableau de la religion, des mythes et des traditions de ces anciens peuples, qui sont nos ancêtres communs, est un drame plein d'intérêt.

Revenant de nouveau vers l'Asie centrale, comme la source de toute religion et de toute philosophie, nous examinerons les contrées si antiquement civilisées de l'Asie occidentale, entre l'Euphrate et la Méditerranée. C'est là qu'autrefois s'étaient formés de grands empires, l'antique Chaldée, la Perse, la Médie et l'Assyrie, dont les ruines commencent maintenant à nous réapparaître, pour la première fois après tant de siècles, sous les atterrissements du village de Khorsabad, qui recouvre la splendide Ninive. La Chaldée a versé ses vieilles croyances astronomiques et religieuses dans les croyances de la Phénicie et de tous les anciens peuples, à l'aide de ses initiés, devenus les héros et les dieux des mythologies païennes. Nous chercherons à retrouver les traits épars de cette histoire, et à montrer les services rendus et les maux imposés aux sociétés par les diverses associations religieuses de cette intelligente partie du monde.

Passant de là sur les deux bords de la mer Rouge, nous chercherons à expliquer par l'histoire des monuments de l'Égypte, l'histoire de cette société si antique qui bâtissait déjà des pyramides près de six mille ans avant notre ère. Nous ouvrirons son ciel aux regards, et essayerons de bien rendre clair à tous le langage symbolique, transformé souvent par l'ignorance d'écrivains modernes en réalités, comme le transformaient quelquefois les classes les plus ignorantes de cette société elle-même.

A une époque assez avancée de l'histoire de l'Égypte, nous remarquerons le petit peuple israélite, admis par des étrangers pendant l'anarchie de la conquête, et repoussé après le triomphe et l'affranchissement national. Nous le verrons s'éloigner de la terre d'Égypte, se chercher une patrie, et s'y maintenir sous des lois religieuses si fortement conçues, qu'encore aujourd'hui, et dans des pays si divers, elles ont maintenu une sorte de lien entre des hommes de même race, distribués sur toute la face du monde.

Par l'Inde, par la Chaldée, par la Phénicie, par l'Égypte, les idées religieuses étaient venues, avec les populations errantes, déposer leurs germes dans la Grèce et l'Italie. Nous les suivrons dans leur marche et leur établissement, et chercherons à ouvrir à tous les regards le Panthéon de la mythologie antique. Là, nous verrons le culte rester entre les mains de la puissance publique, comme partie de l'administration civile. Grâce à cette prédominance constante des intérêts généraux de la société sur les intérêts particuliers, la caste sacerdotale en Grèce n'a pas son existence et son empire séparés, et la société se maintient dans une parfaite harmonie. A Rome, c'est aussi la cité qui prédomine sur le temple, le magistrat qui se subitue au prêtre; et si dans les deux pays les prêtres des divins mystères peuvent importer de nouveaux emblèmes religieux et faire entrer les initiés en participation de leur doctrine et de leurs cérémonies, la cité reste cependant souveraine et peut seule réglementer le culte. Nous examinerons avec soin cette mythologie des Grecs et des Romains dans ses formes comme dans ses symboles, dans sa tendance philosophique comme dans la dégénération de ses doctrines.

Une partie du monde est restée en dehors de l'action de ce monde romain et grec. Les déserts de l'Arabie ont protégé l'indépendance primitive de ses rares habitants. Là aussi nous verrons prédominer, comme dans la Chaldée primitive, le *sabéisme*, ou culte des astres, puis diverses croyances arriver successivement de l'Orient comme de l'Occident, et puiser dans les livres sacrés de tous les peuples pour déposer leurs germes sur ce sol poétique, jusqu'à ce qu'enfin paraît Mahomet, qui réunit tous ces germes et leur donne vie, une vie active et violente. Pendant que les mages, les chrétiens et les juifs se persécutaient en Perse, en Syrie et en Égypte, que les doctrines religieuses des divers cultes se perdaient dans les airs à force de subtilité, que le besoin de force et d'unité se faisait sentir partout, Mahomet proclame la liberté de conscience, la concentration de l'administration religieuse, civile, judiciaire et militaire entre les mains d'un seul homme, interprète d'un seul Dieu, et l'empire romain se voit arracher la Syrie par les Arabes. Les progrès des vainqueurs mahométans jusqu'au cœur de l'Asie, où n'a jamais pu s'implanter le christianisme, et au milieu des peuplades les plus sauvages de l'Afrique, leurs irruptions dans les parties occidentales de l'Europe, et leur peu d'action sur les esprits occidentaux, toutes ces questions et tous ces faits seront présentés et examinés. Nous suivrons le mahométisme dans sa naissance, ses progrès, ses modifications, sa dégénération, et nous compléterons cette histoire des croyances de l'Arabie et de l'Afrique par celle des peuplades qui ont offert quelque résistance à l'action du mahométisme, et par quelques détails sur le fétichisme de certaines parties de l'Afrique et sur les îles placées à l'occident de l'Afrique, les Canaries, les Açores.

Mais déjà depuis six siècles une autre religion était sortie de ce même pays de Judée qu'avaient illustré les fortes conceptions du mosaïsme et près duquel avait surgi la vigoureuse impulsion du mahométisme. Les simples doctrines du christianisme, son esprit d'égalité, son espoir de récompenses offertes dans un autre monde comme compensation des maux soufferts dans cette époque si tourmentée, pénètrent peu à peu de l'Orient à l'Occident, en se modifiant suivant le génie pratique des peuples occidentaux, et finissent par dominer, non-seulement une grande partie de l'empire romain, mais les conquérants barbares de cet empire. Nous suivrons la marche de ce culte, qui est devenu la loi de la société occidentale, comme le bouddhisme continue à être la loi de la grande société orientale. Nous l'examinerons jalonnant par ses progrès la marche de la civilisation occidentale, et se fortifiant par l'adjonction des nations, des usages et des idées qui lui avaient d'abord opposé la plus vive résistance. L'histoire de ses doctrines philosophiques, de ses dogmes, de ses cérémonies, de sa hiérarchie, des services qu'il a rendus aux sociétés, et des maux qu'il leur a causés par les passions des hommes, est curieuse à étudier dans sa marche à travers les dix-huit siècles écoulés.

Nous le verrons porter d'abord ses consolantes espérances parmi les pauvres et les opprimés, les relever par le sentiment d'égalité, les rapprocher les uns des autres par la charité, les fortifier contre les persécutions des puissants par l'abnégation d'eux-mêmes. Bientôt ce grand spectacle de l'abnégation de soi et de l'amour des autres touche le cœur des persécuteurs eux-mêmes, qui grossissent le flot de ceux qu'ils punissaient. De faibles et d'opprimés, les nouveaux sectaires deviennent puissants à leur tour. Pour prix de leur appui, les empereurs leur assurent leur protection, jusqu'à ce qu'ils dominent plus tard l'empereur et l'empire. Dans la Rome impériale, dont le monde ancien était habitué à recevoir des ordres, surgit une nouvelle autorité, habile à se prévaloir des antiques usages d'obéissance, contre laquelle lutte de temps à autre la nouvelle Rome, l'opulente Byzance. L'esprit subtil de l'Orient empreint les dogmes du christianisme de toutes ses rêveries; l'esprit pratique de l'Occident régularise sa discipline, et du moment où, avec les invasions des barbares, disparaissent les gouvernements anciens, il lui communique toute la force d'une sorte de gouvernement national. L'Église, si républicaine dans son principe, se transforme en monarchie avec tous les degrés de la hiérarchie, avec tout l'éclat d'une cour, avec sa corruption et sa prépotence. Tant que dans nos sociétés politiques modernes, formées à la suite d'une rude conquête, la violence prévalut sur le droit, l'Église, par un habile retour à l'esprit des premiers temps, trouva dans son organisation une force morale favorable aux opprimés; mais dès que le droit méconnu eut reconquis son autorité légitime et régulière, l'organisation ecclésiastique devint souvent un obstacle aux progrès de la civilisation et de l'intelligence. Les ordres religieux, établis partout dans le but de mettre les terres en culture et d'adoucir les mœurs par l'étude, devinrent des instruments de domination, et furent tous formés en une redoutable milice. L'épée et le bûcher furent déclarés les auxiliaires de la foi, et tout penseur fut frappé ou menacé. La raison comprimée se mit enfin en révolte. Aux hérésies succédèrent les schismes, les guerres, les ruptures déclarées. Le protestantisme écrivit sur sa bannière : *Libre examen*, et ouvrit ainsi l'arène des combats, où ne devaient pas tarder à se présenter des adversaires à la pensée plus fière et plus indépendante encore. En vain la société de Jésus mit-elle l'individualité de tous ses membres sous la volonté d'un seul chef dirigeant, afin de donner plus de force à son action, non en faveur du christianisme ou même du catholicisme, comme se l'étaient proposé les ordres religieux précédemment établis, mais en faveur de l'autorité pontificale exclusivement, l'édifice ancien tombait pièce à pièce, et au lieu de choses et d'institutions, on n'avait plus que des noms. Ces noms avaient cependant leur prestige, et longtemps on a eu à lutter. Il a fallu peut-être l'ardeur impétueuse du dix-huitième siècle pour assurer le triomphe. Il nous est permis aujourd'hui, grâce à nos devanciers, d'attaquer et de nous défendre avec plus de calme, et nous pouvons dire avec le poëte latin :

Et quod nunc ratio est impetus antè fuit.
A une attaque impétueuse doit succéder une attaque raisonnée.

Il y a bien encore des passions qui tentent de rallumer des passions, et des intérêts particuliers qui cherchent à porter obstacle aux intérêts généraux; mais l'humanité a passé par des crises bien autrement difficiles que celles qui semblent vouloir se manifester à la surface des sociétés, et la raison humaine en a triomphé. Ne nous préoccupons donc des passions que pour les juger sans les partager; et après avoir apprécié mûrement ce qui change, sachons aussi nous attacher à ce qui reste et à ce qui restera toujours, la loi morale, fondement de tous les cultes, la loi morale, fondement de toute société.

BUCHON.

RELIGIONS DE L'INDE

PAR

EUGÈNE PELLETAN ET L. F. ALFRED MAURY.

RELIGIONS DE L'INDE.

CHAPITRE PREMIER.

L'Inde est le berceau des religions. — Similitude de la nature et de la théogonie dans l'Inde. — Causes qui ont fondé et détruit le brahmanisme.

Le nouveau globe était formé. Sur ces couches primitives, ébauches de vie effacées par de nouvelles couches, sur les gradins profondément enfouis des mondes antérieurs, l'habitation terrestre étalait à la lumière une architecture géologique et végétale plus solide, plus riche, des races plus nombreuses, plus parfaites, une distribution plus savante, mieux coordonnée du vaste théâtre où tous les êtres étaient convoqués à l'existence.

Alors l'homme paraît. Qu'était ce nouveau commensal de la terre? Quelle parenté le rattachait à ces nombreuses familles d'êtres abandonnés à leurs destinées fatales, perpétuellement et identiquement recommencées, tandis que, seul entre tous, il allait poursuivre par l'intelligence, par la liberté, et à travers les transformations historiques, un terme inconnu, mobile comme l'horizon, toujours atteint et toujours dépassé?

Qu'avait donc l'homme de plus que les animaux pour s'en séparer et pour les dominer?

Il avait surtout la faculté religieuse, qui n'est que la faculté intellectuelle appliquée aux plus hautes questions. Au milieu de toutes ces formes qui paraissaient et disparaissaient à ses regards, qui flottaient et murmuraient dans les vents, il se sentait, il se savait uni à quelque chose de persistant qui engendrait tous les êtres et qui leur survivait.

Il était associé infime et périssable à une sainte collaboration avec un être éternel et infini. Il agissait sous le regard de Dieu par des œuvres ordonnées par Dieu, et du fond de sa conscience une voix lui disait qu'il portait la responsabilité de ses actions.

Ainsi donc, l'homme est un être religieux.

Quand la terre reçut dans l'espace son ellipse à parcourir, la terre était insensible, inerte, sourde, aveugle, inconsciente d'elle-même. Dieu la connaissait sans doute, mais la terre ne se connaissait pas en Dieu. Il manquait un des termes du rapport nécessaire de Dieu avec tous les êtres, et de tous les êtres avec Dieu.

Il fallait donc sur la terre un être qui fût le témoignage de Dieu. L'âme humaine est la prière de la terre.

L'homme n'est pas seulement la plus haute représentation de la vie sur la terre, il en est matériellement le résumé; il en reproduit les divers règnes dans sa structure anatomique. La chaîne des êtres n'existe que pour le rattacher à la terre par dégradations insensibles.

La création terrestre n'eût-elle pas été faite en vue de l'homme, on est obligé de reconnaître qu'elle a été faite de manière à être modifiée par lui.

Mais où et à quelle époque l'homme s'est-il posé la première question de sa destinée en Dieu, a-t-il eu la conception de Dieu, l'a-t-il formulée, incorporée et rendue visible dans les symboles ?

L'homme eût-il été capable de confesser instinctivement Dieu dès sa naissance, il n'a pas pu avoir de religion en naissant. Il lui a fallu traverser auparavant bien des modes de civilisation, conquérir les instruments de ses idées, la langue et l'écriture. Que de siècles alors ont dû passer ignorants et silencieux avant que fût posée la première assise du premier temple!

Cependant, quoique la science historique nous refuse des assertions positives sur l'origine des religions, nous pouvons assigner une patrie, sinon une date, au premier culte du monde.

Cette patrie est l'Inde. De même que l'homme résume la création terrestre, l'Inde résume les productions de toutes les contrées : au midi, les fruits des tropiques; au nord, la végétation de l'Europe. On y trouve les animaux antérieurs au dernier cataclysme, de manière que par eux l'Inde rattache cette création-ci à la création précédente.

Elle est l'hôtellerie somptueuse et inépuisable de toutes les races. Il est bien peu de quadrupèdes, d'oiseaux, de reptiles connus à nos trois continents qui ne soient nationalisés entre ses frontières. Les espèces les plus riches, les plus grandioses, les plus variées de formes et les plus éclatantes de couleurs, y sont indigènes. Les paons, les faisans, les perroquets, y promènent les couleurs de l'arc-en-ciel à travers une magnifique décoration d'arbres qui étalent les feuilles et qui prennent les attitudes les plus variées. La terre de l'Inde distille dans ses corolles les plus suaves odeurs. La sève se parfume à travers les écorces. Dans son alchimie mystérieuse et souterraine, le sol condense tous les métaux, compose les pierres les plus précieuses; le rubis, la topaze, le diamant. Le Créateur a concentré dans l'Inde les richesses qu'il dissémine dans les autres parties des continents.

Pour protéger ce premier théâtre de l'activité humaine, la nature l'a entouré des plus hautes montagnes. L'Inde s'est trouvée ainsi abritée contre ces irruptions des hordes nomades qui auraient pu la troubler dans ses longues élaborations des premières lois et des premiers dogmes. Elle s'est trouvée ainsi le camp retranché de la pensée humaine.

Ce camp était vaste et pouvait suffire à l'œuvre immense de l'esprit. Si l'Inde eût été resserrée entre de plus étroites limites, la pensée humaine s'y fût stérilisée. Elle eût subi le sort de ces îles perdues au fond de l'Océan, où, après des siècles et des siècles, la pensée humaine bégaye encore. L'Inde s'étendait entre des horizons assez vastes pour que l'intelligence y fût sans cesse activée, ravivée, par communication, par émulation, par infusion d'éléments nouveaux. La race humaine put y être assez diverse à l'origine pour ne pas tomber dans cette uniformité morale qui est la mort des sociétés.

Ce n'est donc pas sans quelque raison que toutes les traditions historiques regardent l'Inde comme la terre natale, sinon des hommes, du moins des sociétés humaines.

On ne saurait croire au mythe antique du paradis, à l'immensité du monde extérieur vis-à-vis de l'homme, et à la béatitude parfaite de nos premiers aïeux. La douleur est contemporaine de notre naissance. Dans ce milieu terrestre, où les premiers hommes ont été contraints de vivre, sur le passage de toutes les forces de la nature, du vent, de la pluie, des orages, des neiges et des solstices, ils ont été atteints par ces forces, et ils ont souffert. Leur système nerveux pouvait être moins développé, mais il n'en était pas moins accessible à la douleur.

Si l'homme n'eût éprouvé des sensations pénibles, comment eût-il songé à y échapper par le travail, par l'association, par la prévoyance, par toutes ces armures défensives que nous nommons les industries?

Cependant son enfance avait besoin de trouver le milieu le plus compatissant et le plus sympathique à sa conservation. Il lui fallait une température bienveillante, et, en ces temps où l'homme ne savait pas se pourvoir de nourriture, une table toujours dressée, en plein vent, sous les branches des arbres. L'Inde lui donna toutes ces choses; les moissons et les fruits s'y succèdent sans interruption. Un lait intarissable y coulait à toute heure pour l'homme nouveau né.

Ne cherchons pas l'Éden au pied de l'Himalaya ni dans la vallée de Cachemire. La mystérieuse Sirimgapore peut se baigner dans ses limpides nappes d'eau où l'ibis vient boire la rosée dans la corolle du lotus; c'est l'Inde entière qui est un Éden. Non pas que l'homme y vécut sous la protection et dans l'amitié de la nature, ni dans l'extase d'une perpétuelle volupté, mais parce qu'il avait trouvé sur la terre de l'Inde plus de magnifiques spectacles, plus de richesses, plus de moissons accumulées pour sa subsistance.

Il y avait aussi trouvé plus de puissances ennemies et impitoyables qui le provoquaient à la lutte. Lorsque l'homme put constater sa propre existence et se reconnaître, lorsqu'il se vit debout, spectateur candide et stupéfait au milieu de tous les assistants de la nouvelle création et de tous les désastres de la création qui venait d'être détruite, s'il dut éprouver un sentiment de joie et de gratitude pour la vie, il eut, n'en doutons pas, un sentiment d'épouvante pour les ruines du monde. Il dut jeter un profond regard de terreur sur tous ces cadavres épars et gisants, ces êtres monstrueux et titaniques, débris d'un récent cataclysme et que la terre n'avait pas ensevelis. Les blessures du globe étaient encore béantes. On devait sentir encore sous les pieds les dernières convulsions, et voir s'échapper des cratères les dernières fumées. L'homme trouvait partout les cendres encore tièdes de cet immense bûcher funéraire sur lequel le monde antérieur s'était consumé.

Les granits éclatés, les grandes montagnes fendues qui portaient sur leurs flancs convulsifs et sillonnés les vestiges des marées, tous ces lugubres spectacles racontaient des œuvres de destruction, inspiraient ces sombres terreurs et ces profondes tristesses que l'on trouve à l'origine de toutes les religions.

Mais nulle part ce grand dualisme des forces de vie et des forces de destruction, de bonté et de rigueur, ne se manifeste plus énergiquement que dans l'Inde. Le drame de la vie terrestre y est représenté avec tous ses contrastes, avec les caractères les plus grandioses. Dans aucune contrée les montagnes ne s'élèvent plus près du ciel, et ne suspendent à de telles hauteurs leurs franges de glaces éternelles, urnes intarissables d'où s'écoulent de grands fleuves qui se creusent des lits larges et profonds, qui parcourent de vastes espaces, et aux époques des inondations se répandent à d'immenses distances. Des courants atmosphériques, qui sont des tempêtes éternelles, s'engouffrent et passent sans fin à travers ces corridors de montagnes.

Aux saisons de sécheresse, l'atmosphère s'embrase comme une fournaise. Le soleil est voilé par une poussière de feu ; la rosée sèche et s'évapore sur le sol comme sur un brasier ; la sève tarit, fatiguée d'éteindre l'incendie intérieur qui dévore toutes les plantes ; les feuilles se referment. Le tigre s'enfonce dans les marais des jungles, et se couche dans les eaux pour apaiser ses flancs brûlants et haletants.

Mais sitôt que l'époque des moussons est revenue, alors la révolution atmosphérique s'annonce par des coups de tonnerre dont le rugissement et l'ébranlement formidable pourraient rappeler les catastrophes diluviennes. Les nuages s'élèvent de la mer, se rassemblent, s'échelonnent, s'avancent en épaisses et lourdes caravanes sur les terres en suivant la même direction ; on dirait une mer aérienne et une marée de plusieurs centaines de lieues. Ces nues errantes arrosent successivement les campagnes pendant trois mois. Alors le sol, torréfié comme l'argile du four, recouvre sa fécondité, la sève en rejaillit en herbes épaisses. La végétation languissante reprend ses apparences de vie et de santé.

Car l'Inde est essentiellement féconde. La nature infatigable et luxuriante ne cesse de produire et de dévorer ses produits ; elle improvise en quelque sorte les végétaux gigantesques dont la flèche de l'Indien ne peut atteindre les hautes branches. Il semble qu'elle a des exagérations, et donne en quelque sorte des scandales de reproduction. Le figuier religieux incline ses rameaux, les replante dans le sol, se multiplie ainsi par la cime, et s'achemine de piliers en piliers, d'arcs-boutants en arcs-boutants, jusqu'à ce qu'un seul arbre ait produit une forêt.

Ainsi de l'eau et du feu, de leur lutte ou de leur concours, se forme cette fermentation active qui surexcite la fécondité. L'eau et le feu auront donc une grande importance dans la théogonie indienne.

Mais parmi ces productions instantanées, ces changements à vue de décorations végétales, se développent des puissances terribles de destruction. Lorsque les eaux versées des montagnes ou tombées du ciel ne trouvent pas de pente pour rejoindre les fleuves et se rendre à la mer, elles se changent en méditerranées pestilentielles; elles forment ces jungles, ces forêts impénétrables, où, sur le fumier des arbres morts, d'autres arbres s'élancent, recouverts par les draperies flottantes des lianes. Le soleil ne peut pénétrer sous ces voûtes de verdure; l'air n'y circule plus. Du laboratoire empesté de végétaux pressés les uns contre les autres, s'exhale comme une haleine de mort que le vent prend là et promène sur l'Inde. Ces pestes emportent les hommes en vingt-quatre heures. Les reptiles fourmillent, se tordent sur ces limons et dans les broussailles. Les serpents y distillent ces poisons rapides qui tuent l'homme en quelques minutes. Parmi les hautes herbes qu'il fauche de sa queue en rampant, le serpent boa, quelquefois long de quarante pieds, brise et broie dans ses étreintes les plus grands animaux. Dans le delta du Gange, les rhinocéros viennent attaquer les barques. Les éléphants sauvages disputent à l'homme sa royauté; ennemis terribles, souvent ils parcourent les forêts par bandes. Le crocodile, posté sur le bord du fleuve, entraîne sa proie dans les eaux; le tigre l'atteint d'un bond de vingt mètres; et à tous ces impitoyables agents de mort viennent s'unir des cohortes d'insectes, de lézards innombrables, de scorpions, de vers, de chauves-souris monstrueuses et hideuses.

Tous les phénomènes ont dans l'Inde le caractère de la lutte. Lorsque deux rivières arrivent à leur confluent, les flots se heurtent, se refoulent et tourbillonnent tumultueusement. Quand la marée remonte les fleuves, larges comme des bras de mer, elle s'avance sous la forme d'une montagne d'eau, et toute la surface du fleuve se couvre d'écume.

Cependant, à côté de ces forces militantes les unes contre les autres, malfaisantes et destructives, sourit perpétuellement à l'homme une nature amicale, expansive et gracieuse. Dans les temps calmes, une brise molle et parfumée suit les flexions des fleuves, flottante sur le courant, et frissonne sur ces eaux limpides et majestueuses qui se déroulent et se dérobent d'horizons en horizons. Sur leurs rivages sont plantés des groupes d'arbres immenses : figuiers qui abritent des peuplades d'oiseaux, colonnettes mobiles des palmiers qui portent un éventail à leur cime.

Là croissent, disent les géographes, la belle rose blanche qui embaume la vallée de Dehli, les jasmins aux grandes fleurs, le tschambaga que les Indiennes mettent dans leur coiffure, le moussende qui étale parmi ses feuilles blanches ses fleurs rouges, l'ixore consacré dans les temples du Malabar, le sindrimal, dont les fleurs s'ouvrent à quatre heures du soir et se ferment à quatre heures du matin, le nyctanthe, dont les femmes se parfument les cheveux avant de s'endormir.

A côté de ces fleurs, les plus odorantes du monde, l'Inde cueille les fruits les plus savoureux : la prune, l'abricot, la cerise, la fraise, la pêche, la grenade, l'amande, la framboise, l'orange, en même temps que la goyave, la mangue, et la banane des sages, cette nourriture sainte toujours pendante sur la tête des anachorètes.

Les plus hauts arbres de futaie, les chênes, les sapins, les cyprès, représentent les productions de nos continents, à côté des essences de bois les plus dures, les plus précieuses par leurs couleurs ou par leurs parfums, le bois de fer, l'uvaria, le sandal et l'ébène. Les gommiers donnent les diverses gommes; les genres nombreux des lauriers y distillent la casse et le camphre. Enfin, le myrte, le tamarinier, les bignonies, les guettardes et les pandanus viennent ajouter un nouveau, luxe à ces richesses végétales, de nouvelles couleurs à ces harmonies infinies de feuilles et de corolles, leur goutte de parfum à cette mer d'odeur qui flotte sur cette voluptueuse couche nuptiale de toutes les créatures.

L'Inde est non-seulement la terre de la vie, mais encore de la vie dans toute sa splendeur : la terre des couleurs et des aromes.

Sur toutes ces corolles ouvertes bourdonnent des myriades d'essaims d'abeilles. Les abeilles sont souvent citées dans les légendes religieuses; les poëtes les représentent toujours sur les parterres du paradis et sur les colliers de fleurs qui pendent au cou des divinités. L'abeille est posée sur l'*Iony* symbolique comme sur une fleur.

Sous tous ces grands combles de verdure se réfugient des milliers d'oiseaux : concerts discordants de ces forêts silencieuses et désertes. Quelquefois aussi ce sont de ravissantes mélodies qui errent sous le feuillage, le matin, dans les effluves de rosée. A distance, on croirait entendre des harpéges aériens. Le soleil se lève et le concert s'envole. Ces oiseaux sont les voix de la solitude. L'Indien les attire autour de ses pagodes : les ibis, les oiseaux de paradis, les bengalis, le porphyrion, la loxia philippina qui suspend son nid au souffle du vent, et le paon surtout, ce natif de l'Inde, ce glorieux compatriote des plus belles fleurs.

Parmi ces espèces plus ou moins indisciplinables et nomades, l'homme a trouvé sur cette terre bénie ces espèces plus sociables qu'il devait réduire en domesticité, le canard, le cygne, le coq d'Inde, le coq ordinaire et la pintade; de même qu'il rencontra dans ses vallées, le bœuf, le mouton, le chien, l'âne, le cheval, l'éléphant et le chameau, pour les associer à ses fatigues, machines vivantes à demi intelligentes qu'il substitue aux muscles de ses bras, afin qu'il ait plus de loisir, plus de sécurité, pour se livrer au calme laborieux de la pensée.

Tel est le double caractère de l'Inde : une fertilité inouïe, une munificence inépuisable, et en même temps une épouvantable violence de destruction. Cet antagonisme, qui a partout des caractères grandioses, a passé dans la théogonie indienne et a produit deux divinités, ou plutôt deux aspects de la Divinité immuable, Vichnou et Siva. Le culte du dieu destructeur est le premier né ; mais à mesure que l'homme s'avance dans la civilisation, qu'il trouve dans son intelligence, dans son industrie, de nouveaux complices pour lutter contre la nature, le culte du Dieu conservateur et bienfaiteur s'étend, et ce Dieu conservateur lui-même dans ses dernières incarnations montre plus de mansuétude et d'affection pour les hommes.

La géographie de l'Inde s'est reproduite dans sa religion ; voilà pourquoi celle-ci s'est implantée si profondément dans l'esprit des Hindous. Elle est en quelque sorte prêchée, démontrée par tous les spectacles de la nature ; elle est luxuriante et désordonnée comme cette nature. Elle s'en est assimilé non-seulement les phénomènes généraux comme l'eau, le feu et l'air ; mais encore les êtres particuliers, tels que les éléphants, les serpents, les singes, les taureaux, les lions, les arbres, les oiseaux et les fleuves.

Sous cette température énervante, qui ne permet d'autre activité que la pensée, la première pratique religieuse est la contemplation, ou la vie solitaire au milieu des forêts. N'est-ce pas là une religion qui ne pouvait se déplacer, qui devait demeurer nationale et mourir où elle était née ?

Dans la religion indienne, dans sa cosmogonie, les actions des dieux, leurs incarnations se révèlent sous des formes démesurées. L'exubérance de vie qui se montre sur le sol de l'Inde se reproduit dans sa théodicée. Tout y est immense, disproportionné avec nos faibles mesures. Les temps se comptent par millions de siècles. Les dieux luttent avec des monstres plus grands que des continents ; ils barattent l'Océan tout entier comme un vase de lait. Eux-mêmes prennent des développements prodigieux et fantastiques; ils ont plusieurs têtes et plusieurs bras.

Comme le figuier religieux, la Divinité elle-même se multiplie à l'infini. On dirait qu'elle poursuit de phénomène en phénomène, de diversité en diversité, cette vie mobile de la nature qui se métamorphose et qui lui échappe sans cesse.

Partie de l'unité de Dieu la plus absolue, la religion indienne est venue aboutir au polythéisme. Toutes les fois qu'elle rencontre un attribut nouveau de la cause unitaire et primitive, elle divinise cet attribut; elle va ainsi confiant l'administration du monde à des hiérarchies innombrables de dieux. Chaque chose, jusqu'à la note de musique, s'est trouvée avoir sa divinité particulière.

Mais ce ne sont pas seulement des acteurs célestes ou terrestres du drame divin qui se montrent sous ces proportions infinies; c'est le récit lui-même qui raconte leurs œuvres, c'est leur culte qui se déroule sur un plan colossal. Leur théologie est prodigieuse, inextricable, encombrée comme leurs forêts vierges. Outre les Védas, ces quatre livres révélés par Brahma, ces immenses recueils que les brahmanes ont dû réduire et commenter pour les comprendre, outre les lois de Manou, il y a une multitude de poëmes religieux, de Pouranas, dont quelques-uns n'ont pas moins de quarante mille vers : littérature étrange où la sève de l'esprit humain a pris l'expansion la plus désordonnée, où toutes les formes littéraires se confondent, l'hymne, le dialogue, l'épopée, où l'unité se brise et disparaît comme ces routes perdues dans les impénétrables solitudes des jungles.

Si maintenant de la parole religieuse on passe au culte, l'esprit demeure comme épouvanté devant les représentations symboliques et devant les demeures des dieux. On admire sur les sables de l'Égypte des temples grands comme des villes. Dans l'Inde, ce sont des montagnes entières qui ont été transformées en temples; d'immenses forêts croissent sur leurs voûtes ; quelquefois, comme à Ellora, des rivières passent et tombent en cascades par-dessus leurs corniches.

Lorsqu'on pénètre dans ces vulves profondes où le culte du lingam, de la génération, était pratiqué, on s'égare au milieu d'une architecture souterraine, dans des carrefours de colonnades, de piliers massifs, évasés, cannelés, de sculptures colossales, d'éléphants et de rhinocéros, de galeries et d'architraves fantastiques qui se perdent dans de formidables ténèbres.

Sous ces temples il y a des étangs sacrés auxquels viennent s'abreuver leurs hôtes sacrés : troupeaux de bœufs et de génisses.

Quelquefois les temples sont superposés, et d'étages en étages ils escaladent la montagne ; et ces masses ne sont pas seulement évidées, brodées à l'intérieur, mais encore sculptées extérieurement. L'esprit terrifié se demande aujourd'hui durant combien de milliers d'années les mains des générations ont dû sécher sur ces montagnes de granit.

Les cérémonies, les fêtes, les pratiques religieuses ont ce même caractère exubérant. Nulle part les pénitences n'ont été plus longues, les observances plus fréquemment répétées. Des multitudes entières sont convoquées aux fêtes et y accourent de toutes parts. On y promène des chars, des temples roulants qui portent des troupes de musiciens et de danseuses. Les éléphants, les idoles gigantesques figurent dans ces processions, où les adorateurs se font écraser sous les roues. Les supplices volontaires sont poussés continuellement au plus haut paroxysme de frénésie.

Les épreuves, les pratiques de dévotion sont si nombreuses, que l'homme ne semble plus avoir le temps de vivre ; et après cette vie, la vie ultérieure est encore soumise à d'infinies manifestations ; elle peut revêtir et dépouiller pendant des siècles mille formes diverses, descendre dans plusieurs enfers, les uns vivants et mortels comme les corps des animaux, les autres creusés dans les gouffres de la terre. Enfin, lorsque l'âme a mérité la glorieuse rémunération de l'éternité, elle trouve sur son passage plusieurs paradis échelonnés, à moins qu'elle n'entre, par la pénitence parfaite, dans ce paradis parfait qui est l'absorption et l'anéantissement en Dieu.

Cependant si les religions sont inspirées et colorées par le monde extérieur qui les entoure, si elles sont jusqu'à un certain point des paysages parlés de la nature, elles ont cependant été formulées par des hommes; conservées, modifiées par des générations, elles représentent plusieurs dynasties d'idées qui se succèdent l'une à l'autre. Comment s'est fait ce travail intellectuel ou religieux dans l'Inde, ou plutôt comment l'homme a-t-il pu accomplir ces œuvres d'intelligence?

Nous ne courons pas au-devant des hypothèses; nous croyons qu'il est possible de déterminer les diverses évolutions que l'homme a dû parcourir pour passer de l'état primitif à l'état social. Nous avons, à défaut d'histoire, lorsque l'histoire n'existait pas, des faits précis pour nous diriger dans cette étude. Tous les états antérieurs de l'humanité coexistent en ce moment sur le globe; l'état sauvage, l'état patriarcal, l'état civilisé.

Dans l'état sauvage, la vie est réduite à ses plus indispensables nécessités: l'entretien et la régénération. L'homme vit à peu près isolément, en famille ou par faibles groupes. D'abord il cueille le fruit; mais comme souvent les saisons lui refusent cette nourriture, alors il tâche d'atteindre une nourriture vivante, la proie. Il crée ses premières industries, la massue, la flèche, l'hameçon, la fronde. Il fait les premières applications de son intelligence; il chasse et il pêche pour consommer sur le moment; et quand il est rassasié, il dort. Son existence est celle d'une brute, un peu plus ingénieuse que les autres brutes. La femme n'est que la femelle de cet animal de proie. Comme elle est plus faible, elle est soumise à une servitude grossière; elle subit la plus grande part des peines, tandis que l'homme se réserve le plus grand nombre de joies. Il habite la hutte ou le trou d'un rocher. Lorsque les sauvages s'assemblent, le chef est le plus habile à tuer ou à découvrir le gibier.

Cependant parmi les animaux que l'homme poursuit pour en faire sa proie, il en est de plus timides qu'il n'est pas obligé de tuer immédiatement, qu'il peut garder auprès de lui pour les dévorer ou s'en servir, et selon ses besoins il les réunit, il les enferme; dès lors il n'a plus seulement la nourriture du jour, il a encore celle du lendemain; il peut assurer l'existence de plusieurs êtres autour de lui. Les tribus, les familles se forment; le premier exemple de propriété est donné. La propriété n'est pas le sol, mais bien le troupeau. Aussi loin que s'étend la pensée, sous la courbe du soleil, de l'orient à l'occident, la terre appartient à tous, et derrière les pas du troupeau un autre troupeau a le droit de venir brouter l'herbe.

L'homme fait paître ces troupeaux, et les pâturages naturels sont vite épuisés; il faut donc aux peuples pasteurs une vie nomade. Ils habitent la tente, habitation portative qu'ils traînent après eux. Le chef est le père de famille.

Mais si le troupeau est pour l'homme une nourriture moins précaire que la chasse ou que la pêche, cependant il se reproduit avec lenteur; il est d'autant plus vite décimé, consommé, qu'en assurant la subsistance des hommes il les aide à se multiplier. Comment suffire à ce nombre de convives lequel augmente sans cesse? Il faut ajouter au troupeau les fruits terrestres qui peuvent se conserver toute l'année. Ces fruits sont les céréales de diverses natures. Alors l'homme passe de la vie pastorale à la vie agricole; il ne possède plus seulement le troupeau, il possède encore non pas précisément le sol, mais la moisson, mobilier du sol que son travail y a déposé. Mais plus tard, pour protéger la moisson, il est obligé de s'approprier le sol, de l'enclore et de s'y fixer.

La propriété n'est que la jouissance du travail qu'on a fait soi-même; elle engendre la guerre, qui est la jouissance du travail qu'on n'a pas fait. Les déprédateurs à main armée se jettent sur la moisson. Alors les populations agricoles sont obligées de s'assembler pour se défendre ; elles bâtissent leurs demeures à côté les unes des autres ; elles fondent des villes. La guerre devient la forme d'agrégation des peuples. Dès ce moment un nouvel ordre de rapports a surgi, non-seulement du père aux membres de la famille, mais de citoyen à citoyen. La pensée, l'intelligence, qui avaient successivement découvert les premières inventions, doivent régler les nouveaux rapports ; l'idée du droit, du devoir, s'élargit. Des dogmes, des codes rudimentaires sont promulgués. L'homme sent le besoin d'un grand travail intellectuel.

Mais pour que ce travail se fasse, il faut que la subsistance soit assurée à ceux qui le font. Il faut que des hommes ne soient pas forcés de se dépenser, de s'épuiser jour par jour, heure par heure, dans des travaux manuels. Il faut qu'il y ait un surcroît de subsistance. Il faut que, pour ces premiers ouvriers et ces premiers émissaires des idées, d'autres agents arrosent la terre de leurs sueurs, ces larmes du corps ; que d'autres bras les défendent contre les ennemis pendant qu'ils méditent. Les penseurs rendaient bien à la société les services qu'ils en recevaient ; ils créaient les langues, les religions, les sciences ; ils développaient les âmes, ils multipliaient les industries, qui ne sont que des idées appliquées.

Chaque jour les nations modernes s'enorgueillissent de leurs découvertes. Les inventions passées dans les habitudes de l'humanité ne frappent plus les imaginations ; mais lorsque nous plongeons par la pensée dans ce monde, que nous regardons comme ténébreux parce qu'il a précédé l'âge historique, on se demande, avec une profonde admiration pour les premiers grands hommes anonymes, combien il a fallu de génie pour créer les langues, les alphabets, les chiffres, la navette, la charrue, la rame, pour s'emparer du feu, utiliser les métaux, tisser le poil ou le duvet des plantes, rassembler assez de faits pour oser les premières abstractions, les premières analyses et les premières synthèses ; nous pouvons comprendre alors avec quelles bénédictions ces œuvres durent être accueillies, et quel respect des hommes grossiers durent avoir pour ces premiers inventeurs qui faisaient faire à la pensée les premiers actes de souveraineté sur le monde.

On a dit que la division des castes et l'établissement du brahmanisme étaient un fait de conquête : ne serait-ce pas plutôt une division du travail social? La conquête ne fonde pas, n'organise pas les sociétés. S'il n'y eût eu dans l'Inde que des peuples armés les uns contre les autres, ces peuples se seraient éternellement vaincus et refoulés. La conquête n'eût abouti qu'à un perpétuel déplacement ; car pour absorber un peuple, se l'assimiler, se le soumettre, il faut une science sociale, et pour concevoir cette science il faut des sages.

Si les sages avaient été les conquérants primitifs, comment expliquer que ces brahmanes, guerriers et vainqueurs, après une domination établie par la violence, eussent volontairement déposé les armes, les eussent remises au peuple ou à une partie du peuple qu'ils venaient de conquérir, sans crainte de voir les vaincus reprendre par la force ce qu'ils avaient perdu par la force?

Ces vainqueurs, contrairement à tous les exemples historiques, auraient renoncé à leur nom national, pour prendre un nom religieux ; ils auraient ensuite déserté le gouvernement, le pouvoir militaire ; non pas un à un, par exception, mais en nation, pour se livrer à l'étude, aux austères contemplations et aux travaux de l'esprit? Cette hypothèse n'est pas vraisemblable.

En l'admettant, on serait obligé d'admettre pour la société hindoue, qu'il y a eu trois conquêtes successives et quatre peuples étagés l'un sur l'autre. D'abord un peuple de laboureurs aurait été soumis par un peuple de marchands. Les deux sociétés auraient vécu juxta-posées sans se confondre ; elles seraient restées suspendues l'une sur l'autre comme l'eau et l'huile. Les conquérants avaient sans doute abandonné leurs armes sur le champ de bataille, lorsqu'un troisième peuple, exclusivement composé de guerriers, serait venu soumettre vainqueurs et vaincus, laboureurs et marchands, et lui-même se superposer à deux couches de populations, sans se confondre avec elles.

L'établissement des castes n'est donc pas engendré par la conquête comme l'esclavage. C'est une division du travail, puisque chaque caste correspond à un ordre de travaux. Il y a eu des hommes mieux doués, naturellement portés par l'impulsion de leur génie vers l'étude des lois du monde. L'intelligence est surtout sympathique et sociable, parce que continuellement l'idée a besoin de l'idée. Les hommes d'intelligence se sont rapprochés, ont agi les uns sur les autres, les uns par les autres ; et lorsque, par leurs travaux, par leurs découvertes, par leur science, par les superstitions même, ils ont acquis une grande influence sur les autres hommes, ils se sont recrutés par voie d'initiation.

Ils exerçaient une grande puissance, mais par une force morale ; et ils avaient d'autant plus le droit de se faire passer pour les fils privilégiés de Dieu, qu'en réalité ils avaient fait les lois de la société, ils avaient créé les premiers instruments de la grandeur de l'homme.

Mais lorsque, après les troubles probables, les confusions de droits qui précèdent et accompagnent l'établissement des sociétés, les hommes les plus sages, les plus vénérés, les plus instruits, se trouvèrent chargés de régler tous les rapports, d'asseoir la hiérarchie d'une manière durable, ils rendirent héréditaires les fonctions de brahmanes, qui se conféraient dans le principe par voie d'initiation. L'initiation persista même avec l'hérédité ; elle fut appelée seconde naissance.

Alors ce principe de l'hérédité, ce principe d'ordre le plus rudimentaire, celui qui paraissait contenir et qui contenait effectivement, pour les peuples primitifs, le plus de garanties, de permanence, de régularité, fut appliqué du faîte à la base de la société. La société fut systématiquement, légalement, séparée en quatre compartiments, par de hautes murailles. La législation sans doute n'a pas créé ces inégalités, elle les a trouvées établies, les a consacrées, éternisées par des textes.

On a divisé les hommes selon les travaux auxquels ils s'appliquaient; ce ne peut être qu'une œuvre de l'esprit, de l'abstraction, d'une loi, et non de la conquête. Pour éviter la confusion des rangs, on a contraint les fils à embrasser perpétuellement la profession du père : hiérarchie inflexible qui est visiblement l'œuvre d'une législation, car celui qui prend la meilleure place, qui possède les plus grands priviléges, c'est le législateur, c'est le brahmane.

Aussi, comme il craint de perdre par la force matérielle ce qu'il a usurpé par la force morale, il emprunte un caractère sacré, il revêt de plus en plus la puissance divine. Il appelle à son aide l'enseignement religieux. Dans tous ses poëmes il multiplie les exemples de supériorité des brahmanes sur la caste gouvernementale, guerrière, et sur les dieux eux-mêmes. Les Pouranas ne chantent que les glorifications du brahmanisme; la parole du brahmane y est toujours toute-puissante; une imprécation du brahmane est plus forte que toutes les forces du ciel, que Brahma, que l'Être suprême.

Les brahmanes sentaient que la subordination du roi et du guerrier était frémissante sous leurs mains, et ils écrivaient ces nombreux poëmes, les seuls livres à peu près permis aux autres castes, parce qu'ils y allaient porter des exemples toujours plus héroïques de la toute-puissance des brahmanes et de l'infériorité des rois. Ils réagissaient ainsi sur la caste qui avait la puissance matérielle en main, par la pression de l'opinion publique et par la terreur religieuse.

Et cependant le brahmanisme ne fut pas une usurpation; il légitima ses priviléges, sa puissance, par l'usage qu'il en fit.

Il ne faut pas le juger par le cadavre que nous avons aujourd'hui sous les yeux; il faut le juger à l'origine, d'après les impérissables monuments qu'il a élevés dès les premiers âges de l'humanité. Il a trouvé le premier une métaphysique profonde sur l'explication de l'univers, sur la vie antérieure et ultérieure de l'homme; les solutions de l'Inde ont voyagé depuis dans l'occident du monde; toutes les philosophies en ont pris quelque chose. L'Inde peut réclamer la maternité des idées; car partout ailleurs, après elle, on retrouve ses dieux et ses systèmes.

Quelques philosophes en ont conclu que l'esprit humain, limité dans ses inventions, avait tourné dans le même cercle; que l'Égypte avait conçu les dieux de l'Inde sans les connaître. Il était beaucoup plus logique de croire que les mythes de l'Inde s'étaient répandus par ondulation successive sur l'Asie occidentale, et de là sur une portion de l'Afrique et de l'Europe.

Ce qu'on peut affirmer, cependant, c'est que dans aucune religion passée les dogmes n'ont été plus philosophiquement, plus savamment coordonnés. La religion hindoue, une au fond et rationnelle dans les hautes régions du brahmanisme, s'est réfractée ailleurs, divergente, inexplicable, voilée sous les symboles. Sur les bords du Gange, elle est restée assise dans sa merveilleuse unité; nous allons l'y retrouver.

Si le brahmanisme contribua puissamment à faire passer l'homme de l'état instinctif à l'état intellectuel, s'il permit et facilita les premiers travaux de la pensée, il tendit, par son organisation héréditaire et la classification inflexible de la société, à immobiliser les doctrines.

Qu'arriva-t-il dans l'Inde après un certain nombre de siècles? Il arriva que les dogmes une fois établis, et le travail de la pensée une fois circonscrit dans les mains de la même caste, ces dogmes furent transmis mais non développés; ils passèrent de la main à la main comme les pierres de nos édifices, déplacés mais non renouvelés par le temps. La vie se retira de ces dogmes.

Les brahmanes n'ayant plus à redire qu'une chose déjà dite et pour toujours, la religion ne fut plus qu'une parole machinale, qu'une habitude de mots. Comme les brahmanes n'avaient pas d'autre mode d'activité que la lecture, l'enseignement des livres saints et les pratiques de dévotion, ils furent contraints de s'enfoncer de plus en plus dans ces pratiques, de s'absenter de plus en plus de la vie, de se retirer dans une sorte de néant, au fond des solitudes.

La mort a sa logique aussi. Quand la véritable activité complexe et diverse qu'exige l'organisation complexe et diverse de l'homme, quand la vie humaine est scindée, pétrifiée, immobilisée à certaines attributions fatales et fatalement transmises, il arrive que la classe toujours condamnée aux travaux manuels s'abrutit et dégénère, tandis que la classe toujours enchaînée aux travaux de la pensée ne pense plus, et s'anéantit dans une sorte de mémento continuel des vieux textes. Elle remplace l'idée par le symbole, le verbe par le geste. N'ayant plus de raison d'être, c'est-à-dire de se développer, elle revêt de plus en plus les apparences de la mort, le silence et l'immobilité.

La dévotion n'est qu'une mort lente, désirée, préparée avec une ostentation sauvage. Le suicide fut la conclusion dernière de cette inertie, et devint un acte religieux.

Quand une civilisation, quand une organisation sociale retire à un peuple une partie de vie nécessaire à chacun et à tous, quand l'ambition ou l'aspiration vers d'autres destinées, qui est la force impulsive des individus, est impossible, interdite par le despotisme, par la loi, par les mœurs, il arrive que l'homme retombe sur lui-même; les arbres étouffés par d'autres arbres renoncent à leur expansion, se dessèchent et meurent. Ces hommes ainsi écrasés sous la compression de la société, désirent eux-mêmes la mort; ils la provoquent par des moyens matériels. C'est ainsi que la civilisation trop immobile des Chinois les a poussés à la consommation de l'opium. C'est ainsi que dans l'Inde les croyants ont été entraînés vers ces austérités mortelles, vers ces rêveries monstrueuses, œuvres confuses et désordonnées de cerveaux qui n'avaient plus de travail régulier. La pensée se dévora elle-même, comme dans ces songes de nuit, où l'âme n'étant plus renseignée, redressée par le monde extérieur, n'enfante plus que de vagues ou de terribles fantômes.

Les brahmanes ne songèrent plus qu'à conserver la supériorité intellectuelle qu'ils avaient acquise; toute leur conduite, tout leur enseignement écrit ou parlé, ne tendirent plus qu'à maintenir leur domination sur les autres classes. Ils accréditèrent toutes les superstitions, toutes les légendes qui pouvaient confirmer leur supériorité. Ils gardèrent les livres sacrés pour eux; ils écrivirent les Pouranas pour le reste de la nation. Ces poëmes, comme nous l'avons dit, ne sont que des glorifications de la toute-puissance des castes sacerdotales, de complicité avec les dieux.

Cette toute-puissance devait être d'autant plus inébranlable, qu'elle remontait plus haut dans les temps, qu'elle était contemporaine de la naissance du monde, et conséquemment plus voisine de Dieu. La vérité immuable venait du passé. Plus on allait vers l'avenir, plus on devait se garder de la changer. C'était la parole de Dieu, immobile comme Dieu.

L'idée de perfectibilité est une idée moderne; elle nous a été inspirée par l'histoire. C'est après avoir longtemps vécu, après avoir pu constater des mutations dans son existence religieuse et matérielle, que l'humanité a fini par croire qu'elle marche de l'incomplet au complet, de l'inconnu au connu. La vérité, pour le brahmane, semblait d'autant plus s'affaiblir qu'elle s'éloignait de son foyer primitif, et rayonnait d'âge en âge, comme la chaleur s'affaiblit en s'étendant.

Cependant le progrès inévitable des idées et des mœurs forçait les prêtres à modifier les croyances primitives dans un sens plus large, plus compatible avec le nouvel esprit humain. Alors on supposa, par un étrange contre-sens, que l'homme était dégénéré au point de nécessiter une nouvelle intervention de Dieu, une nouvelle révélation, pour rappeler les croyances à la pureté qu'elles avaient perdue. Et cependant, lorsqu'on suit dans l'Inde la série des incarnations de Vichnou, on remarque qu'elles sont toujours plus humaines, plus charitables, plus bienveillantes, de sorte qu'on allait au progrès en proclamant la décadence. La religion s'épurait ainsi à contre-cœur; elle grandissait, et prenait son accroissement pour des symptômes d'expiation; elle gardait une profonde défiance contre l'avenir, et pour prévenir les nouvelles incarnations de Dieu, qui étaient autant de transformations et de progrès dont l'exemple pouvait devenir contagieux, elle annonçait d'avance une dernière incarnation; mais celle-là était terrible, apocalyptique : elle devait précéder la dernière minute de l'univers, et en semer la poussière aux quatre vents.

Quant au reste du peuple indien, il suivait bestialement et le front bas la route tracée par le brahmanisme. De la vie à la mort il était désintéressé de toutes parts dans les idées; il se tenait dans un mutisme et dans un servilisme profond devant ses maîtres redoutables, qui tenaient dans leurs mains le pouvoir de Dieu. Il interprétait à sa façon, pour les besoins de son âme grossière, ces dogmes supérieurs qui descendaient sur sa tête par réfraction.

Il y eut ainsi deux religions : l'une transcendante, rationnelle, qui prêchait l'unité de Dieu réservée au brahmane; l'autre qui se résumait en polythéisme ou plutôt en fétichisme; car, loin de chercher à élever les classes inférieures à une notion plus pure de la Divinité, la caste sacerdotale les tenait systématiquement enfoncées dans leur ignorance.

Le brahmanisme introduisit en haut et en bas de si nombreuses pratiques de dévotion, et identifia tellement le culte avec la vie habituelle de chacun, il fit intervenir si fréquemment la religion dans tous les actes civils et physiques, qu'elle se trouva en quelque sorte une seconde vie, un besoin du corps; si bien qu'il n'était possible de changer les croyances religieuses qu'en changeant l'existence entière de l'Hindou.

Plus une religion a de pratiques, plus il est difficile d'y apporter une réforme; car ce n'est pas seulement le dogme, l'idée qu'il faut modifier, mais les mœurs, cet ensemble d'usages qui est partout, sous le toit, dans le foyer, dans les relations sociales. Aussi l'Inde a-t-elle résisté invinciblement aux autres cultes. Le polythéisme grec, le mahométisme, le christianisme, ont pu l'entamer, la conquérir; les croyances victorieuses ou vaincues ont coexisté parallèlement, sans fusion. Elle s'est laissé gouverner avec patience par les conquérants, elle ne s'est pas laissé convertir, et aujourd'hui le prosélytisme des missionnaires anglais est passé par-dessus la tête des Hindous comme un son de cloche dans les airs, tant le culte brahmanique a pénétré dans le sang, dans la chair de ces antiques et immobiles populations, tant est puissante la cohésion des âmes et des corps, tant est grande l'affinité de la nature matérielle de l'Inde et des croyances intérieures.

Après un repos de tant de siècles sous cette température énervante, la pensée n'a plus la force d'agir, de secouer les portes de sa prison. Et comment pourrait-elle hasarder une tentative d'émancipation? D'où lui viendrait le signal de la révolte? Les opprimés n'ont pas d'armes intellectuelles pour lutter contre les oppresseurs; ils ne savent pas, ils ne sauront jamais lire.

Le brahmanisme a porté la peine de ces divisions, de ces hiérarchies héréditaires qu'il avait rigoureusement établies dans la société. En s'absentant ainsi de l'humanité, il s'est stérilisé, il n'a plus reçu ni communiqué la vie. Rien ne vit dans ce monde que par raison de voisinage, que par un échange mutuel des éléments de vie : ce qui meurt passe dans ce qui va vivre. C'est ainsi que les êtres se pénètrent les uns les autres, se prêtent les uns aux autres leurs visibles et leurs invisibles aliments. Tous les âges de la nature concourent à une œuvre commune, et dans une miséricordieuse fraternité se prêtent une mutuelle assistance.

Mais lorsqu'un peuple s'isole, lorsqu'un individu se sépare du reste des autres classes et des autres individus, après avoir donné ce qu'il était dans sa nature de donner, il s'épuise, il ne se régénère plus par infusion de nouveaux germes. N'étant plus extérieurement vivifié, la force interne qui était en lui se disperse, s'arrête; il ne reste plus que cette chose, telle que les formes mortes qui se sont conservées sous les bandelettes. Une vie nouvelle ne vint pas et ne pouvait venir se communiquer au brahmanismes, ni des classes qui lui étaient inférieures, ni des nations qui lui étaient voisines. Sa doctrine demeura suspendue sur la tête des Hindous comme la voûte de granit indestructible et ténébreuse sur le sanctuaire des temples de Salsette.

Après les soupçons que la philosophie a déposés dans notre conscience, il n'est pas permis de croire que le travail historique des religions se soit fait séparément et successivement, à de si longues distances, chez tant de peuples divers, comme autant d'accidents du hasard, comme autant de prémisses discordants d'une conclusion qui ne doit pas venir. La conclusion de toutes les formules religieuses qui ont existé dans le passé, sera, n'en doutons pas, l'unité de croyances. Mais cette unité ne pouvait exister qu'à une condition, c'est que les caractères de toutes les races humaines y fussent représentés et satisfaits; que l'unité matérielle du globe fût établie par un système rapide de communications, par une intimité continuelle des races, par un échange des productions nécessaires à la vie des uns et des autres. Il fallait donc d'abord que le travail religieux se fît partiellement chez toutes les races sur tous les continents; et une fois ce travail achevé, et le caractère particulier à chaque continent une fois incarné dans chaque religion, les peuples durent trouver dans les sollicitations extérieures du commerce des motifs pour se visiter les uns les autres, plus puissants que la curiosité de connaître leurs croyances religieuses. Toutes les religions ont été légitimes, elles ont été adéquates dans un moment donné au besoin des peuples.

Mais quand toutes ces croyances locales se furent développées, il devait arriver un jour où elles coexisteraient toutes dans l'espace, toutes frappées au cœur, où elles pourraient toutes se soulever encore sur leur litière de mort et se regarder la pâleur sur le front, sans force d'expansion ni d'envahissement les unes sur les autres. Tous les cultes expirent aujourd'hui sur le théâtre même où ils ont vécu, et le jour où les civilisations s'abordent et se pénètrent, où les plus puissantes absorbent les plus faibles, les religions ne s'absorbent pas les unes les autres. Qu'est-ce à dire, sinon que tous les cultes, formules successives, œuvres partielles et transitoires, vont faire place à une religion plus compréhensible, unitaire, universelle, qui n'évoquera toutes les traditions que pour se les incorporer?

Jusqu'à nos jours, chaque religion n'a été qu'un arbre; aujourd'hui cet arbre a donné son fruit et se meurt; l'homme a recueilli tous ces fruits, il les sèmera en terre; et au lieu d'arbres isolés naîtra une forêt magnifique où tous les arbres seront unis, variés, et disposés dans une magnifique harmonie de fleurs et de parfums. A leur ombre, une humanité nouvelle, suivie de tous les hôtes sacrés de la nature, viendra consommer l'éternelle alliance de la terre et de Dieu.

CHAPITRE DEUXIÈME.

Naissance de Dieu et du monde.

On ne trouve pas dans les monuments primitifs de la théologie hindoue cet ensemble de doctrines systématique, harmonieux, cette trinité célèbre que l'on y trouve beaucoup plus tard.

Le travail religieux, dans l'Inde, s'est accompli lentement, partiellement; il n'a institué le dogme qu'après le dogme. Chaque dieu de la trinité représente une époque historique et successivement une conception plus intelligente de la Providence.

Les documents nous manquent pour suivre la filiation de tous les systèmes qui sont venus s'introduire successivement dans la théologie des Hindous; les hypothèses peuvent se substituer, mais ne sauraient suppléer aux faits inconnus. Sans nous arrêter à toutes les conceptions intermédiaires, préparatoires, génératrices ou destructives les unes des autres, qui ont fini par se concilier dans une croyance unitaire et définitive, nous prendrons cette croyance à sa période culminante.

Ce qui a conduit l'esprit humain à l'idée de Dieu, c'est l'idée de cause. Lorsque l'homme s'est interrogé sur sa propre destinée et sur celle du monde, il s'est dit : Rien n'existe autour de moi qui n'ait commencé; l'idée de vie dans tous les êtres finis implique l'idée de naissance; mais qui a donné la naissance au monde et à moi-même? évidemment un être antérieur, supérieur à l'homme et à l'univers. Si les objets périssables avaient eu la vie en eux-mêmes, ils n'auraient eu aucune raison de la perdre.

Aussi, dans toutes les théogonies antiques, Dieu, c'est le

créateur; l'existence de Dieu, c'est l'explication unique de la création.

De là l'erreur fondamentale, excusable cependant, de toutes ces religions; de là cette cosmogonie impossible, irrationnelle, qui a toujours cherché à expliquer l'inaction solitaire et ténébreuse de la Divinité quand le monde n'existait pas, et son activité subite, capricieuse, quand la conception de Dieu, comme cause première du monde, est la négation implicite de l'infini. Il est impossible de concevoir Dieu sans le concevoir agissant. L'action est le premier attribut de l'être : donc, si Dieu eût commencé à agir, il eût commencé à être; il serait fini. Fin ou commencement; c'est toujours une limite : l'infini, l'éternel n'en a pas.

Deux systèmes religieux ont voulu expliquer la création : le système hébraïque et le système chrétien. Le premier suppose, ou, pour mieux dire, s'est trouvé supposer, grâce à des interprétations ultérieures, un Dieu pur esprit, entièrement distinct des matériaux du monde, qui, sous le nom de chaos, dormaient dans une confusion et dans une nuit profonde. Or, ce chaos était-il la matière? il existait donc aussi bien que Dieu, coéternel avec lui; il partagerait donc avec Dieu le premier attribut de Dieu, l'éternité. Ce n'était pas un panthéisme encore consommé, c'était en quelque sorte un panthéisme à l'état de promesse.

Dieu n'était donc plus créateur; il n'était que le distributeur des matériaux du monde. Comment le chaos avait-il pu exister, à côté de la sagesse infinie, sans se régulariser dès le premier jour? Comment ces deux éternités, l'une spirituelle et toute-puissante, l'autre matérielle et inerte, avaient-elles pu reposer face à face, s'épier en quelque sorte, sans agir l'une sur l'autre? est-il possible de concevoir deux éternités, deux absolus?

Une autre école s'est présentée, qui n'a plus voulu reconnaître l'existence du chaos. Dieu avait tout simplement tiré le monde du néant, par un miracle de sa toute-puissance. Mais la raison humaine n'a jamais pu admettre cette création ; elle a pu croire, répéter ce qu'on lui a enseigné à cet égard ; mais c'est par pure déférence de la foi : la conscience universelle a toujours protesté contre l'idée d'un pur esprit, qui s'engendre avec le néant et qui produit l'univers.

Si l'idée de Dieu, telle que les Hindous l'ont comprise, n'a pas été plus vraie, elle a été plus logique. Ils n'ont pas supposé deux principes dans l'éternité, entièrement distincts ; ils n'ont pas supposé à côté de Dieu un néant qui n'était pas Dieu, et qui apportait la matière du monde, lequel n'était ni Dieu ni le néant, ne venait ni du néant ni de Dieu ; ils n'ont pas non plus supposé un chaos, un réservoir inerte de tout le mobilier de l'espace, lequel possède sa nature divine, et qui a vécu en demeurant ontologiquement le même comme substance, puisque la Divinité l'a laissé à distance de lui, lui commande et le gouverne sans se confondre à lui.

Les Hindous ont cru que le monde avait été créé, non par l'accession de Dieu à un autre principe qui lui est étranger, mais par voie d'émanation. L'univers n'est autre chose que Dieu qui s'est émané.

L'univers visible n'était que ténèbres, disent les lois de Manou, incompréhensible à l'intelligence, indistinct, ne pouvant être connu ni par les procédés logiques du raisonnement, ni par la sagesse humaine, et comme endormi de toutes parts.

« Alors le grand pouvoir existant par lui-même, lui-même n'étant point vu, mais rendant l'univers visible avec les éléments primitifs et les autres grands principes, se manifesta dans toute la puissance de sa gloire, dissipant les ténèbres ;

» Lui que l'esprit seul peut concevoir, qui échappe aux organes des sens, l'indécouvert et l'indécouvrable, l'éternel, le principe formateur de toutes les créatures, qu'aucune créature ne peut comprendre, apparut dans toute sa splendeur.

» Lui, l'esprit suprême, ayant résolu de faire émaner de sa substance corporelle les créatures diverses, il produisit d'abord les eaux, et il déposa en elles une semence productive.

» Ce germe devint un œuf brillant comme l'or, aussi éclatant que l'astre aux mille rayons, et dans lequel l'Être suprême naquit lui-même, sous la forme de Brahma, l'aïeul de tous les êtres.

» Les eaux ont été appelées nârâs, parce qu'elles étaient la production de Nara, l'esprit divin; ces eaux ayant été le premier lieu de mouvement (*ayana*) de Nara, il a en conséquence été nommé Narayana (celui qui se meut sur les eaux).

» Par ce qui est, par la cause imperceptible, éternelle, qui existe réellement et n'existe pas pour les organes, a été produit ce divin mâle, Pouroucha, célèbre dans le monde sous le nom de Brahma.

» Après avoir demeuré dans cet œuf une année de Brahma [1]; le Seigneur, par sa seule pensée, sépara cet œuf en deux parts.

» Et de ces deux parts il forma le ciel et la terre; au milieu il plaça l'atmosphère [2], les huit régions célestes [3] et le réservoir permanent des eaux.

» Il exprima de l'âme suprême [4] le sentiment (manas) qui existe par sa nature et n'existe pas pour les sens, et avant la production du sentiment (l'ahankâra) le moi, moniteur et souverain maître.

» Et, avant le sentiment et la conscience, le grand principe intellectuel et toutes les formes vitales, revêtues des trois qualités de l'intelligence [5], destinés à percevoir les objets exté-

---

[1] L'année de Brahma équivaut à trois milliards et quelques centaines de millions d'années humaines.
[2] Par atmosphère il faut entendre l'espace compris entre la terre et le soleil.
[3] Les huit régions célestes sont les quatre points cardinaux et les points intermédiaires.
[4] L'âme de l'univers (Paramâtmâ).
[5] Ce sont les qualités de bonté (*satwa*), de passion (*radjas*) et d'obscurité (*tamas*).

rieurs, et les cinq organes de l'action ¹, et les rudiments (tanmâtrâs) des cinq éléments.

» Ayant une fois parcouru, avec les émanations de l'esprit suprême, les plus petites particules des six principes, immensément opérateurs, elle forma tous les êtres.

» Et parce que les plus petites particules de la nature visible ont quelque chose des six émanations successives, les sages nomment dépendantes des six (s'ariram) sa forme visible.

» Les éléments y pénètrent avec des fonctions qui leur sont propres, ainsi que le sentiment (manas), source inépuisable des êtres.

» Au moyen de particules subtiles et pourvues d'une forme, de ces sept principes (pourouchas) doués d'une grande énergie, l'intelligence, la conscience et les rudiments subtils des cinq éléments, a été formé ce périssable univers, émanation de l'impérissable source.

» Chacun de ces éléments ² acquiert la qualité de celui qui le précède, de sorte que plus un élément est éloigné dans la série, plus il a de qualités.

» L'Être suprême assigna aussi, dès le principe, à chaque créature en particulier un nom, des actes et une manière de vivre d'après le Véda.

» Le souverain maître produisit une multitude de dieux (dévas), essentiellement agissants, doués d'une âme, et une troupe invisible de génies (sâdhyas), et le sacrifice, institué dès le commencement.

---

[1] Les philosophes indiens distinguent onze organes des sens, dix externes et un interne. Parmi les dix externes, les cinq premiers, dits organes de l'intelligence, sont : l'œil, l'oreille, le nez, la langue et la peau. Les cinq autres, appelés organes de l'action, sont : l'organe de la parole, les mains, les pieds, l'orifice intérieur du tube intestinal et les organes de la génération. Le onzième organe, l'interne, est le sentiment (manas), qui participe de l'intelligence et de l'action.

[2] Les cinq éléments sont l'éther, l'air, le feu, l'eau et la terre. L'éther n'a qu'une qualité : le son ; l'air en a deux : le son et la tangibilité ; le feu en a trois : le son, la tangibilité et la couleur ; l'eau en a quatre : le son, la tangibilité, la couleur et la saveur ; la terre en a cinq, qui sont les quatre qui viennent d'être énoncées, plus l'odeur.

» Du feu, de l'air et du soleil, il exprima, pour l'accomplissement du sacrifice, les trois Védas éternels, nommés Ritch, Yadjouch et Sâma.

» Il créa le temps et les divisions du temps, les constellations, les planètes, les fleuves, les mers, les montagnes, les plaines, les terrains inégaux ;

» La dévotion austère, la parole, la volupté, le désir, la colère, et cette création, car il voulait donner l'existence à tous les êtres.

» Pour établir une différence entre les actions, il distingua le juste et l'injuste, et soumit ces créatures sensibles aux plaisirs et à la peine et aux autres conditions opposées.

» Avec des particules (mâtrâs) ténues des cinq éléments subtils, et qui sont périssables à l'état d'éléments grossiers, tout ce qui existe a été formé successivement.

» Lorsque le souverain maître a destiné d'abord tel ou tel être animé à une occupation quelconque, cet être l'accomplit de lui-même toutes les fois qu'il revient au monde.

» Quelle que soit la qualité qu'il lui ait donnée en partage au moment de la création, la méchanceté ou la bonté, la douceur ou la rudesse, la vertu ou le vice, la véracité ou la fausseté, cette qualité vient le retrouver spontanément dans les naissances qui suivent.

» De même que les saisons, dans leur retour périodique, reprennent naturellement leurs attributs spéciaux, de même les créatures animées reprennent les occupations qui leur sont propres.

» Cependant, pour la propagation de la race humaine, de sa bouche, de son bras, de sa cuisse et de son pied, il produisit le Brahmane, le Kchatriya, le Vaisya et le Soudra.

» Ayant divisé son corps en deux parties, le souverain maître devint moitié mâle et moitié femelle, et s'unissant à cette partie femelle, il engendra Virâdj.

» Apprenez, nobles brahmanes, que celui que le divin mâle

(Pouroucha), appelé Virâdj, a produit de lui-même, en se livrant à une dévotion austère, c'est moi, Manou, le créateur de tout cet univers.

» C'est moi qui, désirant donner naissance au genre humain, après avoir pratiqué les plus pénibles austérités, ai produit d'abord six saints éminents (maharchis), seigneurs des créatures (pradjapatis), savoir :

» Marîtchi, Atri, Angiras, Poulastya, Poulaha, Kratou, Pratchétas ou Dakcha, Vasichtha, Bhrigou et Nârada.

» Ces êtres tout-puissants créèrent sept autres manous, les dieux (dévas) et leurs demeures, et des maharchis doués d'un immense pouvoir.

» Ils créèrent les gnômes (yakchas), les géants (râkchasas), les vampires (pisâtchas), les musiciens célestes (gandharbas), les nymphes (apsaras), les titans (asouras), les dragons (nâgas), les serpents (sarpas), les oiseaux (souparnas), et les différentes tribus des ancêtres divins (pitris) ;

» Les éclairs, les foudres, les nuages, les arcs colorés d'Indra, les météores, les trombes, les comètes et les étoiles de différentes grandeurs ;

» Les kinnaras, les singes, les poissons, les différentes espèces d'oiseaux, le bétail, les bêtes sauvages, les hommes, les animaux carnassiers pourvus d'une double rangée de dents ;

» Les vermisseaux, les vers, les sauterelles, les poux, les mouches, les punaises, et toute espèce de mousquite piquante, etc., enfin les différents corps privés du mouvement.

» C'est ainsi que, d'après mon ordre, ces magnanimes sages créèrent, par le pouvoir de leurs austérités, tout cet assemblage d'êtres mobiles et immobiles, en se réglant sur les actions.....

» Entourés de la qualité d'obscurité manifestée sous une multitude de formes, à cause de leurs actions précédentes, ces êtres, doués d'une conscience intérieure, ressentent le plaisir et la peine.

» Telles ont été déclarées, depuis Brahma jusqu'aux végétaux, les transmigrations qui ont lieu dans ce monde effroyable, qui se détruit sans cesse.

» Après avoir ainsi produit cet univers et moi, celui dont le pouvoir est incompréhensible disparut de nouveau, absorbé dans l'âme suprême, remplaçant le temps de la création par le temps de la dissolution.

» Lorsque ce dieu s'éveille, aussitôt cet univers accomplit ses actes; lorsqu'il s'endort, l'esprit plongé dans un profond repos, alors le monde se dissout.

» Car pendant son paisible sommeil, les êtres animés, pourvus des principes de l'action, quittent leurs fonctions, et le sentiment (manas) tombe dans l'inertie, ainsi que les autres sens.

» Et lorsqu'ils se sont dissous en même temps dans l'âme suprême, alors cette âme de tous les êtres dort tranquillement dans la plus parfaite quiétude.

» Après s'être retirée dans l'obscurité primitive, elle y demeure longtemps avec les organes des sens, n'accomplit pas ses fonctions et se dépouille de sa forme.

» Lorsque, réunissant de nouveau les principes élémentaires subtils, elle s'introduit dans une semence végétale ou animale, alors elle reprend une forme nouvelle.

» C'est ainsi que, par un réveil et par un repos alternatif, l'être immuable fait revivre ou mourir éternellement tout cet assemblage de créatures mobiles et immobiles. »

Dans ce préambule des lois de Manou, la cosmogonie et la théogonie sont étroitement liées; cependant les doctrines indiennes admettent, antérieurement à l'univers créé et au créateur lui-même, un dieu virtuel sans manifestation; c'est Brahm au neutre. Ce dieu dépose un germe dans les eaux; de ce germe naît le créateur Brahma.

Et après avoir créé ce monde, Brahm disparaît, absorbé dans le dieu virtuel, l'âme suprême; alors la destruction succède à la création; mais la création et la destruction ne sont que le réveil ou le sommeil de Dieu : s'il dort, le monde se dissout ; s'il veille, le monde vit.

Comme on peut le voir, d'après les lois de Manou, qui sont, avec les Védas, les monuments écrits les plus anciens de l'Inde, ces deux retours perpétuels de vie et de mort ne sont que les actions alternatives d'un même Dieu. On n'a pas encore donné à la création, à la destruction, à la conservation une divinité particulière. L'idée de la trinité ou *trimourti* de Brahma, Vichnou et Siva, est postérieure aux lois de Manou.

Il n'y a dans la genèse d'autre acteur que Brahma; plus tard nous verrons, au contraire, l'importance de Brahma oblitérée, et le culte des fidèles s'adresser principalement à Vichnou et à Siva.

Telle est, dans sa simplicité primitive, la théogonie indienne. D'abord un dieu antérieur à toute manifestation, une cause sans effet; c'est Brahm; mais du moment où Brahm agit, qu'il se manifeste, que, par voie d'émanation, il laisse échapper le monde de son sein, il en résulte toute une série de faits divins, qui demandent de nouvelles explications.

Dieu s'est émané, et de cette émanation est sorti le monde; d'invisible, il est devenu révélé; identique au fond, il n'est plus le même en apparence pour l'homme, ce spectateur qu'il s'est donné.

Ainsi, dès qu'il se fait créateur, dès qu'à sa substance il ajoute une forme, qu'il est autre, non par sa substance, mais par la forme, il prend un autre nom et il se nomme Brahma; il n'est plus, sous cette dénomination, la cause qui sommeille avant l'effet, il est la cause au moment de l'effet.

Cette doctrine devait amener avec elle une foule de conséquences qui ne se montrèrent pas d'abord nettement à l'esprit des premiers théologiens de l'Inde; mais qui se déduisirent par une logique invincible du principe primitif de l'émanation.

L'univers, ou autrement Dieu manifesté, affectait dans son

mode d'existence des phénomènes dissemblables : les êtres naissaient et mouraient; dans la grande création collective se mouvait perpétuellement une sorte de création particulière et multiple; c'était une communication incessante de vie qui se faisait de l'être à l'être; c'était l'engendrement.

C'était un aspect de Dieu tout différent des autres aspects sous lesquels on l'avait envisagé auparavant. De même qu'il avait fallu distinguer le dieu cause du dieu effet, le dieu invisible du dieu émané, et le nommer d'un autre nom, de même il fallut distinguer le dieu créateur universellement du dieu générateur ou créateur particulièrement; ce nouveau dieu reçut le nom de Siva.

Il eut pour symbole les organes de la génération dans l'acte même de l'accomplissement. Ce symbole fut le lingam; le lingam identifié au dieu fut adoré comme le dieu lui-même.

Ce symbole, qui révolte profondément les idées modernes, était cependant si naturellement choisi, si expressif, dans un temps où l'expression abstraite manquait aux hommes, qu'il fut adopté par toutes les nations primitives, et que dans les religions enfantines des Égyptiens, des Pélasges et des Étrusques, il eut la même signification et obtint les mêmes hommages.

Quoique dans les lois de Manou il ne soit fait mention que de Brahm et de Brahma, que la trinité n'y soit pas encore citée, Siva paraît cependant avoir été le dieu le plus anciennement et le plus universellement adoré. Les temples primitifs troglodytiques de Salsette et d'Ellora lui sont consacrés.

Siva fut d'abord le dieu générateur; mais qui dit génération, dit destruction, qui dit naissance, dit mort; ces deux choses sont corrélatives et connexes; voilà comment Siva, le dieu symbolisé par le lingam, se trouva plus tard représenter exclusivement dans la trimourti le rôle de destructeur.

Mais si le monde, par une série de vicissitudes et de palingénésies, passe continuellement de la naissance à la mort, ou plutôt meurt continuellement, à travers ces modifications ou ces destructions perpétuelles il n'en continue pas moins d'exister.

Il faut donc qu'il se conserve, qu'il y ait un dieu préposé à sa conservation, à cet aspect tout nouveau de la vie universelle, qui n'est ni l'impulsion primitive donnée à l'être, ou Brahma, ni la génération de tous les êtres, ou autrement Siva. Ce nouveau dieu reçut le nom de Vichnou.

Ainsi se forma la trinité indienne, l'unité de Dieu sous trois aspects différents, ou plutôt avec trois attributions différentes.

L'idée de Dieu implique nécessairement l'idée d'unité. Dieu est un ou il n'est pas. La haute raison des premiers métaphysiciens de l'Inde le comprit; mais d'un autre côté, la doctrine de l'émanation les forçait à suivre Dieu dans ce monde changeant, dans ses phénomènes contradictoires, et ne pouvant admettre que l'unité se contredisait, ils admirent qu'elle exerçait trois fonctions distinctes, mais liées entre elles. Ces fonctions furent ainsi divinisées et devinrent Dieu.

Il y a donc dans l'univers vivant trois grandes forces qui produisent les trois phénomènes entièrement distincts de la vie, la force de création, la force de destruction et la force de conservation, et si ces trois forces, unies par un lien mystérieux et confondues dans l'unité divine, ne laissent pas voir à l'intelligence de l'homme leur intime corrélation, l'homme doit donc les nommer chacune d'un nom de divinité particulière.

Mais il n'y a pas que les forces du monde qui soient distinctes entre elles, par leurs effets du moins; il y a aussi des phénomènes qui n'ont entre eux aucune connexité, aucune analogie sensible; loin de là, ils sont opposés et se combattent perpétuellement entre eux. Parmi ces phénomènes, les plus apparents étaient la terre, l'eau et le feu. La théogonie indienne les fit rentrer dans la classification des divinités qu'elle avait déjà établies; l'eau, la terre et le feu firent partie de la trinité, de la trimourti, et furent aussi divinisés.

Chacun des trois dieux indiens prit pour attribut l'élément

qui paraissait le plus concorder avec sa fonction : Brahma, le dieu créateur, eut la terre, ce vaste réservoir de tous les germes, qui les enfante incessamment à sa surface, et les renouvelle à mesure qu'ils sont développés et détruits ; Siva eut le feu, cette puissance dévorante, qui flétrit et consume toutes les productions; Vichnou enfin eut pour symbole l'eau, cette bienfaisante action de fertilité, qui ne coule et ne descend sur la terre que pour susciter ou raviver les formes de la vie.

Ce dieu triple fut représenté dans sa triple force et son triple phénomène par le lotus, qui tient à la terre par ses racines, qui croît dans l'eau, qui reçoit dans sa corolle la chaleur du jour, et participe ainsi à la fin des trois éléments.

Le lotus est la plante sacrée de l'Inde par excellence : c'est le siége, c'est l'ornement des dieux. De même que le lis était au moyen âge, le symbole de toute pureté, ainsi le lotus est, dans la poésie et la mythologie indienne, l'emblème de toutes les perfections idéales. Les divinités ont des yeux de lotus, des pieds de lotus, des colliers de lotus. Cette nymphacée est, avec le lingam, le signe sacré qui reparaît le plus souvent dans toutes les représentations des dieux.

Voilà, dans sa généralité, l'explication des trois dieux indiens, de la trimourti, mais de la trimourti telle que l'ont constituée les brahmanes ou les docteurs, à l'époque du développement complet de la religion indienne. Mais de la même manière que le christianisme a eu des idées successivement différentes sur Dieu le père, sur le fils, sur la vierge, sur le culte des saints, de même le brahmanisme n'a pas toujours rapporté à ses dieux la même vénération et le même culte.

Chaque personnage du triumvirat divin a son histoire, sa décadence ou sa marche ascendante. Le Christ, au moyen âge, s'était entièrement substitué à Dieu, qui régnait seul auparavant. Dans l'Inde, comme nous l'avons vu à l'époque de Manou, Brahma se trouve seul en possession de la divinité; il créé, il détruit par son réveil et par son sommeil ; mais il n'a pas eu encore besoin de l'intervention de Siva ni de Vichnou.

Du moment où ces deux assesseurs lui sont adjoints, il se voit retirer peu à peu son importance, ses attributions, sa dignité; il tombe dans une sorte de décrépitude morale et matérielle; il commet des fautes, il est puni, il subit des humiliations. Si dans la suite des temps il se réhabilite, c'est par l'indulgence de ses codivinités, qui le retiennent encore à côté d'elles sur le trône du monde, mais dans une sorte de disponibilité, de retraite honoraire. Siva et Vichnou gardent à peu près exclusivement pour eux tous les hommages des fidèles; leurs prières, leurs offrandes, prennent la première place dans les temples, dans le cœur et sur les lèvres des adorateurs.

Cependant Vichnou et Siva ne se partagent pas également et à l'amiable la souveraineté du monde; ils vivent dans un état perpétuel d'antagonisme; ils ont divisé l'Inde en deux royaumes : Siva règne surtout dans les contrées âpres et septentrionales, l'autre dieu dans les contrées plus molles et plus bienfaisantes du midi. Néanmoins, les deux cultes n'ont pas d'anathème l'un pour l'autre. Le sivaïsme est le culte primitif; les temples les plus anciens, ceux de Salsette et d'Ellora lui sont consacrés. C'était probablement le culte de quelque peuplade qui est venue s'enter au brahmanisme, qui s'est imposé à lui ou s'en est fait accepter. Le culte de Vichnou, au contraire, nous paraît fondé théologiquement par l'idée. Lors donc que l'on veut étudier la théologie indienne, il faut nécessairement, si l'on veut éviter la confusion qui règne dans les monuments écrits, tenir compte des modifications historiques que la religion hindoue a subies.

CHAPITRE TROISIÈME.

Histoire de la grandeur et de la décadence de Brahma.

Il y a donc, à proprement parler, quatre dieux dans l'Inde : le premier est Brahm, celui qui existe avant toute création, toute révélation du monde. « Brahm est l'Éternel, disent les Védas, l'être par excellence, se révélant dans la félicité et dans la joie. Le monde est son nom, son image ; mais cette existence première, qui contient tout en soi, est seule réellement subsistante. Tous les phénomènes ont leur cause dans Brahm ; pour lui, il n'est limité ni par le temps ni par l'espace ; il est impérissable, il est l'âme du monde, l'âme de chaque être en particulier.

» Cet univers est Brahm, il vient de Brahm et il retournera dans Brahm.

» Brahm, ou l'être existant par lui-même, est la forme de la science et la forme des mondes sans fin. Tous les mondes ne font qu'un avec lui, car ils sont par sa volonté ; cette volonté éternelle est innée en toutes choses ; elle se révèle dans la création, dans la conservation et dans la destruction, dans les mouvements et dans les formes du temps et de l'espace. »

Brahm est donc le dieu pur esprit ; mais du moment où il devient créateur, il est androgyne, car les premiers hommes comprirent la création de l'univers sous les mêmes formes que la création de l'homme, par l'union des deux sexes.

Ainsi Brahm enfante, par sa première émanation, Sacti, Parasacti, Maya. Ces trois femmes ne font qu'une femme, qui est philosophiquement son énergie, et symboliquement la première vierge, sa fille, sa femme, la matrice de tous les êtres.

Brahm, auparavant neutre, est devenu mâle en s'unissant à son épouse. Il est le type du premier homme et de la première femme unis l'un à l'autre. Dans la peinture hindoue, la chaîne des êtres créés, figurée par un collier de perles, est suspendue à la main et au pied de Brahm; ce pied semble tendre encore à se replier sur lui-même. Maya, au contraire, dans l'attitude de la danse, développe, comme en se jouant, les prototypes des créatures tracées sur son voile magique [1].

Dans ce premier hymne du créateur et de la création, Brahm représente l'âme, la volonté. Maya personnifie la matière, la vie, le fait; elle signifie l'illusion, c'est-à-dire tout ce qui n'existe pas par lui-même, ce qui passe et se modifie sans cesse. La métaphysique de Platon est tirée de cette conception de Maya.

La femme ne représente que la puissance brutale inférieure de la matière, sa fécondité. Maya, dans l'Inde, a donné naissance à un culte du naturalisme qui compte un grand nombre d'adorateurs.

La première révélation ou émanation de Dieu est l'Androgyne, c'est l'acte d'accouplement qui crée le monde; la seconde révélation est le Verbe, représenté par la syllabe *oum*; c'est le mystique de Brahm, le type idéal de la trimourti. Oum est identique à Vatseh, la parole.

Voici ce que la parole dit d'elle-même dans le Véda: « C'est moi qui soutiens le soleil et l'océan; c'est moi qui supporte la lune mâle; j'accorde la richesse au dévot intègre qui accomplit les sacrifices, présente les offrandes et satisfait les dieux; moi qui suis la reine, qui dispense la richesse, qui possède la science et tiens le premier rang parmi celles qui méritent l'adoration et que donnent les dieux, universelle, partout présente et pénétrant tous les êtres. Quiconque vit et se nourrit en moi, quiconque vit, respire, entend par

---

[1] *Religions de l'Antiquité,* par Creuzer; trad. Guigniaut, t. I.

moi et ne me connaît pas, est perdu. Écoutez donc la foi que je profère; c'est moi qui déclare ceci, moi qui suis adorée par les dieux et les hommes; celui que j'ai choisi, je le fais fort, je le fais Brahma, saint et sage; c'est moi qui ai porté le firmament sur la tête de l'esprit suprême, et mon origine est au milieu de l'océan; et voilà pourquoi je pénètre tous les êtres et touche le ciel avec ma forme; créatrice première de tous les êtres, je passe comme une brise légère; je suis au-dessus des cieux, par delà la terre, et l'infini c'est moi. »

Telle est la première conception qui, du platonisme, est passée dans l'Évangile selon saint Jean.

Là s'arrête l'histoire de Brahm, du dieu virtuel, pur esprit, antérieur à la création, et qui finit dans la création même. De son union avec Parasacti est issu Brahma, le mâle au lieu du neutre, le premier né qui se substitue au créateur, dieu créé, qui devient créateur à son tour. Brahm et Brahma ne représentent donc que deux moments différents de la création.

Brahma venait d'être enfanté; assis sur le lotus où il avait pris naissance, il promenait avec étonnement ses regards autour de lui; mais partout les yeux de ses quatre têtes n'apercevaient que des eaux mornes dans de profondes ténèbres : c'était l'eau, c'était la nuit qui renaissaient toujours d'elles-mêmes. Le dieu ne pouvait se comprendre, ni comprendre la scène mystérieuse où il venait s'asseoir, spectateur improvisé.

Il était absorbé dans une profonde méditation. Alors une voix lui dit d'implorer Bhagavan, ou autrement le dieu primitif. Brahma obéit, et lorsqu'il était encore plongé dans ses sentiments de stupeur, Bhagavan lui apparut sous la forme d'un homme aux mille têtes. Le dieu se prosterna aussitôt, adora l'Éternel et se mit à chanter ses louanges. Alors l'Éternel, satisfait de cet hommage, dissipa les ténèbres, puis ouvrant à Brahma le spectacle de son être, où tous les mondes, et toutes les formes, et toutes les vies des créatures reposaient comme endormies, il lui donna le pouvoir de les produire et de les développer [1].

Alors Brahma créa l'univers avec les circonstances et dans la filiation que nous avons rapportées d'après les lois de Manou. Mais à cette légende primitive il faut ajouter les légendes ultérieures.

Brahma, pour peupler le monde, s'unit à une épouse, comme Brahm son père. Cette épouse était sa propre fille, Sarasvati ; il eut de cette union incestueuse cent fils, dont l'aîné eut à son tour cent filles, sans compter une foule de bons génies et de mauvais génies, qui habitaient les cieux ou les enfers.

On a vu que pour expliquer la création de l'homme, pour justifier l'inégalité des castes, on supposa que Brahma créa de sa bouche un fils nommé Brahman, auquel il donna les Védas, comme les quatre paroles de ses quatre bouches.

Brahman, ce fils de prédilection, était le prêtre chargé de méditer et d'enseigner les saintes Écritures. Mais pendant qu'il se livrait aux austérités du cénobitisme et qu'il s'enfonçait dans les solitudes, il avait à craindre les animaux féroces. Alors, pour protéger les élucubrations ascétiques du prêtre, le dieu créateur Brahma tira de son bras droit un second fils, Kchatriya, le guerrier, qui porte l'arc, la massue et le glaive, et de son bras gauche il tira Kchatriyani, qui devint femme de son frère.

Kchatriya était une sentinelle debout jour et nuit aux côtés de Brahman, pour repousser ses ennemis; mais il serait mort d'inanition à ce poste, si Brahma n'eût produit de sa cuisse droite un troisième fils, Vaisya, et de la gauche Vaisyani, son épouse. Vaisya était chargé de pourvoir à la subsistance du guerrier ; mais bien que livré sans relâche à l'agriculture, à l'industrie, au commerce, il ne pouvait suffire à son œuvre ;

---

[1] *Religions de l'Antiquité*, par Creuzer ; trad. Guigniaut, t. I.

alors Brahma créa un quatrième fils, Soudra, qui sortit de son pied droit, et lui donna pour femme Soudrany, qui sortit de son pied gauche. Ils furent chargés de toutes les fonctions serviles.

Cette légende confirme suffisamment, selon nous, notre hypothèse sur le caractère des castes; on y voit la division du travail systématiquement consacrée, on n'y trouve pas la moindre indication de lutte ni de conquête : la caste est donc bien l'œuvre d'un système, d'un code religieux, et non pas l'avénement fortuit de trois races, qui viennent à tour de rôle, successivement victorieuses, s'imposer et se superposer l'une à l'autre.

Chaque premier né des trois premières classes reçoit en naissant une femme de la générosité de Brahma. Le prêtre n'a pas reçu de compagne. Que signifie ce fait, qui n'a pas été assez remarqué? Serait-ce qu'à l'origine le célibat était imposé aux brahmanes comme un état de sainteté? Était-ce pour les détacher des joies secondaires de la famille, de ce monde inférieur des joies domestiques, pour les jeter exclusivement dans la méditation, dans les fatigues et dans les joies de la pensée? Cette idée, sans doute, put contribuer au célibat primitif des brahmanes.

Mais ce célibat a, nous le croyons, une explication plus profonde encore. Dans le principe, la fonction sacerdotale ne devait pas se transmettre, se perpétuer par la naissance; elle se conférait par élection, par initiation; c'était le droit de l'intelligence et de la sainteté, c'était la filiation, non de la chair, mais de l'esprit.

Ce qui le prouverait, c'est que le titre de brahmane n'était pas attaché à la seule naissance. Lors même qu'on naissait dans la caste des brahmanes, il fallait, pour jouir de ses droits sacerdotaux, comme nous l'avons déjà dit, une cérémonie qui se nommait la seconde naissance. On passait un cordon au cou des jeunes brahmanes, qui, de ce jour seulement, étaient appelés à tous les privilèges, à tous les avantages de cette prêtrise, héréditaire en droit, élective par tradition, car ce cordon était évidemment le symbole des initiations primitives.

Mais plus tard, la tendance de tout homme à faire passer sur la tête de ses fils sa fonction, ses privilèges, ses biens, la difficulté des choix, la multiplicité ou l'incertitude des candidatures, le désir de donner à la classe brahmanique un caractère imposant, perpétuel, changèrent le droit de l'esprit en droit du sang, et substituèrent l'hérédité à l'initiation.

Alors la légende suppose que Brahman, ou le premier prêtre, se fatigua du célibat qui lui était imposé dès l'origine; il reprocha vivement à Brahma de lui avoir refusé une compagne. Brahma, dans sa sollicitude paternelle, lui objecta vainement que lui, son fils aîné, son fils de prédilection, étant né pour la prière et pour l'étude, ne devait descendre ni à d'autres préoccupations ni à d'autres bonheurs. Brahman persista dans ses reproches; alors le Créateur, dans sa colère, lui donna une fille de la race maudite des mauvais génies. Il arriva ainsi que l'innombrable dynastie des brahmanes descend, par sa généalogie paternelle, de la suprême intelligence, et par sa généalogie maternelle, de l'esprit des ténèbres.

Toujours, dans ce monde androgyne de l'Inde, la femme, soit qu'elle émane directement, soit qu'elle naisse du côté gauche du Créateur, a le mauvais lot, la nature inférieure, et représente le génie du mal.

Il est aisé de comprendre le sens moral de ce mythe. En proclamant l'origine toute divine du brahmane, on eût proclamé par cela son infaillibilité. Il fallait faire une part aux erreurs, aux faiblesses qui se révélaient nécessairement dans la classe sacerdotale, comme partout ailleurs.

Si l'intelligence du brahmane était bornée, insuffisante, si elle participait de l'esprit des ténèbres ou du mal, il fallait l'attribuer, en quelque sorte, à cette concupiscence originelle qui avait éloigné le brahmane de la suprême intelligence, pour l'ensevelir dans les voluptés de la terre. Le monde néoplatonicien du christianisme a encore adopté cette théorie.

Comme on a pu le voir, les attributions de Brahma sont nettement caractérisées : il est fondateur, il est créateur, c'est le dieu des origines ; aussi, le monde créé, il n'a plus qu'une attribution : dispenser la destinée aux hommes dès leur naissance. Il exerce le droit de ce dieu aveugle, infaillible, du destin, qui, dans la théogonie grecque, préexistait à Jupiter lui-même. Il donne, par anticipation, aux hommes tous les avantages, toutes les prérogatives dont ils peuvent ennoblir leur existence. Brahma a la puissance de conférer l'immortalité ; il l'a donnée à certains personnages, tels que les géants Itirannia et à plusieurs autres acteurs des poëmes indiens.

Chaque homme, en naissant, porte ses destins écrits sur son front de la main de Brahma. Ce destin est absolu, irrévocable ; il embrasse à la fois la durée de la vie, le caractère, l'intelligence, la condition, le penchant pour la vertu ou le vice. Ce que Brahma a réglé arrive infailliblement, malgré toutes les expiations et toutes les pénitences.

Les Indiens sont tellement persuadés de cette immutabilité du destin, que dans toutes les occasions de leur vie, heureuses ou malheureuses, ils disent : Cela était écrit sur mon front. Ils attribuent à cette prophétie implacable, inscrite en caractères invisibles, tous leurs malheurs, tous leurs vices et tous leurs crimes. Cependant, pour rectifier l'immoralité de ce système, il faut reconnaître que ce destin est inhérent à l'être de l'homme, conforme à ses actions dans une vie antérieure, de sorte que la vie présente n'est qu'une déduction de la vie passée.

Cependant, le travail de la création une fois achevé, c'était pour un dieu une assez mince part d'attributions, que d'écrire sur le front de chaque homme l'histoire préalable de sa vie. Dès ce moment Brahma déchoit singulièrement dans la vénération des hommes. On le place dans des situations où il commet réellement des actes peu loyaux qui lui font retirer son importance divine. Siva et Vichnou vont paraître, et, sur la scène d'action du monde, Brahma sera de plus en plus laissé à l'écart. La trimourti se partage le monde; mais Brahma, qui l'a créé, et qui s'imagine sans doute, d'après de fausses idées de la propriété, que chacun doit posséder son œuvre, recule ses bornes et usurpe sur le champ du voisin. Aussi Vichnou et Siva finirent par s'apercevoir, après une opération cadastrale consciencieusement faite, que leur collègue en divinité s'était adjugé à leurs dépens tout l'enfer, dans leur patrimoine commun. Les deux autres dieux, indignés de ce méfait, allèrent trouver Brahma, le forcèrent à confesser sa fraude, et le réduisirent à sa véritable part d'héritage.

Cette première application des lois d'équité ne ramena pas Brahma sans doute à de meilleurs sentiments. Dans les loisirs de sa longue oisiveté, il se livrait aux passions les plus désordonnées pour sa fille et son épouse Sarasvati; il la poursuivait dans l'espace immense, et n'osant commettre cet inceste sous sa forme habituelle, il changea Sarasvati en biche et se changea lui-même en cerf. A chaque pas qu'il faisait pour l'atteindre, il lui poussait une nouvelle tête; lorsqu'il en eut quatre, Sarasvati, ne sachant où se réfugier, s'envola dans les cieux; mais à l'instant où ses regards la poursuivaient dans cet asile, une cinquième tête lui naquit; alors Siva, irrité, la lui abattit d'un coup de massue.

Brahma croyait posséder en lui la sagesse absolue et infinie, parce qu'il avait publié les Védas, reflets de la sagesse éternelle. Cet orgueil et sa passion coupable pour sa fille attirèrent sur lui la vengeance du Très-Haut. Ce très-haut est le dieu virtuel, le souvenir de Brahm, Baghavan, le pur esprit, qui existe toujours avant et après toute manifestation, indépendamment d'elle. Alors Brahma fut précipité avec son palais (brahmaloka) au fond des abîmes. Ce fut à peu près la chute des anges punis du crime de l'orgueil, avec cette différence que les anges persistèrent éternellement dans leur impiété; mais Brahma, étourdi de sa chute, revint à des sentiments de résipiscence; il s'avoua son crime et fut pénétré de repentir. Il pratiqua de longues et sévères pénitences; il voulut se réhabiliter par l'expiation.

Au milieu de ses austérités le Très-Haut voulut bien lui apparaître. « Me connais-tu? dit-il à Brahma. — Non, répondit celui-ci. — Je suis le vengeur de l'orgueil, reprit le Très-Haut. L'orgueil est le seul crime que je ne pardonne point. Cependant une voie te reste pour obtenir ta grâce, c'est de t'incarner sur la terre et de passer par quatre régénérations successives, une dans chacun des quatre âges, présent dans chaque chose, bien que distinct de chaque chose. Je n'ai ni corps ni forme; mais j'ai choisi Vichnou pour me rendre visible, et l'ai constitué mon représentant; qui l'adore, m'adore. Ainsi toi, Brahma, tu dois l'adorer; je recevrai comme m'étant adressés les hommages que tu lui rendras. Dans les quatre régénérations auxquelles je te condamne, je t'ordonne d'écrire l'histoire des incarnations de Vichnou et toute la suite de ses faits merveilleux sur la terre, afin que la postérité en conserve le souvenir et qu'elle rende hommage à cette portion de ma divine essence. Quant à toi, c'est par ce moyen que tu obtiendras la rémission de ton péché. »

Ce passage indique bien clairement la déchéance de Brahma et l'inauguration du règne de Vichnou. C'est une révolution, un changement de dynastie divine. L'humiliation de Brahma, sa subordination au dieu qui le remplaça est accomplie. Il doit lui-même chanter la gloire du triomphateur. Qu'importe la part de divinité toute nominale qu'il conserve dans la trimourti! il va errer sous des formes misérables et traîner parmi les hommes les lambeaux de sa divinité.

Brahma, pour accomplir la série de ses expiations, s'incarna pour la première fois dans le *saty youga*, sous la figure d'un corbeau. Il chanta, ainsi transfiguré, cette guerre, la plus ancienne de toutes, entre lui et les daityas, commandés par Mahechasoura. L'expérience qu'il avait acquise, la science qu'il avait amassée durant sa longue vie, lui attirèrent une immense célébrité sur la terre des vivants. Il assista aux événements des trois premiers âges, et il fut le plus grand de tous les prophètes.

La seconde incarnation de Brahma s'accomplit dans le *tetra youga*; il naquit alors sous le nom de Valmiki, dans la classe des parias. Méprisable par sa naissance, il se fit scélérat et voleur de grand chemin. Embusqué dans une forêt, il détroussait et tuait les voyageurs. Un jour, deux richis se présentèrent à sa cabane pour lui demander l'hospitalité. Valmiki les accueillit avec bienveillance. Pendant leur sommeil il voulut les égorger; mais le bras levé pour porter le coup demeura suspendu par une puissance invincible. Le jour le trouva ainsi, criminel impuissant, épouvanté de son impuissance.

Les deux voyageurs s'étaient éveillés; ils aperçoivent Valmiki debout, son arme à la main et la pâleur du remords sur le front. Ils cherchent à gagner la confiance du coupable par de bonnes paroles. Ils l'amènent par degrés à une confession volontaire. Valmiki avoue qu'il assassine et qu'il vole, mais par nécessité, pour nourrir une famille nombreuse. Les richis remarquent dans cette âme dégradée, pervertie par le crime, un principe de bien longtemps étouffé; ils lui représentent l'horreur de sa vie, parviennent à le toucher, et font naître dans son cœur le sentiment du repentir. Alors ils lui enseignent la pénitence, la route rigoureuse de la réhabilitation morale. Brahma s'impose les plus sévères pratiques. Au bout de douze années les richis lui apparaissent et lui déclarent qu'il n'a plus besoin de leur secours. En effet, l'Éternel a été attendri par la piété, par les austérités de Brahma. Celui-ci peut désormais se retirer dans une caverne ou sur une montagne, pour y continuer ses exercices. C'est ainsi que Valmiki devint un homme nouveau : son esprit reçut des lumières merveilleuses et recouvra son énergie primitive. Il expliqua, il interpréta les passages les plus obscurs des Védas, et les hommes qui l'avaient vu sortir de la classe la plus abjecte s'étonnaient de voir tant de science, tant de génie, tant d'inspiration divine à cet ancien paria. Mais Brahma, corrigé, et trop humble désormais pour s'attribuer le mérite d'un si grand changement, leur avouait qu'il était Brahma incarné, et condamné pour son orgueil à passer par quatre régénérations différentes dans toute la suite des temps. Alors il parut comme un chantre inspiré. D'après l'ordre du Tout-Puissant, il chanta les quatre premières incarnations de Vichnou arrivées dans le *saty youga* et les deux du *tetra youga*, dont il fut témoin oculaire. Ensuite, par un mouvement prophétique, il composa le Ramayana, qui renferme l'histoire de la septième incarnation, longtemps avant la naissance de son héros [1].

Il n'y a pas dans l'Évangile de parabole qui respire un plus profond sentiment de charité que ce mythe sublime de pénitence et de purification par le remords.

La troisième incarnation de Brahma eut lieu dans le troisième âge; il naquit sous le nom de Vyasa. Sa naissance fut merveilleuse. Du moment où il reçut le jour, il déclara n'avoir plus besoin de sa mère; mais il lui promit de la venir voir toutes les fois qu'elle l'invoquerait. Il se retira dans une forêt pour y vivre de méditations. Son père, vieux et savant richi, l'instruisit dans toutes les sciences. Vyasa fit des progrès extraordinaires dans la littérature religieuse; il écrivit le Mahabharata, le Bhagavat, et beaucoup d'autres Pouranas. Enfin il devint un célèbre prophète et s'acquit une immense réputation de sagesse et de sainteté, bien qu'il n'eût pas encore épuisé la longue série de ses expiations.

Enfin dans le quatrième âge, ou *cali youga*, Brahma parut sur la terre pour la dernière fois; il portait le nom de Calidasa;

1. Creuzer.

il était pauvre, enseveli dans toutes les ténèbres et tous les vices de l'ignorance. On regarde comme un miracle qu'il put retrouver la véritable position d'Ayodhya, ville antique et sacrée, que le radjah Vikramaditya voulait rebâtir. Ce monarque désirait faire colliger et restaurer les œuvres complètes de Valmiki. Aucun brahmane ne voulut se charger de ce travail; Calidasa se présenta et rétablit tous les textes perdus, jusqu'au rhythme et à la mesure des vers de Valmiki. Les brahmanes l'accusèrent, par jalousie, d'avoir falsifié ou altéré ces primitives et saintes poésies; mais Calidasa reparut sous les traits d'un pauvre brahmane, et soutint l'authenticité des textes qu'il avait refaits; il la prouva par un miracle : les strophes contestées furent écrites sur des pierres et jetées dans le Gange; les pierres surnagèrent à la surface du fleuve sacré. Les brahmanes accusateurs furent confondus, et la renommée de Calidasa s'étendit dans l'univers. Dès lors Brahma, ayant terminé sa longue pénitence, put remonter dans les cieux, où maintenant il habite comme représentant de l'Éternel.

Cependant nulle part Brahma n'est nominalement adoré; les temples sont consacrés à Vichnou et à Siva; néanmoins toutes ces légendes ont un sens profondément charitable; il y respire une touchante miséricorde pour les faiblesses et pour les crimes des hommes. L'Inde pratiqua longtemps avant le christianisme la sublime idée de la réhabilitation, cette seconde vie, cette résurrection de l'homme tombé dans le mal comme dans un sépulcre.

E. Pelletan.

CHAPITRE QUATRIÈME.

Culte de Siva.

Siva forme, ainsi qu'on l'a vu précédemment, la troisième personne de la triade indienne; mais dans l'ordre d'ancienneté, c'est plutôt le second et peut-être même le premier dieu de la trimourti. A l'origine, la religion des Hindous, comme celle de tous les peuples au berceau, n'était qu'un panthéisme matériel, dans lequel Dieu, ses forces créatrices et productives, ses perfections, ses modalités, étaient confondues avec la nature. L'univers physique était la manifestation, en quelque sorte le reflet de la Divinité; les attributs de celle-ci, c'était aux caractères, aux lois du monde corporel, que l'homme, à peine éveillé aux conceptions métaphysiques, les empruntait. Ce dieu-univers s'appela chez les Hindous, *Siva-mahadeva*, le grand dieu Siva. Il fut pour eux l'image de la perpétuelle destruction et du perpétuel enfantement, dont la nature nous offre sans cesse le tableau. Sa demeure fut l'Himalaya, le mont Mérou ou Cailasa, un des pics de cette chaîne. Pour les premières sociétés, le sommet des montagnes a presque toujours été le séjour des divinités. Ces cimes gigantesques, qui dressent au-dessus de nos têtes leurs glaciers éternels, impriment dans l'esprit un sentiment de respect et de vénération qui leur donna de bonne heure un caractère religieux. L'homme, qui ne peut y atteindre, ne peut les croire inhabitées; les êtres mystérieux qu'il fait vivre dans ces régions élevées lui paraissent devoir être d'une essence infiniment supérieure à la sienne; il ne tarde pas à les regarder comme des dieux; il leur rapporte les phénomènes majestueux dont ces crêtes imposantes, ces rocs effrayants, sont le théâtre; il arme leur bras puissant des météores qui semblent s'échapper de leur sommet. Voilà pourquoi les dieux des peuples enfants habitent sur les montagnes. Les Grecs faisaient de l'Olympe la demeure de leurs déités; dans la Gaule et la Germanie, plusieurs pics recevaient un culte particulier, et c'est au haut du Sinaï que Moïse voit Jéhovah qui lui dicte sa loi.

Ce n'est que plus tard que les cieux sont devenus l'habitation des dieux. Quand l'homme eut gravi ces cimes, au pied desquelles le retint longtemps un respect religieux; quand il les eut trouvées désertes et désolées, et que son esprit enhardi se fut familiarisé avec les lieux qu'il vénérait, il lui fallut placer ailleurs les objets de son adoration; il fallut une demeure plus vaste à ceux qu'une conception moins étroite lui faisait déjà considérer comme des rois plus puissants. Il jeta alors les regards sur l'immensité de la voûte des cieux, qui semble séparer la terre d'un monde supérieur invisible, et ce fut là, au delà de l'air qui l'entoure, au milieu des astres brillants qui étonnent son imagination dans l'obscurité des nuits, qu'il transporta le divin séjour. Les cieux, les astres, devinrent des dieux pour lui. Par la suite, lorsqu'il apprit à connaître les corps célestes, à se faire une idée moins grossière du firmament, il recula au delà du monde visible le palais des divinités : il le plaça à une distance immense; conception qui fit place enfin à celle dans laquelle, s'abstenant de localiser l'Être créateur, il le répandit dans tout l'univers, cessa de lui assigner une demeure dans l'espace, et en éloigna indéfiniment les bornes. Tels sont les trois étages auxquels l'esprit humain s'est en quelque sorte arrêté, dans la place qu'il assignait à l'être qu'il adore, avant d'arriver à une conception réellement philosophique et rationnelle. Chez les Hindous, ces trois phases se sont présentées successivement dans l'idée qu'ils se sont formée de Siva.

Ce dieu est celui de Nysa, c'est le Bacchus indien ou grand Bacchus, dont le culte fut apporté de bonne heure dans la Grèce, pays dans lequel il perdit peu à peu une partie de ses traits originaux, tout en en conservant assez pour permettre de reconnaître son origine étrangère. Et cet emprunt fait à la religion hindoue est une des premières preuves de l'influence qu'exerça de bonne heure le culte de l'Inde sur le polythéisme grec, influence d'où naquirent ensuite des doctrines plus hautes et plus pures.

Après Siva, apparut le dieu Brahma, et probablement presque en même temps le dieu Vichnou; la doctrine des émanations fut créée pour rendre raison du monde physique et des divinités secondaires auxquelles la superstition populaire avait donné naissance. C'est l'époque à laquelle Siva, cessant d'être un dieu unique, le dieu par excellence, devint un des personnages de la trimourti; il reçut alors son rôle distinct; une chaîne spéciale de divinités lui fut rattachée, comme autant d'émanations, et elle constitua une des trois branches de la théogonie hindoue. De même que nous avons vu plus haut Maya ou Sacti, l'énergie créatrice, sortir de Brahma pour s'unir ensuite à lui, et enfanter, par cette union, une série innombrable d'êtres, nous voyons de même l'énergie créatrice s'unir à Siva, dans la personne de Bhavani, qui est aussi Parvati ou Ganga; hymen fameux, qui est un des premiers emblèmes de la production sur notre terre, et que, dans certaines parties de l'Hindoustan, le mendiant célèbre sans cesse dans ses chants lamentables, en implorant la commisération publique. Le type de cette union métaphysique est le Lingam ou Phallus, image de la génération, qui parut pour la première fois sur l'Himavat, qui n'est autre que le mont Mérou. Le dieu, suivant une tradition, divisa ce lingam en douze lingams rayonnants de lumière, qui furent pour les hommes et les divinités un objet d'admiration et d'étonnement; puis il les transplanta dans les diverses parties de l'Inde, où les dieux et les génies qui sont préposés aux huit régions du monde leur rendirent de pieux hommages. Ce symbole, dont nous avons entretenu plus haut le lecteur, est celui sous lequel Siva est plus particulièrement adoré. Son image se trouve à chaque pas dans l'Hindoustan. On en fabrique en l'honneur du dieu d'énormes, dont la matière est le basalte ou l'argile, et que l'on précipite sans cesse dans le Gange, après les avoir adorés.

Renouvelant incessamment ce que sans cesse il détruit, et, dans les variations continuelles de formes, maintenant l'identité de la substance, Siva, le destructeur, est en même temps créateur et conservateur. C'est lui qui gouverne et conduit l'univers, dont tous les phénomènes dépendent de son pouvoir; ici-bas comme dans les enfers, il prononce et exécute à la fois les arrêts de la justice et de la vengeance divines. En cela, il rappelle le Pluton des Grecs, à l'élément duquel, le feu, il préside, comme Vichnou, qui préside à l'eau, rappelle Neptune, et Brahma Jupiter. Il est à la fois le dieu terrible et le dieu bon, le dieu fort; et son épouse, Parvati, l'assiste sans cesse dans ses diverses fonctions.

Ce double aspect se présente non-seulement dans le couple divin, mais encore dans la chaîne nombreuse de divinités qui est née de leur union. Chez toutes apparaît une pareille opposition d'attributs conservateurs et destructifs. C'est le grand principe du dualisme qui existe dans presque toutes les religions, sous des traits plus ou moins prononcés, et qui tire sa source du spectacle de la nature même. L'antagonisme du bien et du mal, de la lumière et des ténèbres, des forces créatrices et des forces décomposantes, a frappé l'homme en tous lieux et s'est réfléchi dans ses croyances.

Siva a donc, comme son épouse, son côté riant et lumineux, opposé à son côté sombre et redoutable. Sous le premier aspect, c'est Bhava, Baghis, Baghavan, Deo-nach, le père, le générateur, le bienfaiteur; il est alors représenté par la couleur de l'argent, un œil au milieu du front, comme un cyclope; c'est *Trilocena*, le dieu aux trois yeux. Cet œil est l'œil sacré, *Tkkanna*, le symbole de sa vue universelle; ces trois yeux indiquent la triple division du temps. Siva est dans ce cas le type du Jupiter triophthalmos des Grecs, de l'Osiris des Égyptiens, de l'Axieros des Cabires ; le croissant de la lune qui surmonte son front rappelle encore la division du temps à laquelle la lune préside. Tantôt il n'a qu'une tête, tantôt il en a cinq ; il porte à la main le trisula ou trident, emblème de sa puissance ; il est monté sur le taureau Nandi, qui quelquefois aussi est figuré couché à ses pieds. Il porte dans ses mains la gazelle, ou plutôt le chevrotain, le bon serpent et le lotus, cette plante sacrée que les Hindous regardent comme née de l'eau et du feu, comme le symbole du chaud et de l'humide, de l'union desquels sont nés les êtres.

Sous les noms de Roudra, de Cala, c'est-à-dire du temps, destructeur de toutes choses, d'Hari ou Hara, d'Ougra, de Bhairava le terrible, Siva est un dieu cruel et destructeur ; il se plaît dans les cimetières, il se désaltère du sang des malheureux, il exerce les plus atroces vengeances, punit, récompense en maître souverain, et domine sur les démons et sur les âmes ; son aspect provoque l'effroi ; le feu sort de sa bouche armée de dents aiguës et tranchantes ; des crânes humains couronnent sa chevelure, hérissée de flammes. Il est monté sur le taureau Nandou. Cet animal est honoré dans l'Inde, comme jadis en Égypte les bœufs Mnevis et Apis. Le collier de crânes qui orne le cou est l'image des générations successives qui se succèdent et se détruisent. Les armes les plus terribles, la massue, l'arc, le glaive, sont dans ses mains. Il tient le damara, sorte de petit instrument destiné à mesurer le temps ; il agite deux têtes humaines fraîchement coupées, et avance une coupe, dans laquelle il recueille le sang des victimes. C'est ainsi qu'on le voit représenté dans le temple de Rama. Il offre alors à la fois les attributs de l'Orcus et du Saturne antiques et du Satan des chrétiens. C'est encore sous des traits analogues, et avec des proportions gigantesques, que Mahacala s'offre aux yeux dans la caverne d'Éléphanta.

Le timide Hindou s'incline en tremblant devant ce dieu terrible, qu'il regarde comme l'arbitre de l'univers, comme le maître du tonnerre et des cinq éléments. A différents mois de l'année il célèbre en son honneur des fêtes spéciales, dans lesquelles il se livre aux plus dures austérités, aux plus cruels tourments expiatoires. C'est à Kalighat, près de Calcutta, que Cala a un de ses temples les plus fameux. Tous les ans on immole sur ses autels des milliers de victimes, et des dévots s'infligent ces tortures incroyables dont l'Hindoustan nous fournit seul l'exemple. On voit les uns se percer la langue et les flancs, ou rester plusieurs semaines, plusieurs mois entiers, les bras élevés au-dessus de leur tête, jusqu'à ce que leurs muscles aient acquis une telle roideur, qu'ils soient en quelque sorte paralysés; les autres demeurent presque nus, étendus sur le ventre ou sur le dos, dans la plus parfaite immobilité, exposés aux ardeurs d'un soleil dévorant ou à l'humidité de la pluie.

C'est durant les mois phougulnou et mougoul que l'on célèbre les fêtes de Siva. Dans le premier mois il est honoré sous l'image d'un personnage bouffi, les cheveux mêlés, les yeux enflammés, que l'on porte en procession et que l'on va précipiter dans le Gange, au son des instruments et aux acclamations du peuple; dans le second a lieu la fête Hari-gauri, où le dieu est représenté monté sur le taureau Nandi, avec Parvati à ses genoux. Mais la plus renommée de toutes ces fêtes est celle qui porte le nom de Chouraka et qui tombe dans le mois choitrou. Les Hindous se préparent à cette fête par l'abstinence, les purifications et les exercices de dévotion. Les sanyasis parcourent les rues, en poussant de grands cris et faisant avec des cors et des tambours un horrible tintamarre. Le premier jour de la solennité, on suspend par les pieds, au-dessus d'une flamme qu'on alimente avec de la résine, les malheureux dévots, de manière à leur enfumer et à leur rôtir même la figure. Le jour suivant, les sanyasis dansent et se roulent sur des plantes épineuses, ainsi que le pratiquaient certains anachorètes chrétiens. A cette cérémonie succède celle appelée *Jamp-sanya*. On y voit les pénitents sauter sur des lames d'acier, des pointes et des couteaux. Puis vient le jour où l'on danse au milieu des cendres, en se les jetant au nez; cérémonie symbolique de la naissance, qui succède à la destruction; le jour d'après on fait une musique encore plus bruyante que de coutume. Enfin arrive la fête du *Chakra* ou *Chourouk*, c'est-à-dire du disque ou du cercle, nom emprunté à l'affreux exercice auquel se soumettent certains dévots. Au sommet d'un poteau, dans les faubourgs de la ville de Kalighat, on attache une barre transversale à laquelle on puisse imprimer un mouvement de rotation autour du poteau, comme axe. De cette barre ou perche, ordinairement en bambou, pendent deux crocs; on les entre dans les parties charnues des épaules du patient, que l'on balance ainsi et que l'on fait tournoyer, à l'aide d'une corde attachée à l'autre extrémité de la barre. Pendant ce cruel supplice, impassible, ayant l'air étranger à toute douleur, le dévot chante, rit, et répand sur les assistants des fleurs qu'il tient à la main.

Tel est Siva et son culte, qui compte dans l'Hindoustan des millions de fidèles. Pour les saïvas, c'est le grand dieu, *Mahadeva*, le maître de l'univers, *Bhouban-Iswara*, titre que les vichnaïvas, ou adorateurs de Vichnou, réservent à ce dieu seul, et que les adorateurs de Brahma ne donnent qu'à la première personne de la trimourti.

Les temples de Siva s'offrent à chaque pas, ombragés par l'asoca ou asjogam, arbrisseau de la famille des légumineuses qui lui est consacré, ou par le bilva ou maloura, que les poëtes indiens nomment *Sriphoul*, la fleur de Sri, parce qu'elle naquit, suivant eux, du lait de Sri, la déesse de l'abondance.

Auprès du terrible et bienfaisant Siva, se montre, avons-nous dit, celle qui peut être considérée aussi bien comme son épouse que comme sa sœur ou sa fille; c'est Bhavani-Parvati, qui est son énergie, son activité, regardée comme un être distinct de lui, sa *sacti*, pour nous servir de l'expression indienne, et dont le symbole est l'Yoni, l'organe des parties sexuelles de la femme. Cette déesse n'est pas seulement la grande ouvrière, celle qui donne l'existence, la félicité universelle; c'est encore la mère et la matrice des êtres, la sainte, la bonne, la reine de l'Himalaya, qui verse de toutes parts les eaux fécondantes, le Gange, Ganga, type des sources de vie. Elle est la fille du roi des monts; elle est née de la tête de son père; en un mot, c'est la personnification du fleuve dont les ondes fertilisent le sol de l'Hindoustan, et qui reçoivent de ses habitants un culte religieux. Voilà au moins ce qu'enseignent les saïvas, car les vichnaïvas se refusent à placer si haut la divinité femelle de Siva, et surtout à attribuer à Siva l'origine de l'eau sacrée. A les entendre, ce n'est pas du front de ce dieu, mais du pied de Vichnou, dans le Vaicontha, son divin séjour, que s'échappe le fleuve sacré. Parvati est aussi, sous le nom de Ganga, l'image de la lune, que les Hindous tiennent, comme les anciens Égyptiens, pour la source de l'humidité primitive et fécondée par le soleil. Du haut des cieux règne la déesse, la tête couronnée du lotus, la chevelure flottante sur ses épaules, et tenant à la main l'urne sacrée d'où les ondes bienfaisantes, versées à grands flots, vont amortir les brûlantes ardeurs du dieu qui préside avec elle au grand astre de la fécondation universelle. Dans ce dualisme sivaïque, c'est le feu et l'eau qui sont en opposition et dont l'alliance, opérée dans l'hermaphrodite Ardhanari, engendre la nature.

Comme emblème de l'eau, Bhavani-Ganga se confond alors avec Vichnou; elle est le type de l'Isis égyptienne, la déesse de la lune et de l'humidité, de la Cybèle grecque, dont elle a les attributs, le lion et la couronne de tours; de l'Astarté phénicienne, de la Milytta assyrienne, représentées comme elle par les organes générateurs de la femelle. Les femmes indiennes l'invoquent dans le travail de l'enfantement, comme celles de l'Égypte invoquaient Bouto, celles de la Grèce Ilithye, et les Romaines Lucine. Elle rappelle également la Diane d'Éphèse et Athyr, la Vénus égyptienne. Parvati touche par ses attributs à toutes les divinités ; car c'est la déesse aux cent noms, aux cent formes, aussi variée, aussi diverse dans ses aspects, que la nature même, dont elle est l'image.

Bhavani, sous le nom d'Anna-Pourna-Devi, est encore un type curieux et une preuve irrécusable des emprunts que les polythéismes grec et romain faisaient aux religions orientales. Cette déesse est peinte de couleur jaune, assise sur le lotus; d'une main elle tient une cuiller, de l'autre un plat : c'est la divinité domestique, le type de la ménagère, et il est impossible de ne pas reconnaître en elle l'Anna Perenna des Latins, divinité qui présidait aux mêmes occupations, qui tenait à la fois de Cérès et de Pallas, et dont les fêtes se célébraient au commencement de la lune de mars, époque qui répond précisément à celle de la fête de cette déesse chez les Hindous.

Bhavani a également son côté redoutable ; parfois elle quitte la couleur blanche, emblème de sa douceur et de sa bonté, pour le bleu sombre de Kali ou le jaune de Dourga. Elle devient une sorte de Proserpine, de triple Hécate, sous les noms de Dourga, de Kali, de Katyayini. Dourga est une femme terrible, qui se montre vêtue comme une amazone, armée de pied en cap et terrassant, sous la forme d'un bœuf sauvage, le géant Mahéchasoura ; c'est l'emblème de la vertu combattant le principe du mal, c'est Pallas-Athéné triomphant à côté de son père, Jupiter, des Titans révoltés. Ce mythe est identiquement celui de la fable indienne ; à côté de Bhavani-Dourga, qui triomphe des mauvais esprits, est Siva, qui terrasse les Asouras.

La légende du combat des dieux et des démons, des bons esprits et des géants, est un trait de ressemblance que présentent presque toutes les religions de la terre. Les Juifs, qui ne la connaissaient pas, l'ont empruntée aux Perses ; par ce peuple, elle est entrée dans le christianisme. Elle n'est au fond que la traduction en un fait, en un récit historique, de ce grand antagonisme, de ce vaste dualisme, dont le principe, ainsi que nous le faisions remarquer plus haut, est offert par la nature même. Du monde physique, où l'élément destructeur lutte sans cesse contre celui de vie, et ne triomphe que pour subir ensuite une défaite; de la terre, où tout nous retrace l'image de la vie se perpétuant à travers la série de destructions et de morts, l'homme a transporté ce fait d'une opposition constante, d'un combat acharné, dans le monde intellectuel, le monde des dieux, et le mythe en question est devenu un de ses dogmes primordiaux.

La légende du combat de Dourga contre Mahéchasoura est trop célèbre pour que nous ne la rapportions pas ici :

Mahéchasoura était un géant qui régnait dans le Mahéchasour ou Mysore, pays qui lui doit son nom et dont la capitale est Sri-Ranga-Patana; c'est-à-dire la ville de Sri-Ranga ou Siva, nom que les Européens ont altéré au point d'en faire Seringapatnam. Il combattit mille ans avec les dieux, avec Indra et ses troupes célestes, sous la forme d'un buffle, et finit par en triompher. Alors il régna en tyran sur les divinités infortunées, les contraignit d'errer sur la terre, et leur fit endurer mille souffrances. Celles-ci allèrent exposer leurs malheurs à Vichnou et à Siva. Conduites par Brahma, elles comparurent devant l'assemblée des dieux, et leur plainte émut le triple cœur de la trimourti. L'indignation s'empara de l'Olympe indien en apprenant les crimes du géant orgueilleux; la flamme s'échappa de leur bouche, et de ces flammes, qui s'unirent, naquit une déesse d'une beauté éclatante, qui avait dix bras, portant chacun une arme différente. Cette femme n'était qu'une transformation de Bhavani, c'était la terrible Dourga. Elle fut envoyée pour combattre l'usurpateur; elle monta un lion, présent de l'Himalaya; elle attaqua le monstre, qui, par mille stratagèmes, cherchait à échapper à ses coups; mais à la fin la déesse victorieuse écrasa sa tête et la coupa du tranchant de son glaive. En vain du cou décapité du buffle s'élança le tronc d'un homme, qui chercha encore à combattre ; le lion le renversa d'un coup de griffe, et la déesse lui perça le cœur du fer de sa lance.

Voilà pourquoi Dourga est représentée avec dix bras : d'une main elle transperce avec une lance le géant ; d'une seconde elle porte une épée ; d'une troisième elle tient la chevelure de sa victime et la queue d'un serpent qui s'enroule autour de son bras ; dans les autres, elle brandit une hache, une flèche, un trident, un bouclier et un disque.

Plus redoutable encore que Dourga, est Cali ou Mahacali, la noire déesse, qui s'élance de l'œil enflammé de la première, pour châtier les crimes de la terre ; plus souvent elle réside aux enfers : c'est alors Roudri, Roudrani, l'épouse de Roudra, montée sur un taureau ou sur un tigre.

La fête de Cali-Dourga est une des plus célèbres et des plus populaires de l'Inde ; elle a lieu dans le mois achwinou, qui répond à la fin de septembre et au commencement d'octobre. Elle dure trois jours et est encore précédée de cérémonies préliminaires ; c'est le *Dourga-Puja*, pendant lequel on illumine les maisons, on parcourt les rues aux sons bruyants des instruments de musique. On adresse sans cesse des vœux à la déesse ; on lui demande santé, richesse, protection ; on immole sur ses autels des milliers de buffles, de chèvres, de brebis. Une fois, en un seul jour, un radjah de Noudeya lui sacrifia soixante-cinq mille cinq cent trente-cinq bêtes sauvages et domestiques. Ces hécatombes furent sans doute instituées jadis pour encourager la destruction des animaux féroces ou sauvages, qui nuisaient à l'agriculture et menaçaient les sociétés naissantes. Les brahmanes apportent dans l'observation des rites de ces cérémonies sanglantes la plus scrupuleuse précision. Le Calica-Pourana détaille avec le plus grand soin l'ordre dans lequel les animaux doivent être immolés ; il indique l'époque précise à laquelle se renouvelleront les sacrifices. Suivant la nature de l'animal immolé, la divinité est apaisée pour un temps plus ou moins considérable : le sacrifice d'un lion ou d'un homme calme sa fureur pour mille ans; celui de trois hommes pour cent mille ans. Jadis, en effet, on sacrifia des victimes humaines à la terrible Cali; mais cette barbare superstition a disparu, et son culte n'est plus ensanglanté que du sang des buffles, des tigres, des crocodiles, des rhinocéros ou même des agneaux et des coqs. Le sacrificateur lève la hache et invoque par trois fois la farouche déesse.

Il est probable qu'il y a déjà longtemps que Cali ne réclame plus de sacrifices humains et que l'usage a prévalu de ne satisfaire la vengeance de celle qui se plaît au milieu des cimetières et qui y danse entourée des mauvais esprits, qu'avec des offrandes moins coupables. Le Calika-Pourana garde toutefois encore la trace de ce rite inhumain. Il veut que le sacrificateur détourne la tête, au moment de frapper l'infortuné, et si celui-ci, surmontant l'horreur du supplice, sourit en cet instant fatal, il prédit au bourreau une augmentation de jours et de prospérité. De semblables usages répugnent, au reste, au caractère doux et pacifique des Hindous d'aujourd'hui; ils ne peuvent avoir pris naissance qu'au nord de l'Inde, près des plateaux glacés de l'Himalaya, loin de ces plaines de l'Hindoustan où une chaleur accablante amortit les instincts sanguinaires de l'homme, encore inculte, en énervant son courage.

De l'union de Siva et de Bhavani sont nés de nombreux enfants, des divinités aux formes les plus variées qui offrent des personnifications des mêmes idées.

Le premier fils sorti du couple divin est Ganesa, auquel on donne aussi pour mère Anga, femme du roi Desaprayavati. Cette double parenté n'est pas rare chez les dieux indiens; elle rappelle celle du Bacchus grec, dieu, nous l'avons vu, du reste, emprunté à l'Inde, né à la fois de Sémélé et de la cuisse de Jupiter, et celle de tant de divinités grecques, telles que les Parques, les Muses, les Grâces, etc., auxquelles on attribuait plusieurs pères et plusieurs mères.

Ganesa ou Poleiar est le dieu de l'intelligence, de l'invention ; c'est aussi celui des nombres, de l'année, de la destinée, du succès ; c'est le Janus indien, car il rappelle en plus d'un point les traits de la divinité italique, dont le nom n'est peut-être que celui Ganesa, Ganès ou Gunnis, altéré par une bouche européenne. Il est le symbole de la prévoyance, de la pénétration, de la solitude laborieuse ; voilà pourquoi il est considéré comme gardant le célibat, absorbé sans cesse dans les plus hautes contemplations.

De même que Ganesa ouvre la carrière de l'année, de même il préside au commencement de toutes les entreprises, il inspire les résolutions utiles et les grandes pensées ; c'est lui qu'on invoque quand on doit effectuer un voyage ou bâtir une maison ; c'est son nom que l'on inscrit, comme celui des muses, en tête d'une lettre ou d'un livre. Quoique voué au célibat, Ganesa n'en préside pas moins au nœud conjugal, comme à la plus solennelle des transactions; sa chasteté est un exemple qu'il propose aux époux.

Ce dieu est ordinairement représenté avec un tête d'éléphant, n'ayant qu'une défense, d'où les noms de *Goujanoumou*, à la face d'éléphant, d'*Ekou-Dountou*, à une dent, qui lui sont donnés. Cette tête est l'emblème de sa vaste intelligence ; car, de tous les animaux, l'éléphant est le plus intelligent. Le peuple indien, qui ignorait le sens de cette tête symbolique, en expliqua la présence, à l'aide d'une de ces fables par lesquelles il a dénaturé peu à peu sa religion, en la transformant en un chaos de légendes et de contes puérils. Il raconte que le dieu avait originairement une tête humaine, mais que son père la lui coupa dans un accès de colère, ne reconnaissant pas en lui son fils. Siva répara sa méprise, en plaçant sur les épaules de Ganesa la tête d'un éléphant. Cette fable n'est pas la seule, au reste, que l'on débite sur le singulier chef de ce dieu. Ganesa est figuré d'une extrême obésité ; il a souvent deux têtes, trait curieux d'analogie nouvelle qu'il offre avec Janus. Le rat, animal prudent et adroit, est son *vahan* ou sa monture; on le place à ses côtés; quelquefois on lui substitue le loir, qui a à peu près le même sens allégorique. Ganesa a la tête, les oreilles et le tronc rouges de sang. Il est représenté avec quatre bras; dans une de ses mains il porte l'ankas ou croc pour guider les éléphants; dans une autre, l'écaille ou chank; d'une troisième, une boule conique, et de la quatrième, un bassin doré rempli de batasa, petits gâteaux faits du sucre le plus fin et qui lui servent de nourriture, allusion sans doute à l'éléphant, qui est très-friand, comme on sait, du jus de la canne. C'est ainsi qu'on voit le dieu indien de la sagesse dans la caverne d'Éléphanta, sur le frontispice des livres, à la porte des maisons et des boutiques. Ses images sont souvent de la plus grande richesse, quelques-unes sont d'or avec des yeux de diamant.

Ganesa emprunta à Siva, qui lui a donné le jour, plusieurs de ses attributs : la lune, le soleil, le feu, le lingam, l'œil placé sur le front.

La naissance de ce dieu a évidemment un sens allégorique. On raconte que pendant que Parvati, sa mère, se baignait, elle rassembla l'écume et les matières impures qui flottaient à la surface de l'eau, les pétrit, et en forma un être auquel elle donna la vie, en versant sur son corps fait de limon, comme celui d'Adam, l'onde sacrée du Gange.

Les Hindous donnent quelquefois deux épouses à Ganesa, regardé plus ordinairement comme célibataire; c'est Siddhi, la connaissance, et Bouddhi, l'intelligence, deux hymens qui ne sont également que des allégories inventées par les poëtes et étrangers au caractère primitif de cette divinité.

Soubramanya, Scanda, Cartikeya, est le second fils de Siva. Voici l'histoire de sa naissance.

Il y avait dans la ville de Tripoura un géant, un démon, un daitya terrible : son nom était Tarika. Dans son orgueil, il avait voulu surpasser en courage et en austérité toutes les créatures. Pendant cent années, il s'était soumis aux plus durs, aux plus incroyables exercices de piété. Il restait sur un pied, élevant l'autre pied et les deux mains vers le ciel, et les yeux fixés vers le soleil. Il demeurait appuyé de tout son corps sur un seul orteil ; il se transportait dans l'eau, dans le feu, et y continuait sans s'émouvoir ses adorations ; il s'enterrait dans les entrailles de la terre, et là, demeurait toujours en proie à ses méditations dévotes; il s'attachait par une main à un arbre, il restait la tête renversée ou se suspendait à une branche dans cette fatigante posture ; en un mot, il avait vaincu tous les ascètes de l'Inde, et en récompense, il pouvait exiger de Brahma ce qu'il lui demanderait. Il pria donc le dieu suprême de le rendre l'être le plus fort de l'univers, de ne permettre qu'aucune main pût triompher de lui, hormis celle du fils de Mahadeva. Une fois ce vœu satisfait, il devint le plus arrogant et le plus cruel des oppresseurs ; il exerça même sur les divinités sa révoltante tyrannie. Toutes leurs tentatives pour soumettre leur despotique ennemi furent sans effet, et l'Olympe indien vit successivement le géant se jouer de leurs divers stratagèmes. Mahadeva, c'est-à-dire Siva, pouvait seul triompher du monstre. Parvati, son épouse, parvint, à force de dévotion et d'austérité, à le fléchir et à le mettre dans les intérêts des opprimés.

Remarquons ici un des caractères curieux de la religion hindoue : quoique femme de Siva, ce n'est pas par des caresses, des démonstrations de tendresse et d'amour, que la déesse parvient à séduire son sévère époux ; c'est par des austérités et des mortifications. On sent là tout de suite que les dieux de l'Inde ne sont pas ceux de la Grèce, où l'amour et les charmes jouent un si grand rôle. Sur les bords du Gange, le premier des mérites réside dans ces exercices d'ascétisme insensé dont les sanyasis offrent encore tous les jours l'exemple, et auxquels les divinités elles-mêmes sont assujetties. Parvati est beaucoup plutôt la fille de Siva que son épouse ; elle est sous sa dépendance, car elle émane de lui, comme sa *sacti*, son activité ; ce n'est donc que comme sa créature, comme son adorateur, qu'elle doit agir vis-à-vis de lui.

Les dieux, les *devatas*, députent alors vers Siva, Agni, le dieu du feu. Siva est bien disposé, il vient, dans un accès de tendresse pour son épouse, de la combler des marques de son affection. Agni apparaît à ce dieu sous la forme d'une colombe ; il en reçoit un germe, qu'il ne peut retenir, et qui tombe dans le Gange et produit Cartikeya.

Cette apparition d'Agni, le feu divin, sous la figure d'une colombe, nous reporte à un mythe du même genre que le christianisme a adopté. L'Esprit saint, le feu de la puissance divine, qui descend sur les apôtres comme des flammes brillantes, s'est aussi montré sous l'apparence d'une colombe, quand le Christ est venu, comme Cartikeya, combattre pour le monde contre la tyrannie de ses oppresseurs.

Sur les bords du Gange est donc né un jeune garçon, beau comme la lune, brillant comme le soleil ; il s'appelle Agnibhoura, ou le fils d'Agni, car c'est Agni qui est cause de sa naissance ; Ganga-poutra, le fils du Gange, car c'est sur ses rives qu'il est venu à la lumière ; mais ses noms les plus habituels sont ceux de Cartikeya, de Scanda, de Soubramanya ou Srimana.

A peine a-t-il vu le jour, qu'il rencontre six jeunes vierges, chacune fille d'un radjah, qui allaient au bain ; celles-ci le trouvent si beau, qu'elles l'appellent chacune leur fils ; elles lui tendent le sein, et le jeune Cartikeya y applique ses lèvres divines, et puise dans leur lait la nourriture et la vie. Voilà pourquoi un de ses noms est aussi celui de Kchani-Matriya, Chechti-Matriya, c'est-à-dire qui a eu six mères. Et cependant il n'a point eu de mère, puisqu'il est né par la seule force de la nature, d'un germe de Siva.

Les devatas vont enfin être délivrés de leurs oppresseurs.

Cartikeya est ce fils de Mahadeva qui peut seul triompher du daitya Tripourasoura. Une lutte terrible s'engage entre eux : elle dure dix jours consécutifs, et est enfin terminée par la défaite de Tarika. Cartikeya prit alors le surnom de Tarikajit, c'est-à-dire le vainqueur de Tarika.

Ce dieu est représenté monté sur un paon, sur la queue duquel est une fleur de lotus, d'où il sort. Il a quatre bras : de l'un il porte une lance, de l'autre une flèche, de la troisième le trisula; de la quatrième il semble demander une grâce ou il tient un arc. Le paon écrase un serpent. Ces images du dieu, dont quelques-unes n'ont pas moins de vingt pieds de haut, sont, le jour de sa fête, précipitées dans le Gange, comme celles des autres dieux.

Nous avons rapporté la légende la plus répandue sur la naissance de Cartikeya; il en existe d'autres, en contradiction avec celle-là. Dans la religion indienne, dont les mythes se sont formés sur plusieurs points différents, ces désaccords sont des plus ordinaires. Certains livres disent que l'éducation de ce dieu fut donnée à la constellation Cartika, formée de six ou sept étoiles; aussi le voit-on fréquemment avec six ou sept têtes; il a alors jusqu'à quatorze bras.

Cartikeya est le dieu de la guerre; c'est aussi le héros du soleil, rayonnant de jeunesse et parcourant avec célérité sa splendide carrière. Comme Ganesa, son frère, il veille aux côtés de son père; mais il n'est pas, comme ce frère, ministre de bienfaits; il est au contraire l'exécuteur des vengeances de Mahadeva. Ami de la violence et des discordes, il respire la mort et les combats; il répand la terreur de toutes parts et tout cède à son approche; c'est le feu dévorant du divin courroux. Comme vainqueur de Tarika, le prince des démons, il rappelle l'archange Michel des Hébreux, qui a triomphé de Lucifer et de ses légions, qui commande à la milice céleste. Sa robe est souvent parsemée d'yeux, comme celle de Parvati sa mère; il offre alors une grande analogie avec Argus, ministre des fureurs de Junon, avec les séraphins couverts d'yeux de la vision d'Ézéchiel.

Les deux divinités Ganesa et Cartikeya ne sont, au fond, que deux émanations ou formes de Siva-Iswara et Roudra, l'une sur la terre, l'autre dans les enfers ; elles forment les premiers chaînons d'un système d'émanations que nous allons poursuivre dans les chapitres suivants. Les dieux se produisent, s'enfantent les uns les autres, en sorte que ce vaste polythéisme de l'Inde n'est qu'apparent, comme était jadis celui de la Perse. Ces divinités rentrent les unes dans les autres ; chaque qualité, chaque attribut de l'Être suprême, reçoit une personnalité, une individualité distincte, et forme, en quelque sorte, un dieu séparé, dieu que, par le même procédé, on divise en autant de nouveaux dieux qu'il a lui-même d'attributs distincts, et ainsi de suite. La chaîne théogonique va, de cette manière, s'étendant sans cesse, tout en gardant pour premier anneau le dieu véritable, le dieu immense et mystérieux de la nature, auquel toute la chaîne peut être réduite, dans le sein duquel peuvent rentrer toutes les générations divines, par un seul effet de sa volonté.

Cette idée nous paraît bizarre ; elle est cependant l'idée fondamentale des religions de l'Inde et de l'Égypte, qui l'emprunta du premier pays et dans les sanctuaires de laquelle elle fut apportée à travers l'Éthiopie, des bords éloignés du Gange. C'est l'idée qui réside au fond dans la trinité chrétienne, et qui forme la base de l'union hypostatique. Le Verbe, l'intelligence divine, constitue une personne distincte, et quoi qu'on en dise, un dieu à part, aussi bien que l'amour divin, le feu organisateur, le Saint-Esprit, et ces trois personnes se réduisent au Dieu unique, au Tout-Puissant. C'est que les chrétiens avaient puisé dans l'Orient cette doctrine, qui était demeurée jusqu'alors étrangère aux juifs, dont le dieu jaloux ne voulait ni d'enfant ni d'égal.

Voyons maintenant deux nouvelles émanations de Siva, ou

plutôt deux faces nouvelles d'une seconde émanation : c'est Dherma, roi de la justice et de la vertu, et Yama, roi des enfers :

Dherma ou Dherma-radjah est monté sur un bœuf ou représenté lui-même sous cette figure ; il est le symbole non-seulement de la force et de la puissance divine, mais aussi de la pureté des âmes. Son attitude respire la douceur et la bienveillance ; il a pour serviteur Carmala, ministre de son équité.

Yama, dont Dherma n'est qu'une des formes nombreuses, reçoit le surnom de Pitripeti, ou père des ancêtres et des morts ; de Mritou, la mort même, titre qu'il partage avec Siva, son générateur. Il a encore une liste innombrable d'autres noms, que nous ne fatiguerons pas le lecteur à lui faire énumérer ; mais qu'a bien soin de prononcer quatorze fois de suite le prêtre qui invoque ce dieu, en lui offrant, dans le creux de ses mains, une oblation de *tila* ou sésame indien trempé d'eau. Yama habite les enfers, dans l'infernale cité d'Yamapour, où il prononce ses redoutables arrêts. Monté sur un buffle, avec la plupart des attributs de Siva le destructeur, il parcourt le sombre empire soumis à sa domination, le Patala ou régions ténébreuses. Carmala l'accompagne, traîne les coupables par le cou avec une corde, les déchire de ses griffes et les mène au supplice.

Ce dieu est avide d'offrandes ; aussi quand on ensevelit dans un lieu purifié le jeune enfant mort avant deux ans, et dont on a préalablement couvert les restes de guirlandes de fleurs, le prêtre s'écrie-t-il : « Le fils du Soleil, *Vaiswatha* (c'est un de ses surnoms), va chaque jour chercher des vaches, des chevaux, des hommes, des bestiaux ; mais il n'est pas plus désaltéré par leur sang que l'ivrogne ne l'est avec du vin. » Comme roi du sombre empire, Yama est invoqué dans les cérémonies funèbres ; il s'appelle alors *Srad'heva*, le dieu des Srad'ha, nom donné aux oblations faites en l'honneur des ancêtres.

Le quatorzième jour du mois aswini lui est consacré : on fait en son honneur des lustrations, des libations. Les jours suivants, on allume des torches et des flambeaux, et chaque famille brûle les restes de ses parents tués dans les combats. Le second jour du mois suivant, cartika, est également consacré à Yama et à sa plus jeune sœur, la rivière et déesse Djoumna.

De Siva et de Parvati est encore sorti Cama, Camadeva ou Camdeo, le dieu de l'amour, avec sa femme Reti, c'est-à-dire l'amour considéré sous son aspect physique et moral. On les fait aussi naître de Vichnou et de son épouse Lakchmi. Cama est représenté par un bel enfant, monté sur un loris ou perroquet aux ailes d'émeraude. Dans ses mains il porte un arc, autour duquel voltigent des abeilles, et cinq flèches garnies de fleurs, en guise de pointes. Tel on le voit dans le magnifique *choultry* de Madura, dû à la munificence de Trisnal Naig. Ce dieu offre, ainsi qu'il est aisé de s'en convaincre, plus d'un trait de ressemblance avec l'Éros des Grecs. Il habite la contrée d'Agrah, dans les plaines de Matra. Comme toutes les divinités de l'Inde, ses noms forment une longue litanie ; il en a vingt-trois ; le premier de tous, celui de Cama, signifie désir, c'est le Pothos des Grecs, le Cupidon des Latins. En sa qualité de dieu de l'amour, Cama exerce sa puissance sur tout l'Olympe indien. Aussi le jour de sa fête, le treize et le quatorze de la première moitié du mois de chaitra, le célèbre-t-on dans des hymnes, comme le dieu des dieux, comme celui qui remplit d'indicibles ravissements le cœur de Brahma, de Vichnou, de Siva et d'Indra.

On voit que Cama, le dieu de l'amour, et Cartikeya, le dieu de la guerre, sont enfants d'une même mère ; idée ingénieuse, qu'on retrouve chez les anciens. Mars est l'amant de Vénus.

Nous ne poursuivrons pas davantage l'histoire des divinités issues de Siva. Nous avons fait connaître les plus importantes, nous retrouverons les autres en examinant des mythes relatifs aux autres dieux.

Le tableau que nous avons tracé suffira pour donner une

idée complète de la nature du sivaïsme. Les considérations suivantes, que nous empruntons à Creuzer, achèveront de faire connaître l'esprit de cette branche de la religion indienne.

« Le sivaïsme repose principalement sur la personnification des forces de la nature, considérée ou comme génératrice, ou comme productrice, ou comme destructive et régénératrice, et ainsi à l'infini. C'est une vue déjà haute et vaste de la marche du monde et de la succession constante que nous présentent ces innombrables phénomènes. Les agents de ces grandes opérations de la nature, dans lesquels l'idée de cause et celle de substance commencent à poindre obscurément, ce sont, pour généraliser les formes diverses sous lesquelles ils se produisent, la chaleur et l'humidité, deux principes préexistants, dont le soleil et la lune offrent aux cieux les types primitifs ; aussi l'alternation du jour et de la nuit, de la lumière et des ténèbres, se montre-t-elle partout, dans les mythes du sivaïsme, à côté de celle de la saison brûlante et de la saison des eaux. Considérée dans ses traits les plus généraux et dans son caractère primitif, cette secte accorde une prédominance manifeste à la vie physique ; disons mieux, organique et morale. Le monde y paraît comme un corps immense, universellement animé, dont les organes sont les astres et les éléments ; l'amour et la haine y jouent les rôles principaux.

» Devons-nous donc nous étonner de voir ce culte, tour à tour aimable et terrible, du grand dieu et de la grande déesse, présenter dans ses cérémonies l'alliance bizarre et monstrueuse du plaisir et de la douleur, de la volupté et de la mort ? Cali, la mort, la mère des larmes, n'est-elle pas fille du temps (Cala), père et destructeur de toutes choses, aussi bien que Bhavani, la vie, la mère des amours ? Ganesa, le feu solitaire et à la fois le feu du génie, conduisant l'année qu'il a trouvée, ne ramène-t-il pas perpétuellement, avec ses deux têtes, les fêtes de l'une au printemps, et celles de l'autre en automne ? c'est-à-dire la constante succession du renouvellement et du dépérissement de la nature; la nature, puissance magique, à laquelle s'adressèrent sans doute les premiers hommages des mortels, à peine échappés de son sein, qu'ils prirent au mot et dont ils suivirent trop fidèlement les exemples, tant qu'ils n'eurent pas brisé les liens dont elle captivait leur enfance, en apprenant à se distinguer d'elle. »

CHAPITRE CINQUIÈME.

Culte primitif de l'Hindoustan. — Les Védas. — Le brahmanisme. — Le vichnouisme. — Invasion du sivaïsme dans l'Hindoustan. — Fusion des trois religions. — Naissance du brahmanisme actuel. — Culte des serpents.

Nous avons suivi le sivaïsme dans ses principaux développements ; nous l'avons montré tel qu'il est actuellement sur les bords du Gange, dans les îles de l'archipel indien, où il est aussi répandu. Mais à l'origine, à l'époque où il régnait sans rival sur les plateaux élevés de l'Himalaya, ce n'était point encore un assemblage aussi compliqué de divinités, un polythéisme aussi complexe. Ce culte, moins panthéistique qu'aujourd'hui, se réduisait davantage à la simple adoration de la nature ; ce n'était guère que l'hommage rendu par l'homme craintif et ignorant aux grands phénomènes de l'univers, aux astres et aux météores. Le sivaïsme descendit dans les plaines du Bengale, dans ces contrées brûlantes où la nature plus uniforme parlait un autre langage aux imaginations. La religion de Vichnou y régnait alors; elle s'y était formée lentement, graduellement, à côté d'une plus ancienne, la religion de Brahma, qui paraît avoir été le système primitif des croyances de l'Inde centrale. Peu à peu le brahmanisme avait cédé la place au vichnouisme, et sans être entièrement répudié, tout en conservant sa supériorité de droit, sinon de fait, Brahma avait vu son culte délaissé, et son rôle de plus en plus amoindri dans le nouveau système religieux. C'est vers le neuvième ou le dixième siècle avant notre ère que s'est accomplie cette grande révolution, dont l'histoire figurée nous est conservée dans la fable exposée plus haut sur la grandeur et la décadence de Brahma. Les Védas et les lois de Manou sont les monuments écrits qui nous restent de l'époque qui a précédé cette grande transformation. Les Védas ont été rédigés au quatorzième siècle avant notre ère par Vyasa, que les Hindous regardent comme ayant été inspiré par Brahma lui-même. Ce sage, dont le nom signifie compilateur, après avoir enseigné sa doctrine à ses disciples, monta aux cieux comme Jésus-Christ. Mais l'examen du contenu de ces livres suffit pour faire voir qu'ils ne sont qu'un assemblage d'écrits plus anciens qu'il a raccordés et refondus. Les Védas sont au nombre de quatre : le Rig-Véda, l'Yadjour-Véda, le Sama-Véda et l'Atharva-Véda. Ce dernier, qui n'est pas aussi généralement accepté par les Hindous comme livre canonique, est d'une rédaction certainement plus récente. Tous quatre ils sont écrits dans la plus ancienne forme du sanskrit, langue sacrée et savante de l'Inde, et il n'y a guère que les plus érudits des brahmanes qui soient en état de les comprendre. Les Védas nous montrent la doctrine du monothéisme en vigueur. Il n'y a, disent-ils, qu'un Dieu unique, existant par lui-même, maître des créatures, et dont l'univers est l'ouvrage. Tout ce qui est, existe en vertu de sa volonté. Les divinités secondaires ne sont que des créatures d'un ordre supérieur, qui méritent notre adoration. Mais à travers cette notion déjà si pure de la Divinité, il est aisé de discerner le culte tout à fait primitif et originaire des Hindous, culte qui a été celui des éléments, des phénomènes naturels, des astres, en un mot le sabéisme. Les hymnes du Rig-Véda s'adressent à des divinités qui président à tous les mouvements du ciel, et qui sont désignées par le nom de Devas, c'est-à-dire lumineux, resplendissants. On y voit les idées de force, de pureté, de sincérité, associées à celles de lumière et de clarté. La poésie védique, c'est l'admiration intuitive des anciens peuples pour la lumière. Les divinités ne sont réellement que les éléments personnifiés ou bien les phénomènes du ciel aux principaux instants du jour et de la nuit. L'imagination a donné à ces dieux qu'elle avait créés, des attributs distinctifs, un char et des coursiers, et de là il n'y avait plus qu'un pas jusqu'aux fables plus compliquées de la mythologie épique, du Mahabharata et du Ramayana. Le dieu invoqué d'ordinaire avant tous les autres est Agni, le feu qui consume l'offrande, qui la porte aux dieux, qui est appelé le messager du sacrifice. Puis viennent Vayou, l'Air, le Vent, et Varouna, le maître des eaux. Les Açvinas, jumeaux célestes, représentent les deux crépuscules; l'Aurore (Ourchas) est invoquée comme annonçant le jour et apportant aux hommes tous les biens; enfin le soleil (Sourya, Aditya) est salué comme la vie du monde. Indra, le maître du firmament, assisté de la troupe des Vents ou Maroutas, est le Jupiter tout-puissant armé de la foudre, protecteur des êtres qui l'implorent. Telles sont les principales divinités qui figurent dans les chants védiques.

Les Indiens, divisés en tribus, vivaient alors sous le régime pastoral. Unies entre elles par des croyances communes, ces tribus invoquaient les mêmes dieux. Le père était le gardien des traditions religieuses, qui se transmettaient par des chants de génération en génération. Il était à la fois le chef de famille, le prêtre et le guerrier; il offrait les sacrifices, jugeait les différends, défendait la tribu contre les agressions des hordes errantes étrangères à son culte. Tels étaient la religion et le genre de vie des Hindous de cette époque. C'était l'âge durant lequel Moïse et Josué conduisaient, par les sables du désert, le peuple juif vers une terre qu'ils lui représentaient comme lui étant réservée par l'Éternel son Dieu, tandis que Sésostris, réveillant les guerriers de l'Égypte, portait ses armes bien avant dans l'Asie et vers le midi de l'Égypte, et que les vieux empires de Babylone et de Ninive allaient s'affaiblissant sous le poids de leurs conquêtes.

Dans la loi de Manou, d'une rédaction postérieure à celle des Védas, la société hindoue, telle qu'elle est constituée actuellement, ne fait que d'apparaître. Vichnou n'est encore qu'une divinité secondaire. Siva, dieu étranger qu'apporteront les montagnards de l'Himalaya, et dont le nom avait déjà pourtant pénétré chez les habitants du Bengale, n'est pas mentionné. Mais le panthéisme se montre nettement comme la base du système religieux, et la division des castes, qui est une des conséquences du fatalisme inhérent aux dogmes panthéistiques, est présentée comme l'œuvre de la Divinité. Puis Vichnou grandit peu à peu, et son culte remplace graduellement celui de Brahma, dont il n'est lui-même qu'une émanation. Il fallut des siècles pour accomplir cette révolution.

Lorsque les adorateurs de Mahadeva descendirent, des régions élevées de l'Inde septentrionale, dans les plaines du Bengale méridional, une lutte s'établit entre les envahisseurs et les paisibles disciples de Brahma et de Vichnou. Plus forts et plus courageux, les montagnards triomphèrent. Mais si la victoire physique fut de leur côté, ils subirent, comme tant de peuples conquérants mais barbares, l'influence des vaincus plus civilisés. Leur religion surtout éprouva de graves atteintes; elle lutta longtemps contre le vichnouisme, mais elle finit par s'assimiler à lui; elle s'unit et se mélangea à ce système de croyances, en le modifiant. Une religion nouvelle sortit donc de ce chaos de cultes en présence de divinités rivales; ce fut le brahmanisme tel qu'il est aujourd'hui professé dans toute l'Inde. Des livres nouveaux furent rédigés, ou du moins les légendes anciennes, les Pouranas, furent modifiées, dans un sens nouveau. Toutefois, dans cette alliance de cultes d'abord ennemis, une sorte de subordination s'établit entre les divinités, suivant la prépondérance exercée dans la société nouvelle par leurs sectateurs respectifs. Vichnou envahit le premier rang, et Siva le second; mais les sectateurs de ce dernier acceptèrent plutôt Vichnou que les vichnaïvas ne reconnurent Siva. En effet, les saïvas non-seulement reconnaissent Vichnou comme conservateur de l'univers, mais encore adorent ses incarnations, c'est-à-dire ses manifestations sur la terre, tandis que les vichnaïvas, en admettant les dieux sivaïques, sont loin de leur assigner un rôle aussi élevé, et s'efforcent même de les peindre sous de noires couleurs.

Quant à Brahma, il fut relégué au dernier rang. Son règne avait fini avec les mœurs simples et patriarcales. Il ne devait plus être qu'un dieu mort et muet dans le panthéon nouveau. La légende suivante est une image frappante de l'histoire de ces temps. On y voit les saïvas vainqueurs se soumettant au culte des vichnaïvas; mais Brahma, abandonné par l'un et l'autre parti, perdit son autorité et la vénération qu'il avait jusqu'alors inspirée; c'est le Scanda Pourana qui parle : « La terre était couverte d'eau, et Vichnou dormait étendu sur le sein de Devi ou Lakchmi son épouse, c'est-à-dire son activité. De son nombril sortit le lotus, dont la tige grandissant amena à la surface des eaux sa fleur qui s'épanouit. Brahma en naquit, et le dieu, portant ses regards autour de lui, n'aperçut aucune créature animée. Il s'imagina alors qu'il était l'être unique, et s'arrogea la supériorité sur toutes les créatures à venir. Cependant il voulut préalablement pénétrer dans la profondeur des mers, afin de s'assurer si vraiment aucun être ne réclamait la prééminence. Il se laissa alors glisser le long de la tige du lotus, et trouva Vichnou endormi. — Qui es-tu? lui cria à haute voix Brahma étonné. — Je suis le premier né, lui répondit Vichnou. Et Brahma de lui contester cette qualité. Une lutte obstinée s'engagea alors entre les deux divinités rivales, jusqu'à ce que Mahadeva s'interposât entre eux, et leur dit avec indignation : — C'est moi qui suis réellement le premier né; mais je résignerai mes prétentions à celui de vous deux qui pourra atteindre au sommet de ma tête. Aussitôt Brahma grandit, mais il se fatigua vainement à parcourir les régions de l'immensité, sans réussir; néanmoins il revint dire à Mahadeva qu'il avait répondu à son défi, et appela en témoignage la vache qui venait de naître. Mais cette réponse, où le mensonge s'unissait à l'orgueil, remplit d'un juste courroux le puissant Siva, qui, pour punir la divinité menteuse, voulut qu'on ne lui adressât pas de culte, et que la bouche de la vache fût déclarée impure ; prescription qui est en effet consignée dans les plus anciennes lois de l'Inde. Quand Vichnou fut de retour, il avoua ingénûment qu'il n'avait pas même pu atteindre au pied de Mahadeva, et qu'il était vaincu : « Tu es le premier né, lui répondit alors Siva, et tu domineras au-dessus de toutes les créatures. » Alors Mahadeva coupa la cinquième tête de Brahma, dont l'orgueil, ajoute le Scanda Pourana, fut la cause de la perte de sa puissance et de la chute de son autel, décadence dont nous avons présenté, dans le troisième chapitre, les phases principales.

Vichnou est considéré comme le souffle divin qui respire dans tous les êtres, le lien qui les unit, et l'asile sacré qui les reçoit ; c'est le premier principe des eaux nourricières, ou plutôt l'esprit et le souffle divin se mouvant et marchant sur les eaux ; de là vient qu'il partage avec l'Éternel le nom de Narayana, qui exprime cette idée, et que nous avons expliqué plus haut.

Cette doctrine des eaux regardées comme le principe de toutes choses, est un des points principaux des plus anciens systèmes religieux de l'Orient. La Genèse nous dit qu'au commencement l'Esprit de Dieu était porté sur les eaux. Plusieurs philosophes grecs, et notamment Thalès et l'école ionique, regardaient l'eau comme la cause première.

Vichnou est ordinairement représenté couché sur le serpent Secha ou Ananta, aux mille têtes, symbole de l'éternité, ainsi que le signifie ce dernier nom, qui peut se traduire par infini. Ce serpent, dans les images du dieu, retourne ses têtes, que l'on réduit au nombre de cinq, au-dessus de celle de Vichnou, qu'elles ombragent comme un dais ; on appelle alors l'animal Naug-Pancha-Mouki. Du nombril de cette divinité sort le lotus sur lequel est placé Brahma, aux quatre faces, tenant dans ses mains la cuiller lustrale et les Védas. Aux pieds de Vichnou est Lakchmi, qui lui parfume les pieds. Secha semble flotter sur une mer couleur de lait ou d'argent; il est lui-même de cette couleur, tandis que Vichnou, pourvu de quatre bras, est peint de la couleur de l'azur; une de ses mains soutient sa tête, deux autres portent le lotus ou padma. Ses yeux sont d'un ineffable éclat. Sur son front brille une triple couronne. Il est vêtu magnifiquement, et sur sa poitrine est suspendu le diamant merveilleux, la pierre précieuse nommée castrala, sorte de talisman qui illumine toutes choses, où toutes choses viennent se réfléchir, véritable miroir du monde. D'autres fois il est monté sur un aigle, un épervier, ou plutôt sur Garoudha, oiseau fantastique, assemblage des formes de l'homme et de celles de l'épervier. Il tient dans une de ses mains la foudre, comme Jupiter, dont on voit qu'il a l'oiseau symbolique. De ses autres mains il porte le samcha, sorte de conque ou buccin, symbole cosmologique, le sceptre, la massue et le tchakra ou roue enflammée qui pénètre le ciel et la terre et dont le mouvement rapide emporte les obstacles; c'est une autre image du tonnerre, des carreaux du Tout-Puissant.

Le rôle symbolique du serpent, que nous voyons figurer ici comme un des principaux attributs de Vichnou, remonte dans l'Inde à une haute antiquité. On rend à ces reptiles un culte dans l'Hindoustan depuis les temps les plus anciens; on retrouve encore dans l'Inde, et notamment dans les provinces du Dekhan, d'anciennes figures de serpents qui recevaient encore au onzième siècle les hommages des habitants.

C'était dans le Kachmire que cette adoration superstitieuse était particulièrement répandue; elle valut au premier peuple de cette contrée le nom de *Nâgas*, serpents. L'histoire de ces Nâgas touche aux époques primitives de l'Inde; elle se mêla de bonne heure aux mythes de sa religion. Les Nâgas devinrent ainsi des êtres purement fabuleux, des créatures intermédiaires entre les dieux, les daityas et les hommes; ce fut alors qu'ils conquirent l'Inde, quand ils apparurent aux timides et superstitieux vaincus comme des êtres puissants et supérieurs. Au seizième siècle avant notre ère, le roi Khagendra détruisit un grand nombre de leurs familles; mais leur nation, bien qu'ébranlée dans sa puissance, subsista encore longtemps. Les femmes des Nâgas étaient citées pour leur beauté. Une légende remarquable du Harivansa nous fait voir que cette race guerrière et mystérieuse constitue une des souches de la race des Hindous.

« Yadou, le chef de la famille des Yadavas, fit jadis une partie de plaisir sur l'Océan avec ses femmes; il se laissa entraîner trop loin sur la mer, et fut rapidement enlevé par Dhûmavarna, roi des serpents, jusque dans la capitale de ce dernier. Les rues de cette ville, où régnait une grande magnificence, étaient remplies d'une multitude de femmes appartenant à la nation des Nâgas, qui habitaient au sein de l'Océan. Dhûmavarna donna à ce Yadou ses cinq filles en mariage, et les dota magnifiquement. — Mes cinq filles, dit-il, te donneront cinq fils, qui tiendront de la nature de leur père et de celle de leur mère. Les héros de ta race, distingués par leur beauté et par leur courage, conserveront le goût de leur aïeul et s'élanceront sur les vagues de l'Océan. — En effet, de cette union naquirent sept branches, qui portèrent les noms de Bhèmas, Koudjeras, Bhôdjas, Andhakas, Yadavas, Dasarhas et Vrichnis. Ces races remplissent l'histoire ancienne de l'Inde. »

L'importance des Nâgas alla toujours s'éteignant. Dans le premier siècle de l'ère chrétienne on voit plusieurs de ces farouches conquérants de l'Inde arrêtés et condamnés à mort par un certain roi Meghavâhana, et graciés par suite des supplications de leurs femmes.

Néanmoins les Nâgas demeurèrent toujours une race considérée, et on ne cessa pas de leur attribuer une supériorité naturelle sur les autres hommes. Le Kachmire fut gouverné pendant deux cent soixante ans, depuis 597 jusqu'à 857 de notre ère, par une dynastie nâga qui reçut, à raison de son origine, le nom de Karkôta, serpent. Dans le Dekhan, plusieurs familles nobles se vantent d'être de la race Ahihya, serpent, et portent des titres qui expriment cette origine.

Le nom de Nâga signifie aussi montagne, circonstance qui ne contribua pas peu à frapper encore l'imagination des Hindous, amie du merveilleux. Les serpents et les montagnes sont deux objets qui ont pour eux un sens magique et divin. Tout contribue donc à nous expliquer le rôle mythologique des Nâgas et leur présence au nombre des êtres distincts que nous avons vus plus haut sortir de la création des Maharchis ou saints éminents.

Le serpent Secha occupe, avec les serpents Vasouki et Takchaka, le premier rang parmi les enfants qu'eurent Surasâ et Kadrû, filles de Dakcha et épouses de Kaçyapa, qui donnèrent chacune le jour à mille serpents puissants et courageux, ornés de têtes innombrables.

Ce Kaçyapa joue un rôle trop important dans l'histoire d'une partie du Kachmire, il est l'objet, dans l'Inde, d'une vénération trop universelle, pour que nous n'en entretenions pas le lecteur.

Kaçyapa paraît avoir été le dieu particulier du Kachmire, de ces Nâgas, peuples serpents, qui, comme nous l'avons dit, conquirent jadis l'Inde. Voilà pourquoi il est regardé comme le créateur du vallon habitable de cette contrée, comme l'ancêtre des Daityas et des Adityas. Il en est déjà question dans les lois de Manou, comme le frère de toutes les créatures, circonstance qui lui assigne un haut caractère d'antiquité. Ce personnage est sans aucun doute un réformateur religieux, devenu la personnification du génie créateur marié à l'activité de plusieurs âges; c'est la raison pour laquelle il se trouve vivant à plusieurs époques. Les peuples de l'Inde le reçurent dans leurs mythes et ne tardèrent pas à le placer dans leur Panthéon, en cessant toutefois de lui accorder le premier rang parmi les êtres.

Revenons à Vichnou ; loin de lui nous a entraîné l'histoire du serpent son symbole, Secha, sur les anneaux duquel on voit ce dieu se reposant.

Vichnou est comme Siva ; il a mille noms, qui se rattachent à autant de légendes, et à chacun desquels le dévot indien attribue des vertus particulières. Ces noms forment de véritables litanies, que les brahmanes récitent, comme les catholiques répètent les litanies de la Vierge ou de Jésus. Ils marmottent cette longue kyrielle en roulant entre leurs doigts les grains d'un rosaire. Ce genre d'exercice pieux, répandu dans tout l'Orient, dans l'Inde et chez les musulmans, en Perse, en Turquie, en Arabie, est arrivé, par ces contrées, en Europe et a été adopté par le catholicisme. Triste et déplorable superstition, qui fait attacher plus de vertu à la récitation de certains mots, de certaines formules, qu'à celle d'une prière simple et vraie, expression de nos vœux et de nos besoins ; conception indigne de la grandeur de Dieu, qui nous le représente comme plus sensible à tels mots, à telles invocations, qu'à tels autres, et qu'on est étonné de rencontrer chez le vichnaïva des bords du Gange, aussi bien que chez le chrétien des bords du Tibre ou de la Seine, malgré l'espace immense qui les sépare sous le rapport de la civilisation.

L'épouse de Vichnou est, ainsi que nous l'avons dit, Lakchmi, appelée aussi Sri, l'heureuse, la fortunée, ou Padma, c'est-à-dire le lotus. Elle est la sacti, autrement dit l'activité de Vichnou ; elle porte mille noms, comme son divin époux ; elle est figurée à peu près avec les mêmes attributs.

Lakchmi est la grande déesse, la mère du monde, l'amante de Heri, qui n'est autre que Vichnou. Elle est la source de la prospérité, de l'abondance, de la beauté tout ensemble, et rappelle en plusieurs points la Cérès des anciens. Les Grecs nommaient Cérès la divinité de l'agriculture, de la fertilité, Demeter, c'est-à-dire terre-mère, signification qu'on retrouve dans les noms de Lokadjanitri ou Lokamata, qui lui sont imposés.

Lakchmi est née, comme la Vénus Aphrodite des Grecs, de l'écume des eaux. Elle sortit du sein des mers barattées par les dieux, et la beauté de Rembha, tel est le nom qui lui fut en ce moment imposé; il est synonyme d'Aphrodite. Lakchmi excita l'admiration de tout l'Olympe indien. Elle fut adjugée d'un commun accord à Vichnou, près duquel elle demeure, assise sur son lotus chéri et répandant à pleines mains les bénédictions célestes. Quelquefois on la représente tenant un jeune enfant, auquel elle présente la mamelle ; elle rappelle alors Isis allaitant le jeune Horus, ou la Vierge nourrissant l'enfant Jésus, le Vichnou chrétien.

D'autres fois on voit la déesse debout, la poitrine entièrement nue, une mitre conique sur la tête, un lotus dans la main droite, et portant à son cou un sac entr'ouvert, image frappante des biens qu'elle verse sur la terre, comme une semence féconde. C'est alors la bonne fortune des Latins, qui porte la corne d'abondance ; c'est la mère du monde, ainsi que l'indique un de ses noms, Ada Maya.

L'arbre mawa ou manglier est consacré à Lakchmi, ainsi que le lotus, car il est, comme cette plante, le symbole de la fécondité.

Cette déesse habite, dit le peuple hindou, dans la gueule des vaches. Ce peuple exprime ainsi, d'une manière figurée, qu'elle préside à la fécondité, dont cet animal nourricier est le type. On lui offre le lait et le riz, on l'invoque sous l'emblème d'un boisseau rempli de cette céréale et couronné de fleurs. On allume en son honneur un feu perpétuel ; sept lampes brûlent pour elle à tout instant, et ce culte nouveau la rapproche de la Vesta des Latins, pour laquelle on allumait de même des foyers, éternellement entretenus.

Moudevi, Bhoudevi, Mahadevi, qu'on donne quelquefois pour seconde épouse à Vichnou, forme avec la belle, la bonne Lakchmi, un contraste frappant. Elle porte en tous lieux la misère et la discorde ; elle désole à la fois la terre et les cœurs ;

elle rompt tous les liens et dissipe les plus douces illusions ; c'est, en un mot, la mauvaise fortune, c'est la mort, opposée à Lakchmi, qui est la vie ; c'est la laideur opposée à la beauté. Montée sur un âne, animal abhorré aussi bien des Hindous que des anciens Égyptiens, elle déploie sur sa bannière l'image sinistre du corbeau. Tout son aspect inspire l'épouvante. Ici le vichnouïsme se lie au sivaïsme.

Vichnou et son épouse se rattachent évidemment au culte du soleil, le premier des dieux qu'adorèrent les habitants des plaines du Gange, où cet astre darde sans cesse ses rayons et semble le plus puissant des êtres. Quant à Lakchmi, c'était la lune. Vichnou, disent les légendes indiennes, dort et se réveille tour à tour. C'est une allusion au mouvement du soleil dans l'écliptique. Vichnou sommeille, dit-on, quatre mois sur un côté, et quand la première moitié de cette période s'est écoulée, il se retourne sur l'autre côté, et dort quatre autres mois dans cette nouvelle position. Cette conversion du dieu n'est autre que son changement de direction dans le ciel. Une invocation ou mantra, qui lui est adressée à une de ses fêtes, montre jusqu'à l'évidence l'identité de ce dieu et du soleil ; la voici : « Les nuages sont dispersés, la pleine lune apparaît dans tout son éclat. Oh ! j'espère acquérir la pureté nécessaire pour offrir les fleurs nouvelles de la saison. Éveille-toi de ton long sommeil, éveille-toi, roi des mondes. »

Les développements du vichnouïsme, que nous allons présenter maintenant, appartiennent à l'époque à laquelle s'était opérée la fusion entre les principaux systèmes religieux dont nous avons parlé. Ils nous montrent confondus les dieux des trois grandes sectes, du brahmanisme, du vichnouïsme et du sivaïsme ; mais dans les mythes nés de l'union de ces croyances il est à peu près impossible d'assigner à chaque légende son origine ; on parvient toutefois à démêler la filiation de quelques-unes des idées qui s'y dessinent. Tantôt ce sont des faits réels qui se sont embellis des couleurs de la fable, et que la poésie, qui en a transmis le souvenir, a mêlés aux fictions les plus palpables; tantôt ce sont de pures allégories, sous lesquelles ont été énoncés des principes métaphysiques et des théories philosophiques. En présentant le tableau de ce dédale de dogmes et de légendes, nous chercherons à démêler ceux où se retrouve, cachée sous un affublement de merveilleux, la vérité historique. Que le lecteur n'oublie pas que nous sommes chez un peuple qui s'est toujours plu à exprimer ses pensées, même les plus profondes et les plus sérieuses, sous les apparences d'un mythe dont les détails nous semblent quelquefois aussi monstrueux que révoltants. Les susceptibilités des bords du Gange ne sont pas les mêmes que les nôtres.

CHAPITRE SIXIÈME.

Système chronologique des Hindous. — Caractère des incarnations divines.

Une fois émané du Dieu suprême, le monde a vécu de sa vie propre. Les biens et les maux ont commencé à y régner, mêlés et confondus, en lutte perpétuelle, et ébranlant dans cette lutte l'univers qui en était le théâtre. Parmi les créatures émanées des six grands sages ou Maharchis, il y en avait d'impures et de malfaisantes, qui devaient mettre en péril cet univers. Le monde était sorti, il est vrai, du sein de Dieu; mais il avait encore besoin de l'assistance divine, pour ne pas succomber un jour sous les principes de destruction qui y germaient de toutes parts.

D'ailleurs la terre n'était pas éternelle ; il n'y a d'éternel que Brahm, qui est aussi Swayambhu, celui qui subsiste par lui-même, que Parabrahma, l'être irrévélé, qui n'a ni temples ni statues, et qui est le principe fondamental et mystérieux de toute existence.

Le monde subit des créations, des destructions, des rénovations successives ; il obéit dans cette série de révolutions à des lois immuables qui sont inscrites dans le code de Manou. Laissons parler ce livre :

« Telles ont été déclarées, depuis Brahma jusqu'aux végétaux, les transmigrations qui ont lieu dans ce monde effroyable, qui se détruit sans cesse.

» Après avoir ainsi produit cet univers et moi, celui dont le pouvoir est incompréhensible disparut de nouveau, absorbé dans l'Ame suprême, remplaçant le temps de la création par le temps du pralaya, c'est-à-dire de la dissolution.

» Lorsque ce dieu s'éveille, aussitôt cet univers accomplit

ses actes; lorsqu'il s'endort, l'esprit, plongé dans un profond repos, alors le monde se dissout.

» Après s'être retirée dans l'obscurité primitive, l'Ame suprême y demeure longtemps avec les organes des sens, n'accomplit pas ses fonctions, et se dépouille de sa forme.

» Lorsque, réunissant de nouveau des principes élémentaires subtils, elle s'introduit dans une semence végétale ou animale, alors elle reprend une forme nouvelle.

» C'est ainsi que, par un réveil et par un repos alternatif, l'Être immuable fait revivre ou mourir éternellement tout cet assemblage de créatures mobiles et immobiles. »

Voici maintenant comment le même livre indique que s'accomplit la succession des temps :

« De Manou-Swayambhouva, c'est-à-dire issu de l'être existant par lui-même, descendent six autres Manous, qui chacun donnèrent naissance à une race de créatures. Ces Manous, doués d'une âme noble et d'une énergie supérieure, étaient :

» Swarotchicha, Ottomi, Tâmasa, Raivata, Tchakchoucha et le fils de Vivaswat. Ces sept Manous tout-puissants, dont Swâyambhouva est le premier, ont chacun, pendant leur période ou antara, produit et dirigé ce monde.

» Dix-huit niméchas ou clins d'œil font une câchtha; trente câchthas, une calâ; trente calâs, un mouhoûrta; autant de mouhoûrtas composent un jour et une nuit.

» Le soleil établit la division du jour et de la nuit pour les hommes et pour les dieux; la nuit est pour le sommeil des êtres, et le jour pour le travail.

» Un mois des mortels est un jour et une nuit des Pitris ou mânes, qui sont les ancêtres déifiés des hommes; il se divise en deux quinzaines : la quinzaine noire est, pour ces mânes, le jour destiné aux actions, et la quinzaine blanche la nuit consacrée au sommeil.

» Une année des mortels est un jour et une nuit des dieux.

» Maintenant apprenez par ordre quelle est la durée d'une

nuit et d'un jour de Brahma et de chacun des quatre âges ou yougas.

» Quatre mille années divines composent, au dire des sages, le crita-youga; le crépuscule qui précède est d'autant de centaines d'années; le crépuscule qui suit est pareil.

» Dans les trois autres âges, également précédés et suivis d'un crépuscule, les milliers et les centaines d'années sont successivement diminués d'une unité.

» Ces quatre âges forment ensemble l'âge des dieux.

» Sachez que la réunion de mille âges divins compose en somme un jour de Brahma, et que la nuit a une durée égale.

» Ceux qui savent que le saint jour de Brahma ne finit qu'avec mille âges et que la nuit embrasse un pareil espace de temps, connaissent véritablement le jour et la nuit.

» A l'expiration de cette nuit, Brahma, qui était endormi, se réveille, et en se réveillant il fait émaner l'esprit divin (Manas). »

Tel est le système des calpas ou jours de Brahma, énoncé dans le premier livre des lois de Manou, et que nous avons cité textuellement, en empruntant la version d'un jeune savant, enlevé aux lettres à la fleur de l'âge, Auguste Loiseleur Deslongchamps. Ce système chronologique est également adopté dans le Bhagavat-Gîtâ. Mais les Pouranas ont modifié cette antique supputation des temps. Selon ces livres, quatre périodes ou âges ont été destinés à l'ordre ou à la durée actuelle des choses : ces périodes sont les yougas. Le premier de ces âges est le crita ou satya-youga, âge de justice et de vérité, durant lequel les hommes, également bons et vertueux, jouissaient d'une félicité sans mélange et vivaient de longues années; dans chacun des suivants, qui ont été énoncés déjà plus haut, au sujet de Brahma, à savoir le tetra-youga, le divaparayouga et le kali-youga, le mal augmente à mesure que le bien diminue, et le bonheur, ainsi que la durée de la vie humaine, décroissent proportionnellement. Dans ces périodes successives, il est impossible de ne pas reconnaître les quatre âges des poëtes grecs : l'âge d'or, l'âge d'argent, l'âge d'airain et l'âge de fer, durant lesquels la vertu et la félicité des hommes suivent de même une marche décroissante.

Aussi, d'après certains législateurs indiens, et quelques codes antiques, tels que la Smriti ou code sacré, les lois doivent-elles augmenter de sévérité à mesure que les hommes deviennent plus impurs, et tels actes, autorisés dans les premiers âges, sont défendus dans le Kali-youga, qui est l'âge actuel, durant lequel les hommes et les femmes, dit l'Aditya-Pourana, sont adonnés au péché.

Ces idées ne sont pas complétement étrangères au christianisme, qui a admis aussi une succession d'âges. Les patriarches de la Bible sont de véritables Manous, et il est assez curieux de voir le déluge arriver sous le dernier des patriarches, Noé, absolument comme nous allons voir bientôt le déluge indien s'accomplir sous le dernier des Manous, Vaivaswata.

Le christianisme a admis également la corruption successive des humains, et la loi de l'Évangile s'est montrée en bien des points plus sévère que celle de Moïse.

Cette prétendue perversité des hommes, augmentant graduellement avec la succession des âges, est une fable que démentent l'histoire des faits et l'étude morale des sociétés. L'humanité, en vieillissant, développe la sociabilité chez les membres qui la composent. La civilisation rend les hommes plus compatissants, meilleurs envers leurs semblables, adoucit la brutalité des passions et la grossièreté des mœurs. Mais cette fausse doctrine s'est répandue par l'effet de cette illusion, commune à tous les vieillards, qui leur fait regarder le temps de leur jeunesse comme plus heureux que l'époque où tout a changé d'aspect pour eux devenus souffreteux et chagrins. C'est à cette illusion qu'était en proie Horace, lorsqu'il s'écriait :

> Damnosa quid non imminuit dies ?
> Ætas parentum, pejor avis, tulit

> Nos nequiores, mox daturos
> Progeniem vitiosiorem.

« Que n'altéra point le temps destructeur? Plus méchants que nos aïeux, nos pères ont laissé des enfants plus pervers qu'eux-mêmes, et que remplacera une race plus vicieuse encore. »

Voltaire, que son exquis bon sens n'abandonne jamais, s'est spirituellement moqué de cette éternelle récrimination contre les générations présentes :

> Est-il encor des satiriques
> Qui, du présent toujours blessés,
> Dans leurs malins panégyriques,
> Exaltent les siècles passés ;
> Qui, plus injustes que sévères,
> D'un crayon faux peignent leurs pères
> Dégénérant de leurs aïeux,
> Et leurs contemporains coupables
> Suivis d'enfants plus condamnables
> Menacés de pires neveux ?

Certains philosophes anciens avaient sans doute emprunté à l'Inde la doctrine de destructions et de renouvellements successifs du monde, qu'ils enseignèrent. Les stoïciens, par exemple, s'imaginaient que la nature humaine allait sans cesse se détériorant, et qu'après qu'elle était arrivée au dernier degré de corruption, une catastrophe survenait et détruisait l'univers. Eusèbe nous a conservé l'opinion d'Aristoclès, qui prétendait que le monde était à certains intervalles consumé par le feu, puis qu'il renaissait ensuite, comme le phénix, de ses cendres.

Lorsque toutes les choses humaines seront accomplies, dit Sénèque, toutes les parties de la terre seront détruites, anéanties complétement, et des générations nouvelles, pures de la corruption des sociétés vieillies, apparaîtront à la lumière.

Nous n'entrerons pas dans les détails assez compliqués du système chronologique, tel qu'il a été modifié par les Pouranas; disons seulement que leur plus grande période est le manwantaras formé de soixante et onze calpas, et dont la durée est ainsi de 308,448,000 ans.

Ces chiffres énormes ne sont qu'une image de l'éternité de la durée; les Hindous ont voulu montrer par de pareilles accumulations de siècles, que les plus longs espaces de temps ne sont rien devant la perpétuelle existence de Brahma. Il ne faut donc pas prendre à la lettre une semblable chronologie. Toutefois nous devons reconnaître, dans les trois âges antérieurs au kali-youga, des époques réelles durant lesquelles régnèrent des dynasties ou des séries de dynasties personnifiées par un seul homme, mais infiniment moins longues qu'une pareille supputation le donnerait à penser. Quant au kali-youga, c'est réellement l'âge historique, celui à partir duquel on peut établir une chronologie sérieuse et suivie, malgré les faits fabuleux qui y apparaissent. Cet âge commence 3101 ans avant notre ère.

Ainsi, d'après les Hindous, le monde lutte sans cesse sous les principes de destruction qui le menacent et finissent par l'anéantir. Mais après cette destruction, qui peut lui rendre l'existence et la vie, si ce n'est la main puissante qui l'a créé? Qui peut, en présence de l'invasion incessante du mal, arrêter ce torrent, si ce n'est le maître lui-même? Vichnou le créateur, le conservateur de l'univers, sera chargé de cette grande tâche, et c'est lui que nous allons voir, de distance en distance, descendre à l'humble condition d'être mortel, pour opérer le salut du monde. C'est un dieu, un dieu bienfaisant, la seconde personne de la trimourti indienne, qui accomplit, en faveur de la créature, un si immense sacrifice. Ainsi ce n'est pas au christianisme qu'appartient l'invention de l'idée de rédemption opérée par un Dieu, par la seconde personne de la trinité. Cette idée contradictoire, au reste, à l'essence infinie de l'Être suprême, est éclose sur les bords du Gange. Elle régna longtemps dans cette contrée, où se rencontre le germe de toutes les doctrines philosophiques de l'Occident, avant que, purifiée et anoblie, elle allât faire naître des merveilles en Judée et dans l'empire romain, et conquérir ensuite le monde civilisé.

Mais le Dieu des chrétiens n'a accompli ce sacrifice qu'une fois, une seule fois; il n'est descendu qu'en une circonstance unique sur la terre, et il est remonté au ciel pour ne plus s'incarner désormais; car le monde était dès ce moment sauvé à tout jamais de l'empire du mal. Vichnou, plus prodigue de ses bienfaits, l'a accompli neuf fois, dix fois même; il est venu sur la terre à plusieurs reprises réaliser cette admirable mission.

Nous avons vu plus haut Brahma s'incarner aussi, se manifester sur cette terre; mais les incarnations du premier dieu de la trimourti sont d'une nature différente de celles que nous allons rencontrer dans l'histoire de Vichnou. Ce dieu prend un corps mortel et paraît sur la terre pour la sauver aussi bien que les hommes; c'est un dieu incarné que la plus haute miséricorde peut seule porter à cet acte d'une bonté vraiment divine. Au contraire, les apparitions de Brahma sont, à proprement parler, des régénérations, des migrations d'un corps dans un autre, semblables à celles que tout homme doit subir avant de retourner à son principe qui est dieu; les incarnations de Brahma ne sont donc que des figures sous lesquelles les Indiens ont voulu représenter leur dogme fondamental de la métempsychose, que nous exposerons ailleurs, tandis que les incarnations de Vichnou sont bien réellement des manifestations du créateur au milieu de ses créatures qu'il veut sauver. Quant à Siva, qui a aussi ses incarnations, ce sont les personnifications de la vengeance divine, qui purifie en punissant, et qui abat l'orgueil des mortels.

Toutefois les incarnations de ces trois divinités ne sont pas totalement mythiques; il y a au fond de leur histoire respective un fond véritable qu'il ne faut pas perdre de vue; dans la vie de Brahma on a personnifié les quatre grandes époques de la littérature sacrée des brahmanes, rapportées à Brahma, source de toute lumière, de toute intelligence.

Brahma, dit M. N. Müller, est l'homme mystique, le prototype de l'homme; il est appelé comme l'homme lui-même un symbole de l'univers. Le monde et l'homme sont également la demeure de Brahma, et la vie de celui-ci une allégorie du temps, avec ses périodes de destruction et de renouvellement, qui embrassent à la fois l'histoire de l'homme et celle du monde.

Pour ce qui est des incarnations de Siva, il est difficile de décider si ce sont de purs faits mythologiques, ou s'il faut y reconnaître un fondement historique. Quoi qu'il en soit d'ailleurs, il est certain que leur introduction dans le sivaïsme ne date que de l'époque où cette religion se mêla avec les autres religions de l'Inde, et qu'elle n'appartient pas au culte primitif de Mahadeva, tel qu'il était professé par les montagnards de l'Himalaya.

CHAPITRE SEPTIÈME.

INCARNATIONS OU AVATARS DE VICHNOU.

Incarnation du poisson ou matsyavatara. — Le déluge des Indiens comparé à celui des Hébreux. — Incarnation de la tortue ou kourmavatara. — Incarnation du sanglier ou varahavatara. — Incarnation du lion ou narasinghavatara. — Caractère de ces incarnations.

Cinq Manous avaient succédé au premier Manou, à Swayambhouva, le fils de celui qui subsiste par lui-même. Le septième, surnommé Vaivaswata ou fils du soleil, était déjà sur la terre corrompue par l'oubli de la parole divine. Brahma se reposant après une longue suite d'âges, le puissant démon Hayagriva s'approcha de lui, et déroba les Védas qui avaient coulé de sa bouche. Satyavrata régnait dans ce temps-là ; c'était un serviteur de l'esprit qui marche sur les eaux, si pieux que les eaux faisaient sa seule nourriture. Un jour que ce prince s'acquittait de ses ablutions dans la rivière Critamàla, Vichnou lui apparut sous la figure d'un petit poisson. Ce petit poisson, recueilli par le saint monarque, devint peu à peu si gros dans les demeures qu'il fut obligé de lui donner successivement pour le contenir, qu'à la fin Satyavrata fut obligé de le placer dans l'Océan. Alors le dieu, qui avait ainsi trompé les yeux du roi, lui adressa ces paroles, qui lui révélèrent quel être ineffable il avait rencontré : « Dans sept jours à partir de ce moment, les trois mondes seront plongés dans un océan de mort ; mais, au milieu des flots qui se répandront sur la surface de la terre, un vaste navire envoyé par moi t'apparaîtra tout à coup. Alors tu prendras avec toi toutes les plantes médicinales, toutes les variétés de semences, et accompagné des sept Richis (les sept saints) et de leurs épouses, environné d'un couple de tous les animaux, tu entreras dans cette arche immense, qui te renfermera toi et tes compagnons, éclairée des seuls rayons lumineux que ceux-ci projetteront sur toi, et flottant au gré de l'Océan. Quand ce vaste navire sera agité par les vents impétueux qui s'élèveront à la surface du monde inondé, tu l'attacheras, avec un serpent pour câble, à la corne d'un poisson resplendissant, forme sous laquelle je veillerai près de toi. Tu demeureras ainsi sur les eaux jusqu'à ce qu'un jour de Brahma soit accompli.

La prédiction de Vichnou se réalisa, comme bien on l'imagine; Satyavrata entra dans l'arche et exécuta les prescriptions divines. Le déluge anéantit tous les êtres, à l'exception du Manou et de ses compagnons; puis Vichnou se levant avec Brahma du sein des eaux qui se retiraient, tua le démon Hayagriva, et recouvra les livres sacrés. En d'autres termes, les méchants furent détruits par l'inondation, et le péché cessa de prévaloir sur la terre; le règne de la vertu fut rétabli dans le monde. Satyavrata, instruit dans toutes les connaissances divines et humaines, fut choisi par le dieu pour septième Manou, sous le nom de Vaivaswata. Un calpa venait de s'accomplir, un nouveau recommença.

C'est ainsi que le Baghavata-Pourana, l'un des plus célèbres Pouranas, raconte la première incarnation de Vichnou, nommée Matsyavatara, ou la descente du poisson, incarnation qui fait aussi le sujet d'un autre Pourana, le Matsya-Pourana.

La ressemblance de cet avatar avec la légende biblique de Noé est frappante. Le déluge est envoyé, de même que dans les livres hébreux, pour punir les péchés des hommes. Le patriarche est représenté par Satyavrata; Sem, Cham, Japhet et leurs épouses, par les sept Richis et leurs épouses. La circonstance des animaux entrant dans l'arche est identique. Seulement, si, d'un côté, l'auteur de la Genèse a placé dans l'énorme vaisseau, sans s'embarrasser de son étendue, un plus grand nombre d'individus de chaque espèce, l'écrivain du Pourana s'est montré plus prévoyant, en faisant ordonner à Satyavrata de prendre les graines et les herbes médicinales, de crainte qu'elles ne fussent submergées. Il est vrai que, pendant un jour de Brahma, ces graines et ces plantes avaient bien le temps de sécher; mais il faut croire que l'auteur indien connaissait le fait de graines qui, remises en terre après des siècles, ont germé comme des graines fraîches, fait que nos naturalistes n'ont constaté que dans ces derniers temps.

Nous venons de dire que, dans la Genèse, le nombre des animaux qui entrent dans l'arche est plus considérable que celui qu'y place le Pourana. Il est nécessaire toutefois de distinguer. Il y a dans la Bible deux versions contradictoires qui se suivent l'une l'autre immédiatement, ce qui prouve au reste que ce livre fut, comme les Pouranas, rédigé avec des livres antérieurs. Mais la main qui a raccordé entre eux ces divers fragments ne s'est pas toujours montrée très-adroite. On lit dans le chapitre VI, du verset 18 au verset 22, que Dieu dit à Noé : « J'établirai mon alliance avec vous, et vous entrerez dans l'arche vous et vos fils, votre femme, et les femmes de vos fils avec vous. Vous ferez entrer aussi deux animaux de chaque espèce, mâle et femelle, afin qu'ils vivent avec vous. De chaque espèce d'oiseaux vous en prendrez deux, de chaque espèce d'animaux terrestres, deux ; de chaque espèce de ce qui rampe sur la terre, deux. Deux de toute espèce entreront avec vous dans l'arche, afin qu'ils puissent vivre. Vous prendrez aussi avec vous de tout ce qui peut se manger, et vous le porterez dans l'arche, pour servir de nourriture à vous et à tous les animaux. » Et le dernier verset ajoute : « Noé accomplit donc tout ce que Dieu lui avait commandé. »

Au chapitre VII, les commandements de Dieu à Noé sont repris sur une nouvelle base, en sorte que le Tout-Puissant semble avoir réfléchi que le nombre d'animaux qu'il avait prescrit au patriarche d'introduire dans l'arche n'est pas suffisant, idée absurde qui naît simplement du défaut de raccordement des textes, et qui tient à ce que deux versions étaient répandues chez les Juifs, sur l'histoire du grand cataclysme, à l'époque où la Genèse fut composée. On lit en effet dans les premiers versets : « Le Seigneur dit ensuite à Noé : Entrez dans l'arche, vous et toute votre maison, parce que, entre tous ceux qui vivent aujourd'hui sur la terre, j'ai reconnu que vous seul étiez juste devant moi. » C'est précisément ce qui vient d'être dit au chapitre précédent. Ensuite l'Éternel ajoute : « Prenez sept mâles et sept femelles de tous les animaux purs, et deux mâles et deux femelles des animaux impurs. Prenez aussi sept mâles et sept femelles des oiseaux du ciel, afin d'en conserver la race sur la face de la terre. » Voilà donc un nombre d'animaux différent de celui que Dieu a précédemment ordonné. Ici apparaît la distinction des animaux purs et impurs, distinction que les Israélites avaient empruntée aux Égyptiens, chez lesquels ils avaient si longtemps vécu, et que l'auteur de la Genèse montre comme reconnue par l'Éternel lui-même, afin de lui donner plus de force, et de l'établir plus profondément dans les idées du peuple; absolument comme les lois de Manou font remonter à Brahma lui-même la division des castes, pour lui imprimer un caractère indélébile et sacré. Cette distinction des animaux purs et impurs est une preuve que la seconde version de la légende de Noé est la plus moderne, et qu'elle n'a eu cours qu'après la constitution du peuple hébreu. C'est également dans cette même version qu'il est dit que Dieu n'attendra plus que sept jours pour envoyer son déluge, précisément le laps de temps qui figure dans le premier avatar.

Maintenant que devons-nous conclure de ce rapprochement, de cette similitude si irrécusable des deux mythes? Une des nations a-t-elle emprunté cette tradition à l'autre, ou sont-ce deux récits différents d'un événement, qui, par un effet de l'impression profonde qu'il avait laissée dans l'esprit des hommes, se retrouve dans l'histoire primitive de tous les peuples?

A l'époque à laquelle remonte la rédaction des Pouranas, la première version de la Genèse, qui porte un cachet bien remarquable de simplicité et de véracité, existait certainement. Les fables dont la légende indienne est entourée offrent un caractère évident d'additions étrangères et locales. Si donc il y avait emprunt, ce seraient les Hébreux qui réclameraient, à juste titre, la propriété. Mais ce n'était pas chez les Juifs que la tradition plaçait le théâtre de ce grand événement, c'était en Perse, sur le plateau de l'Iran, où apparaît la plus ancienne civilisation. C'est à cette contrée que la Genèse avait emprunté ce mythe. Noé était un personnage réel ou fabuleux, on ne peut le décider, mais enfin qui était regardé en Orient comme un des ancêtres de l'humanité; par les uns, sous le nom de Xisuthrus, par les autres, sous celui de Deucalion. En le plaçant en tête de leurs annales, en se rattachant directement à lui, les Juifs ne faisaient qu'accepter une tradition qu'ils avaient trouvée en vigueur avant eux.

Ainsi, les Indiens peuvent fort bien avoir puisé à la même source que les Israélites, sans avoir copié en rien ceux-ci; les deux peuples ont pris tous deux à l'Iran cette histoire fameuse du déluge prétendu universel, dans lequel il faut reconnaître le souvenir d'une vaste inondation locale. Peut-être aussi cette tradition du déluge a-t-elle été enfantée par l'imagination d'un peuple qui s'efforçait d'expliquer, par cette fable de Noé et de l'arche, la présence des eaux dues aux cataclysmes géologiques, cataclysmes dont toute la nature gardait encore, il y a six mille ans, une trace frappante, bien qu'ils eussent précédé l'avénement de l'homme sur la terre.

Le second avatar se rapporte, comme le premier, au déluge. Dans le Matsyavatara, c'est l'humanité qui est sauvée par Vichnou; ici c'est la terre à laquelle sont rendus les biens qui lui avaient été ravis.

En dérobant aux dieux leurs livres sacrés, les démons leur avaient enlevé toutes leurs richesses et jusqu'aux objets de première nécessité. Dans ce dénûment affreux, image du dénûment de cœur qui accompagne la perte de la religion, les

Devatas recoururent à Vichnou, le suppliant de leur rendre les biens qu'on leur avait pris, ou de leur en donner qui les remplaçassent.

La requête des Devatas était trop juste pour ne pas être accueillie par le compatissant Vichnou. Le dieu leur ordonna de se rassembler, leur promettant qu'ils seraient exaucés dans leur demande, et que puisant pour eux dans la mer de lait, il les mettrait en possession de tous les biens qu'ils pourraient désirer. Pour remplir cette promesse, Vichnou fit sa descente sur la terre sous la forme d'une tortue. Cependant les Daityas, sans cesse à l'affût de tous les mouvements des Devatas, ne purent voir sans inquiétude le rassemblement ordonné par Vichnou, et feignant une attaque imprévue, ils envoyèrent demander à leurs rivaux quel était le but de leur réunion, et s'ils avaient oui ou non des vues hostiles : « Nous obéissons aux ordres de Vichnou, répondirent les Devatas; nous devons le suivre dans son expédition, qui, d'après sa promesse, nous remettra en possession des biens que nous avons perdus. » A cette réponse, les Daityas, toujours envieux, voulant aussi avoir part aux bienfaits du dieu, s'empressèrent d'aller lui offrir leurs services; et Vichnou ayant accepté leurs offres, les deux troupes se rendirent avec lui sur le rivage de la mer de lait. Cette mer est une des sept qui environnent les sept îles ou dwipas qui composent le monde. Vichnou ordonna aux Devatas et aux Daityas d'aller chercher la montagne Mandara et le serpent à mille têtes Secha ou Vasouki, deux instruments nécessaires aux desseins de Vichnou, parce que la montagne devait servir de battoir et le serpent de corde; par ce moyen, la montagne, mise en mouvement, agiterait la mer, et en ferait sortir les choses précieuses, absolument comme le beurre sort du lait qu'on a baratté. Pendant que les deux troupes exécutaient les ordres de Vichnou, ce dieu réfléchit qu'on ne pouvait se fier à un serpent, et que Secha, fatigué des efforts prodigieux qu'il devait faire en servant de corde, et peut-être irrité d'avoir été choisi pour un si étrange emploi, se vengerait en répandant son venin sur ceux qui travailleraient avec lui. Il n'y avait qu'un moyen de préserver les Devatas de ce danger ; c'était de les placer à la queue de l'animal, et de poster les Daityas à la tête ; mais Vichnou connaissait l'esprit de cette race dégradée et mauvaise, qui se refuserait à exécuter ses ordres. Il pensa donc à leur donner le change. Et lorsque la troupe des bons et des mauvais génies ramena la montagne et le serpent, il ordonna aux Daityas de manœuvrer à la queue, et aux Devatas d'agir à la tête. Ainsi que l'avait prévu Vichnou, l'orgueil des Daityas se trouva blessé de ce partage ; ils n'y virent que le dessein de les humilier, en leur assignant la place la moins honorable ; leur indignation s'exhala en plaintes, et ils réclamèrent avec énergie. Ils avaient donné aveuglément dans le piége que leur avait tendu l'adroit Vichnou. Celui-ci parut céder à leurs instances, et les deux troupes changèrent de place. On se met à l'œuvre : déjà la montagne battait les flots ; mais sa pesanteur s'opposait à ce qu'on pût lui imprimer un mouvement assez rapide, et elle s'affaissait dans la mer, de manière à rendre inutiles les efforts des travailleurs. C'est alors que Vichnou s'incarna sous la forme d'une tortue d'un si prodigieux volume, qu'en se plaçant sous la montagne elle la soutint sur son dos. Alors le mont Mandara tourna comme le bloc de bois sous la main du tourneur, et le mouvement de rotation engendra l'amrita, c'est-à-dire l'eau de vie et d'immortalité. Cette liqueur sortit et se répandit à la surface des mers. On vit aussi sortir des flots mille productions précieuses, dont le monde fut désormais doté. Ce fut d'abord Chandra, la lune, qui brille de dix mille rayons de lumière ; puis la déesse de la fortune et de la beauté, Lakchmi, l'épouse de Vichnou, dont nous avons parlé plus haut ; elle s'éleva du sein des eaux, assise sur la fleur épanouie du lotus, et jeta les Devatas et les Daityas dans l'admiration. A côté de Lakchmi apparut son antagoniste, Moudevi, la déesse de la discorde et de la misère; puis Sarasvati, la femme de Brahma; ensuite se montrèrent Outchaisrava, le fameux cheval blanc à quatre ou sept têtes, le Pégase indien; Soura ou Souradevi, la déesse du vin. Ces productions furent bientôt accompagnées de nouvelles. Citons la pierre précieuse Castrala, sorte de talisman qui illumine tout l'univers, où toutes choses viennent se réfléchir, véritable miroir du monde, que Vichnou porte ordinairement sur sa poitrine; l'éléphant blanc à trois trompes, Airavata, que nous retrouverons en parlant d'Indra; le médecin céleste Dhanvatari, qui apparut tenant à la main une sangsue et le fruit nommé myrobolan. Il recueillit l'amrita dans un vase et l'offrit au dieu conservateur, assis sur le sommet du mont Mérou. A ceux-ci succédèrent la vache ailée Camadhenou ou Sourabhi, source de fécondité, mère des désirs, et un autre emblème d'abondance, l'arbre Parijata ou Calpavrikcham, qui produit spontanément l'objet de vos souhaits; Rembha, la déesse de la beauté, née de la mer, comme Lakchmi, avec laquelle elle s'identifie. Ces diverses créations, qui accompagnèrent l'amrita, ont reçu, avec ce divin breuvage, le nom des quatorze joyaux, *chaterdesa rotana*. Les Devatas et les Daityas, surpris, ne formèrent sur eux aucune prétention, et Vichnou, laissant les premiers satisfaits et les seconds humiliés, en fit présent au monde par la main de Lakchmi.

Toute cette fable, destinée à peindre les innombrables bienfaits dont la créature est redevable à Dieu, ne peut reposer sur aucun fondement historique; tout y annonce une origine entièrement mythique, et le mythe a conservé en entier l'empreinte de l'imagination et de la tournure d'esprit indienne. On y retrouve toutefois le breuvage divin qui donne l'immortalité; breuvage qui joue un si grand rôle dans les religions antiques, chez les Perses, les Grecs, les Scandinaves. C'est cette allégorie, commune à tout l'Orient, qui a été l'origine de l'histoire de l'arbre de vie planté, suivant la Genèse, par Dieu dans le paradis terrestre, et dont les hommes perdirent la jouissance par l'artifice du démon. L'humanité la recouvra par l'incarnation de Jésus-Christ, qui fut pour elle la source de mille bienfaits. De même les Devatas, auxquels les machinations des Daityas avaient fait perdre l'amrita, la recouvrent par l'incarnation de Vichnou, qui dote la terre d'innombrables bienfaits. C'est la même idée; seulement nous la voyons dans l'Inde parée de tout le riche costume de légendes et de fables dont la pensée du peuple de cette contrée aime à se revêtir.

Ajoutons à cette longue histoire du Kourmavatara ou avatar de la tortue, une dernière anecdote mythologique. Pendant que les dieux et les démons agitaient si violemment le monstrueux reptile, celui-ci, accablé de fatigue, exténué par un pareil exercice, vomit un poison terrible, qui se répandit sur toute la terre. Vichnou, suivant les uns, Siva, suivant les autres, voulut en délivrer le monde ; il s'en frotta alors le corps, puis l'avala. De là, la couleur bleue qui caractérise les images de la deuxième personne de la trimourti; de là, suivant ceux qui tiennent pour Siva, la couleur bleue du cou de cette divinité et d'une partie de son corps, circonstance qui lui a valu le surnom de Nila-Khanta, gosier bleu; car ce fut au gosier que s'arrêta le poison.

Cette fable est encore une image du péché qui se répandit sur la terre, et dont la seconde personne de la Trinité délivra le monde, en l'assumant sur lui.

Le dévouement de Vichnou rendit ainsi sans effet les efforts des Daityas. Dès lors ceux-ci commencèrent à inonder le monde, le désolant et s'y faisant adorer comme des dieux; de là les incarnations nouvelles de la divinité conservatrice. Selon les premiers chrétiens, quand les démons, qui avaient soufflé chez les hommes, jusqu'alors unis, l'orgueil et l'impiété, leur eurent suggéré d'élever une tour jusqu'aux cieux, le mal se répandit de nouveau, comme avant le déluge. Les démons se substituèrent au vrai Dieu, se firent adorer par les nations qu'ils abusaient, et la punition de l'inondation, destinée à mettre fin aux crimes de la terre, fut sans résultat. Voilà précisément les idées hindoues. Partout nous retrouvons les croyances brahmaniques comme ancêtres de celles des israélites et des chrétiens.

Dans le troisième avatar, c'est notre terre que sauva du péril de l'inondation le même Vichnou ; c'est encore un souvenir du grand cataclysme auquel se rapporte le premier avatar.

Un géant aux yeux d'or, Hiranayakcha, avait passé une partie de sa vie à pratiquer les plus rigoureuses austérités en l'honneur de Brahma. Il avait poussé si loin la piété, que ce dieu suprême ne pouvait rien refuser à sa prière et se voyait obligé, en quelque sorte, d'accéder à tous ses désirs. L'orgueilleux géant demanda alors l'empire universel ; mais en voulant être le maître de toutes choses, il prétendait n'avoir rien à redouter des créatures qu'il opprimerait. Il énuméra donc tous les animaux et demanda à être préservé des attaques de chacun d'eux. Brahma, qui avait la main forcée, qu'on nous passe cette triviale expression, elle rend parfaitement l'idée indienne, Brahma, disons-nous, accéda à ce vœu insensé, et Hiranayakcha régna sur tout l'univers. Il devint d'une violence et d'une présomption sans bornes, et pour mieux montrer sa puissance, il saisit la terre pour la précipiter dans l'abîme de l'Océan. La déesse de la terre, Prithivi, s'émut ; elle courut implorer l'assistance du bienfaiteur Vichnou. Aussitôt celui-ci se rappela que dans l'énumération des animaux dont le géant avait demandé à Brahma de n'avoir rien à craindre, il avait oublié le sanglier ; prenant alors tout à coup la forme de ce vorace animal, il s'élança sur Hiranayakcha, le perça d'un coup de boutoir, et soulevant le globe sur ses défenses, il le replaça en équilibre sur la face de l'Océan.

Tel est le Varaha-avatar ou incarnation du verrat ou sanglier. C'est en mémoire de cette descente du dieu, qu'on le représente parfois muni de quatre bras, ayant une hure de sanglier en guise de chef, et portant sur ses défenses le croissant, image symbolique de la terre.

Un autre géant, non moins pervers que le premier, dont il était au reste le frère, Hiranyacasipa, provoqua la quatrième incarnation ou Narasinghavatara, c'est-à-dire l'incarnation du lion.

Le géant en question avait, par des austérités semblables à celles de son frère, obtenu de Brahma une faveur presque aussi immense. Ce dieu lui avait promis que ni homme ni dieu ne pourraient, le jour ou la nuit, ici-bas comme dans les cieux, lui arracher la vie. Sûr de l'immortalité, Hiranyacasipa devint de la plus intolérable arrogance, de la plus monstrueuse impiété. Toutefois il avait un fils qui était loin de ressembler à un tel père : aussi pieux que son père l'était peu, Paraladha cherchait par ses paroles à ramener le géant à des pensées plus soumises, plus religieuses. Ses tentatives étaient sans effet. Un jour il cherchait à lui prouver l'ubiquité de Dieu, c'est-à-dire la présence divine en tous lieux ; mais Hiranyacasipa de rire avec incrédulité : « Peut-il donc y avoir un dieu là ? » s'écria-t-il en montrant une colonne située au seuil de la porte, et qu'il semblait menacer de son épée. A ce défi impie, porté à la toute-puissance divine, la colonne se rompit tout à coup, et on vit sortir Vichnou, sous la forme d'un homme-lion. Cet être, d'un aspect effrayant et d'une force prodigieuse, se précipita sur le géant blasphémateur, et après une lutte qui dura une heure, le terrassa et le brisa contre la colonne.

Cette incarnation, comme on le voit, offre plutôt le caractère des incarnations de Siva, que celui qui est propre à celles du dieu Vichnou. C'est ici la divinité qui se manifeste pour exercer sa juste vengeance, pour donner un exemple éclatant de punition du crime, et ce n'est guère un acte de conservation pour l'humanité. Toutefois, comme on peut voir dans ce géant l'image du mal qui avait envahi l'univers et exerçait sur lui la plus cruelle tyrannie, Vichnou est encore ici celui qui en délivre les créatures.

Ces quatre premières incarnations ont eu lieu dans le cours du satya-youga; elles nous offrent, ainsi que le remarque Creuzer, les grands traits d'une histoire primitive et toute mythique de la nature et du monde; on y entrevoit comme une gradation des actes du pouvoir conservateur dans le développement des choses. Cette gradation paraît par la succession même des formes que revêt, dans chacune, ce pouvoir bienfaisant, armé seulement contre le mal : d'abord poisson, puis amphibie, puis quadrupède, et en dernier lieu participant de ce qu'il y a de plus noble dans le règne animal, et d'une portion de la nature humaine. Ce qui frappe, du reste, c'est une lutte constante, c'est un combat contre des principes destructeurs et malfaisants, en sorte que chaque nouvelle incarnation est une victoire nouvelle du bon principe.

Ces incarnations appartiennent donc à l'époque mythologique de l'Inde; celles que nous allons étudier dans les chapitres suivants doivent être rapportées à l'âge héroïque.

CHAPITRE HUITIÈME.

Avatar de Vamana ou du brahmane nain. — Parasou-Rama ou sixième avatar. — Histoire de ce héros.

La cinquième, la sixième, la septième incarnation appartiennent au tetra-youga. La circonstance qui a déterminé le premier de ces avatars est la même que celle qui a amené le troisième et le quatrième : c'est l'éternelle histoire d'un géant qui avait obtenu, à raison de ses incroyables austérités, l'empire de l'univers, du ciel, de la terre et de l'enfer. Une fois monarque universel, sa précédente vertu fit place à un excessif orgueil; il oublia les dieux, négligea leur culte, cessa de leur offrir les oblations auxquelles il n'avait jamais manqué lorsqu'il était pénitent; enfin, dans sa folie impie, il s'arrogea la puissance sur les Devatas ou divinités elles-mêmes. Ce géant était un descendant du pieux Paraladha, que nous avons vu précédemment cherchant vainement à ramener son père à des sentiments de religion; on l'appelait Mahabali. Alarmés de pareilles prétentions, les Devatas allèrent, comme de coutume, faire appel au pouvoir vengeur et conservateur de Vichnou. Toujours ingénieux à inventer des moyens nouveaux de tromper l'orgueil des créatures, pour les punir et leur faire sentir leur infériorité, ce dieu prit la figure d'un nain, d'un brahmane extrêmement petit, ayant nom Vamana. Ce brahmane se présenta devant Mahabali, et implora la piété du monarque en faveur de sa détresse, dont il lui fit un tableau touchant. Il lui demanda seulement trois pas de terrain, pour qu'il pût y élever une chétive demeure, et s'y loger, lui et ses livres. Mahabali n'eut garde de refuser une si misérable demande; son orgueil lui tint lieu de bienfaisance, et il promit de satisfaire au désir de Vamana; puis, suivant les rites indiens, il versa l'eau sacrée sur les mains du nain, cérémonie par laquelle il engageait formellement sa parole. A peine l'onde consécrative se fut-elle mise à couler, que le brahmane commença à s'allonger, et développa peu à peu un corps prodigieux. Il mesura la terre du premier pas, le ciel du second, et du troisième il allait embrasser les enfers, quand le géant tomba à ses genoux et reconnut humblement le pouvoir du Dieu suprême. Alors Vichnou lui laissa la souveraineté du Patala ou de l'enfer. Tel est le Vamanavatara, et le nain merveilleux porte encore le nom de *Trivikrama*, qui veut dire trois pas.

Dans cette curieuse légende, qui rappelle la légende catholique de saint Christophe, entre les bras duquel l'enfant Jésus grandit indéfiniment, et qui est ainsi contraint de déposer son divin fardeau, on reconnaît la trace de la lutte ancienne et victorieuse du culte de Vichnou contre celui de Siva, dieu dont Bali est une incarnation. Chaque année, au mois d'août et de novembre, le géant vient sur la terre, disent les Hindous, et après un nouveau combat, il est de nouveau replongé dans l'abîme. De là une fête solennelle, où les vichnaïvas célèbrent des jeux guerriers en mémoire du triomphe de leur dieu. A la même époque les sivaïtes célèbrent aussi une fête. Voilà la preuve de la signification allégorique de notre avatar. Siva, dépossédé de son titre de Mahadeva, le grand dieu, est devenu le dieu des enfers, le roi du Patala, sous le nom d'Yama. Mahabali n'est que son image.

Les Hindous ont mêlé à ce mythe de Vamana une foule d'autres fables. Ainsi ils racontent qu'au moment où Vichnou enjambait du second pas le ciel, Brahma survint et versa l'eau sacrée, que la terre reçut dans son sein, et qui forma le Gange. Cette origine du fleuve divin est autrement racontée, ainsi que nous l'avons vu, par les saïvas.

Dans la sixième incarnation, Vichnou parut pour châtier l'insolence des rois de la race du soleil, des kchatriyas, c'est-à-dire de la caste des guerriers.

Les rois issus de cette caste guerrière faisaient peser sur

l'Hindoustan une insupportable tyrannie. Pour se soustraire à leurs violences, Djamadagni, un de ces saints personnages nommés richis par les Hindous, s'était retiré avec Rounika son épouse, dans une solitude près d'Agrah. Là, le pieux couple passait sa vie dans les mortifications les plus rudes, les exercices de piété les plus austères. Ils n'avaient point de fils, et ils espéraient que Vichnou se laisserait enfin toucher par leurs prières, en leur envoyant un héritier. Leur espoir ne fut pas déçu, et Rounika mit au monde un enfant d'une surprenante beauté; on l'appela Parasou-Rama, mais c'était Vichnou lui-même qui venait de paraître une septième fois sur la terre, pour la délivrer de l'esclavage dans lequel la retenait le péché.

Siva fut tellement ravi de la beauté et des précoces dispositions de l'enfant qu'il l'enleva avec lui, et le transporta dans le ciel, où il l'éleva sur le sommet du mont Kaïlasa. Parasou-Rama y demeura jusqu'à l'âge de douze ans. Le désir de défendre son père contre l'odieux despotisme de Diroudj, qui exerçait dans l'Inde une affreuse domination, le rappela dans sa patrie. Mais il arriva trop tard; Diroudj avait fait mettre à mort Djamadagni, pour s'emparer de la vache Camadhenou, animal incomparable, né, ainsi que nous l'avons vu, de la mer de lait, et que le richi était chargé par les dieux de nourrir.

Parasou-Rama ne trouva plus que les cendres encore chaudes de son père et celles de sa mère, qui, comme toutes les femmes indiennes, avait voulu suivre sur le bûcher les restes inanimés de son époux. En proie à la plus vive douleur, et plein d'un juste courroux contre l'assassin de son père, Rama jura par les eaux sacrées du Gange qu'il tirerait de ce meurtre une vengeance éclatante.

Le jeune héros commença donc avec les kchatriyas une lutte acharnée. Diroudj était un être extraordinaire qui avait mille bras portant autant d'armes différentes. Mais que pouvaient tous ces bras contre la force sans cesse renaissante d'une divinité? La race guerrière était donc vouée à une perte certaine, et par ses valeureux efforts, Parasou-Rama vengea les mânes de son père, et délivra le pays de l'insolente et oppressive domination des kchatriyas.

Cette légende se rapporte sans aucun doute aux guerres que soutinrent entre elles d'anciennes dynasties, ou plutôt à celles qu'éleva contre les kchatriyas la caste des brahmanes, qui finit par les soumettre. On voit en effet Rama donner après sa victoire la terre qu'il a conquise à la race sacerdotale. Les mille bras de Diroudj sont une figure, une métaphore destinée à exprimer les nombreuses armées du radjah. Les premières années du héros passées sur le mont Cailasa indiquent une origine obscure, que ce héros s'efforça sans doute de rendre mystérieuse, afin d'ajouter à la puissance de ses armes le prestige de la religion; car il semble avoir subjugué ses ennemis autant par sa valeur que par la terreur superstitieuse qu'il inspirait. Étonné de ses hauts faits, qui ont été conservés dans le poëme célèbre du Ramayana, les âges suivants le crurent un dieu incarné, un nouvel avatar de Vichnou. C'est au reste l'histoire de tous les prophètes, de tous les hommes divins; c'est celle de Jésus-Christ lui-même, qui passa son enfance dans l'obscurité, et qu'on ne voit reparaître dans son pays qu'à douze ans, comme Parasou-Rama, alors qu'assis dans le temple au milieu des docteurs, il les confond par sa sagesse.

Une fois les kchatriyas abattus, la mission de Rama était accomplie. Il employa alors les trésors qu'il avait amassés à honorer les dieux, à répandre des aumônes. Il se retira dans le désert de Kokan, au sud de Sourate, pour terminer ses jours dans la retraite et la méditation. Il voulut toutefois donner une nouvelle preuve de sa divinité, et fit sortir du sein des eaux la côte de Malabar. Certains Hindous prétendent qu'il vit encore, et qu'il habite dans quelque lieu reculé, livré aux perpétuels exercices de la pénitence.

CHAPITRE NEUVIÈME.

Septième avatar de Vichnou. — Rama. — Histoire et exploits de ce héros.

Nous voici arrivés à une des incarnations de Vichnou les plus célèbres et les plus vénérées. Nous sommes parvenus au point où l'histoire et le mythe se confondent sans cesse. Ici la grandeur des événements, l'intérêt inspiré par les héros qui y figurent, viennent se joindre à la beauté, à la richesse de la fable en elle-même. Nous allons raconter les hauts faits des premiers guerriers hindous, hauts faits que nous avons déjà aperçus, quoique d'une manière plus obscure, dans l'avatar précédent. Rama et Crichna, voilà les deux héros par excellence de l'Inde, comme chez les Grecs le furent Hercule et Thésée, ou Achille et Hector; chez les Romains, Énée et Romulus. Ce sont eux qui ont inspiré les muses les plus éloquentes de l'Hindoustan, et donné de l'animation et de la vie à cette poésie, où, dans d'autres sujets, se manifeste trop souvent l'esprit métaphysique et abstrait de l'Hindou.

Vichnou a résolu de prendre une septième fois naissance au sein d'une mortelle, pour délivrer, comme il l'a déjà fait, la terre de ses tyrans, pour y faire refleurir l'agriculture, les lois, la piété, et mériter encore de la part des humains des bénédictions et des actions de grâces. Cette fois il choisit pour sa patrie la ville royale d'Ayodhya ou d'Aoude, l'une des plus antiques et des plus renommées entre les cités de l'Inde, cité qui ne comprenait pas moins alors de quarante milles de circuit. Sa mère, nommée Kausalya, fut l'une des quatre femmes du puissant roi Dasa-Ratha; il eut nom Rama, c'est-à-dire beau, nom auquel on joint habituellement celui de Chandra, c'est-à-dire la lune. Dasa-Ratha, son père, était un monarque redoutable, ainsi que le rappelait son nom, que l'on peut traduire par : celui dont le char est porté sur les quatre extrémités du ciel. Il descendait de Sourya ou Heli, le Soleil (c'est l'helios des Grecs). Sacrifié à un frère né d'une autre mère, Rama se vit exclu du trône auquel il était appelé par sa naissance, et se retira dans les forêts avec Sita, sa jeune épouse, et Lakchmana, un autre de ses frères.

Sita, dont la beauté avait étendu la renommée dans tout l'univers, était fille du roi Djounouka. Joignant aux agréments de la figure les plus solides qualités, elle réunissait à ces avantages celui d'être une excellente ménagère, et ne dédaignait même pas de nettoyer elle-même ses appartements. Mais, ce qui est plus rare encore, elle cachait, sous la délicatesse des formes et les grâces de sa personne, une force prodigieuse; elle maniait dans sa main un arc qu'à peine un des plus vigoureux archers de son père pouvait soulever. Djounouka avait reçu de Mahadeva ou Siva cette arme merveilleuse, et jaloux de garder près de lui sa fille, par une condition qui n'est pas sans analogie avec celle qu'OEnomaüs imposait aux prétendants d'Hippodamie, il avait déclaré qu'il ne donnerait sa main qu'à celui qui serait capable de bander cet arc. Rama, et un roi nommé Ravana, que nous allons faire connaître, entrèrent en lice. Rama vainquit son rival, et obtint, pour prix de sa vigueur, la belle Sita comme épouse. Ravana frémit de rage en se voyant frustré de l'objet de ses vœux, et il jura de se venger un jour de l'outrage qu'il avait reçu.

Ce personnage, qui forme l'antagoniste de Rama dans l'histoire de l'avatar qui nous occupe, s'offre à nous sous les traits sous lesquels se sont déjà offerts tant de tyrans vaincus par Vichnou. C'était un de ces Hindous qui, à force d'austérités et de pénitences, avaient contraint Brahma de satisfaire leurs souhaits orgueilleux et impies.

Ravana était né avec dix têtes. Par un excès inouï de dévotion, il en abattit neuf en l'honneur de Mahadeva, et il était sur le point de couper la dernière, lorsque, transporté d'admiration pour un pareil acte de mortification, le dieu lui demanda quel était l'objet de ses désirs, et lui dit qu'il était prêt à les satisfaire. Ravana répondit que c'était la domination universelle ; il l'obtint, et devint, comme tous ceux qui avaient élevé de semblables souhaits, un exécrable tyran.

Ravana régnait à Lanka, ville de Ceylan ; il retourna dans ses états pour préparer l'exécution de ses projets de vengeance. Ce n'était pas d'ailleurs de Rama seul qu'il voulait se venger, c'était encore de Lakchmana, le frère bien-aimé de ce dernier, qui, repoussé par Sourpanoukha, sœur de ce tyran, à laquelle il avait adressé une demande d'hyménée, lui avait, assez peu galamment, fait couper le nez et les oreilles. Ravana marcha donc, entouré de tous les siens, contre son rival et contre l'amant de sa sœur ; mais son expédition n'eut d'autre résultat que de livrer trois de ses frères aux coups victorieux de Rama.

Ravana ne sentit que trop la supériorité de son ennemi, et il ne songea plus à ravir par la force celle qu'il poursuivait de son amour et de ses désirs ; il attendit donc que l'occasion lui fût fournie d'enlever Sita. C'est alors que, frustré de la couronne, ainsi que nous l'avons dit plus haut, Rama se retira au fond d'une forêt, avec sa bien-aimée et son frère Lakchmana, pour s'y livrer aux austérités de la vie ascétique.

Ravana jugea alors le moment opportun pour mettre ses projets à exécution. Il prit la forme d'un daim d'une extraordinaire beauté, et se plaça devant la hutte qu'habitait le pieux couple. Les formes pleines de grâce et de noblesse de cet animal attirèrent l'attention de Sita. Elle manifesta à son époux le désir d'avoir sa peau pour en composer un vêtement. Rama ne pouvant rien refuser à son amante, il se mit à poursuivre le daim jusqu'à une grande distance, au plus épais de la forêt ; mais retournant subitement sur ses pas par un autre chemin, Ravana reparut devant la hutte où était restée Sita, et enleva celle-ci dans les airs, en poussant des cris de triomphe.

Quelle fut la douleur de Rama, quand il revint à sa demeure, sans avoir pu atteindre sa proie, et qu'il n'y trouva plus son épouse! Quelle fut sa rage, quand il sut qu'il avait été victime de l'infâme stratagème de son rival! Quels ingénieux moyens il inventa, lui et son frère Lakchmana, pour retrouver la trace du ravisseur! Mais celui-ci avait fui à travers les airs, et rien ne révélait la route qu'il avait tenue dans sa fuite. Ravana avait emmené dans son île, par delà les bornes de la terre, la bien-aimée du fils de Kausalya. Avide de vengeance, ce héros alla implorer le secours du roi des singes, habitants des montagnes, Sougriva, qui descendait du soleil. Quels étaient ces singes? Sans doute des montagnards laids et difformes, mais braves et rusés, qui se donnaient entre eux ce surnom, comme dans l'Amérique du Nord certaines tribus se baptisent encore des noms de serpents, d'ours, d'aigles et autres animaux. Sougriva lui envoya une armée de ses guerriers, à la tête desquels était Hanouman, non moins renommé par son génie que par sa rare intrépidité. A cette troupe se joignit celle des ours, sans doute une autre peuplade hindoue de ce nom, commandée par Jambavanta. Réunis à Rama, ces soldats d'un nouveau genre, mais d'une valeur éprouvée, marchèrent contre le tyran de Lanka.

Après bien des difficultés, des dangers courus, et des privations de tout genre, ils parvinrent à la côte qui fait face à Ceylan, et furent arrêtés par le bras de mer qui sépare cette île du continent. Il fallait absolument le traverser, car ils avaient été formellement avertis par un vautour, Sanpout, que c'était bien dans cette île qu'était caché le tyran, avec celle qu'il avait séduite. On délibéra : les singes proposèrent de jeter un pont sur les eaux; projet difficile qui reçut toutefois l'assentiment du conseil des guerriers. Les singes et Hanouman, leur chef, se mirent à l'œuvre, et, grâce à leur activité, un pont de rochers se trouva bientôt construit de l'un à l'autre rivage. Si l'on en croit les Hindous, les débris de ce prodigieux ouvrage subsistent encore sous le nom de pont d'Adam. Des rochers furent, disent-ils, apportés par les singes jusqu'à une distance de soixante-quatre milles à la ronde, tantôt sur leurs bras, et tantôt sur leur tête ou sur leurs épaules, quelquefois même sur le bout de leurs doigts.

Pendant que les singes accomplissaient ce prodigieux travail, Rama, impatient d'avoir des nouvelles de la belle Sita, cherchait à hâter le moment où il pourrait en envoyer demander. Le sage Jambavanta remarqua qu'on pouvait franchir l'espace de sept à huit cent milles qu'il leur restait encore à terminer; mais il se refusa à en faire l'épreuve, ne trouvant plus dans son corps déjà vieux l'agilité nécessaire pour accomplir un pareil saut. Sollicité par Rama, Hanouman consentit à le tenter; il monta sur le sommet d'une colline, et après avoir pris les conseils du sage Jambavanta, il s'élança dans les airs. En vain, dans sa course aérienne, les démons s'efforcèrent-ils de le séduire et de le distraire de son courageux projet; il alla tomber dans Lanka, ainsi qu'il l'avait espéré, et une fois remis de son élan, il courut dans le voisinage du lieu où l'épouse de Rama était retenue captive. Il s'introduisit dans les jardins du palais du tyran, et y trouva Sita triste et pensive; puis lui adressant la parole, il apprit d'elle les barbaries de Ravana. Transporté d'indignation et de fureur, Hanouman, oubliant un peu sa sagesse et sa modération habituelles, se mit à arracher les arbres, à détruire les parterres, en un mot à ravager totalement le jardin. Ravana, à qui l'on rapporta cette dévastation, envoya en toute hâte ses gens pour saisir le singe, mais l'animal les mit tous à mort. Alors le tyran lança contre lui son propre fils, qui, après un terrible combat, parvint à le saisir, à l'aide d'armes enchantées, et à mettre le feu à sa queue; funeste manière d'user de la victoire, qui tourna contre le vainqueur lui-même, car Hanouman courut ainsi en feu dans Lanka, et y porta partout l'incendie. C'était une ruse du malicieux singe, qui, voyant ensuite Ravana donner l'ordre qu'on enveloppât sa queue de linge et d'huile, se mit à l'allonger indéfiniment et à produire ainsi une flamme démesurée. Hanouman mit de la sorte le feu à toute la ville, et alla ensuite se plaindre à Sita de ce qu'il ne pouvait éteindre la flamme de sa queue. Celle-ci la dirigea alors vers lui, de façon qu'il pût cracher dessus, et c'est en crachant de la sorte qu'il produisit ces moustaches, caractère aujourd'hui distinctif de la race des singes.

Il est inutile d'ajouter que cette mission d'Hanouman est une fable ridicule que l'imagination populaire a mêlée, ainsi que bien d'autres, au fond beaucoup plus sérieux de cette histoire héroïque.

Ayant accompli l'objet de sa mission, Hanouman revint sur le continent, et trouva Rama qui avait presque achevé ses dispositions pour attaquer le tyran. Bientôt les deux armées se trouvèrent en présence; un des généraux de Lanka, nommé Coumbhoukourma, qui était le propre frère de Ravana, fut opposé à Rama et à ses singes. Ce géant est une sorte de Gargantua qui nous apparaît comme un des héros de ce temps. A peine était-il né qu'il engouffrait déjà dans son énorme gosier tous les objets qu'il rencontrait. Un jour il avait dévoré cinq cents des épouses du dieu Indra, le roi des cieux; une autre fois il en fit autant des femmes de cent sages, accompagnées du même nombre de vaches. A un certain repas, il avala six mille vaches, dix mille moutons, autant de chèvres, cinq cents buffles, cinq mille daims, et but cinq mille muids de boisson. Et après un pareil repas, il se plaignait encore à son frère de n'avoir été qu'à moitié rassasié! D'une grandeur démesurée, lorsqu'il se couchait il occupait toute l'étendue de sa maison, qui avait vingt milles de longueur.

Tel était l'ogre que Ravana opposa à l'armée puissante de Rama. A peine le combat eut-il commencé, que Coumbhoukourma fit une charge désespérée sur les légions serrées des singes, saisit des bataillons entiers les uns après les autres, et en quelques minutes, comme la cigogne avec les grenouilles de la fable, il les avala tous.

164 RELIGIONS DE L'INDE.

Rama eût été perdu, si le général de Lanka eût uni une prudence égale à son courage. Mais, tout fier de son succès, ce géant ne songea plus à assurer ses principaux points, et à achever, par ses dispositions, d'anéantir le reste de ses ennemis. Le héros d'Ayodhya vit la faute, et en profitant habilement, il se précipita sur Coumbhoukourma avec ses bandes de singes, et le tua.

Ce combat fut riche en exploits et en hauts faits de tout genre. Les démons et les Rakchasas, sorte de géants et de vampires, à la race desquels appartenait Ravana, firent des prodiges de valeur en luttant contre les ours et les singes. On voulut aussi user de ruse et de moyens surnaturels. Plus d'un guerrier parut avec des armes enchantées; mais il s'adressa souvent à un ennemi qui avait eu recours au même moyen. Entre tous les guerriers on remarqua surtout Hanouman; à côté de lui commandèrent Lakchmana, Jambavanta, Oungoud, Noul, Nîl, et Bhibikhan ou Vibichana, frère de Ravana, qui avait déserté la cause de ce monstre.

Dans les rangs des chefs de Lanka on distinguait Meghnaoud, fils de Coumbhoukourma, Ouni, Oukpan, et Tikaï. Meghnaoud fut opposé à Hanouman. Chacun d'eux reçut d'horribles blessures, qui eussent suffi pour tuer cent guerriers de vulgaire complexion; mais les deux héros étaient d'une nature surhumaine. Meghnaoud lançait des traits enflammés qui s'élançaient dans les airs comme des serpents; Hanouman répondait par des quartiers de rocher. Les attaques du premier furent repoussées par les troupes de singes, aussi nombreuses que les sauterelles du désert; celle du second par des haies de chars de feu. Meghnaoud voyant que tous ses efforts échouaient devant le courage et la force d'Hanouman, dirigea ses coups contre Lakchmana, et l'étendit roide mort. Cet événement plongea l'armée de Rama dans la consternation. Un seul remède pouvait rappeler la victime à la vie : c'était la feuille d'un arbre particulier qui croît à une grande distance sur une montagne, et qu'il fallait, pour que son application produisît son effet, placer sur les blessures avant le lever du soleil. Hanouman, qu'aucune difficulté n'arrêtait, entreprit d'aller cueillir la feuille salutaire, mais Ravana, qui avait été instruit de la possibilité que Rama avait encore de ressusciter son frère, fit lever le soleil à minuit. La ruse était capable de mettre en défaut tout autre général qu'Hanouman. Notre héros singe ne se déconcerta pas. A peine eut-il aperçu les avant-coureurs de l'arrivée du dieu de la lumière, que voyant qu'il n'avait pas le temps de cueillir la feuille en question, il arracha l'énorme montagne de sa base, la saisit d'une main, et plaça sous son autre bras Sourya, avec ses sept chevaux et son char magnifique. Il empêcha de la sorte que la nuit ne finît plus tôt qu'il n'était utile à ses fins, et arriva à temps pour sauver Lakchmana. En vain à son retour un Rakchasa chercha-t-il à lui barrer le passage, il le mit à mort d'un seul coup.

Après le trépas de Coumbhoukourma, Meghnaoud prit le commandement des forces de Ravana. Monté sur un char de feu, quoique invisible, il enveloppait ses ennemis dans des nuages brûlants. Dieu, singes, ours, tout, excepté Jambavanta, fut frappé de ses traits enflammés. Meghnaoud lança contre ce puissant guerrier le trident qu'il brandissait à la main ; mais celui-ci en évita le choc avec l'agilité d'un ours, et saisissant l'arme meurtrière, il en perça à son tour le chef redoutable de Lanka, puis, le saisissant par la jambe, il le lança dans les murs de cette ville ; imprudent acte de jactance indigne de la prudence habituelle de Jambavanta ! Meghnaoud n'était pas mort ; malgré sa mutilation et ses blessures, ne respirant que la vengeance, il sortit de la ville, tomba en furieux sur l'armée de Rama, et y causa d'affreux ravages ; enfin il périt à son tour sous la main de Lakchmana.

Une fois Meghnaoud mort, il fallait un autre chef à l'armée ébranlée de Ravana ; ce fut Mehrawoun, second frère du tyran, roi du Patala, c'est-à-dire de l'enfer. Il surprit le camp de Rama minuit, fit prisonniers ce héros et son frère Lakchmana, et les emmena tous deux aux infernales régions, pour les immoler. Mais au moment où le glaive de Mehrawoun se levait sur la tête de ces deux héros infortunés, Hanouman apparut tout à coup, les délivra, et, pour se venger, porta dans le Patala le trouble et la désolation.

Une autre lutte, non moins sanglante, recommença entre les deux armées : les cieux étaient tout illuminés par l'éclat des chars enflammés et des dards de feu qui tonnaient et sillonnaient l'air dans tous les sens. Parfois aussi le ciel était complétement obscurci par des nuages de traits et de projectiles. Dire le nombre de membres percés, coupés, arrachés, de têtes emportées, ce serait un calcul impossible. Lakchmana perdit de nouveau la vie. Ravana, qui combattait à la tête de ses propres soldats, faisait des prodiges incroyables de valeur; il dirigeait des charges si terribles sur les bataillons de Rama, qu'elles étaient capables d'effrayer les plus braves et qu'Hanouman un instant tourna les talons. Ravana le saisit alors par la queue, le ramena ainsi sur la lice et le força de continuer le combat. Tous deux tombèrent en même temps à terre.

Abrégeons des détails qui sont innombrables dans les livres hindous. Les peuples des bords du Gange ne se lassent pas de raconter les moindres circonstances de cette bataille fameuse. Après une lutte analogue à celle dont nous venons d'esquisser les principaux traits, lutte qui dura sept jours, et qu'il en faudrait autant pour redire, Rama arracha la vie à son féroce adversaire. Il apprit que le nombril du géant renfermait une portion de l'amrita, cette liqueur qui donne l'immortalité, et que c'était à cette circonstance que tenait l'invincibilité de Ravana. Il dirigea donc contre le nombril de celui-ci une flèche enflammée, qui le perça de part en part et fit jaillir l'immortel liquide dont dépendait la vie du géant. En ce moment la terre trembla, et des présages solennels apprirent au monde la fin de cet être extraordinaire.

On voit que les Hindous ont partagé avec bien d'autres peuples la croyance que la nature s'est émue à la mort de certains héros, comme si les lois de la nature, fixes et immuables comme leur auteur, dépendaient du caprice de nos actions ou des chétifs événements de notre globe. Le soleil, en voilant sa lumière de douleur, apprit aux Romains que leur roi était monté au ciel sous le nom de Quirinus. Quand César expira, mille présages, dit-on, effrayèrent les Romains.

« O toi, soleil, tu gémis aussi sur la destinée de Rome, lorsque César expira, tu voilas ton front radieux d'un nuage épais. Les générations impies craignirent qu'une nuit éternelle n'environnât la terre. Alors la terre et la mer annonçaient de funestes événements... On entendit un bruit d'armes retentir dans toute la Germanie, et les Alpes chancelèrent sur leur base, d'une manière inconnue[1]. »

Ce tableau, tracé par Virgile, en rappelle un autre qui n'est rien autre chose qu'une image poétique habituelle au génie oriental, mais qui n'en a pas moins été pris pour une réalité, longtemps entouré d'un respect superstitieux et accepté avec une foi aveugle. Quand le Christ expira sur la croix, l'Évangile nous dit que d'étonnants prodiges annoncèrent au monde la mort de l'homme-Dieu. Le soleil s'obscurcit et la terre trembla.

Toutes ces fables ont la même origine ; elles s'expliquent par l'idée fausse que les premiers peuples se faisaient des lois de notre univers, qu'ils réglaient sur les révolutions de la

---

[1] Ille etiam extincto miseratus Cæsare Romam
Cum caput obscura nitidum ferrugine texit,
Impiaque æternam timuerunt secula noctem.
Tempore quanquam illo tellus quoque et æquora ponti
Signa dabant........................
Armorum sonitum toto Germania cœlo
Audiit, insolitis tremuerunt motibus Alpes, etc.

terre, elle qui n'est qu'un point, un atome sans importance, au milieu de l'espace!

A peine cette terrible bataille fut-elle terminée, qu'Indra apparut et répandit sur les morts dont était jonchée la terre l'eau de vie; celle-ci les rappela tout à coup à la lumière; mais les Rakchasas ou démons, restèrent seuls gisants sur le sol.

Rama, impatient de revoir sa bien-aimée, ne perdit pas de temps et expédia à Lanka son fidèle Hanouman. Mais Sita, avant de voler dans les bras de son époux, dut prouver, par l'épreuve du feu, son innocence et sa pureté; antique et barbare usage, qu'on retrouve chez tant de peuples, et qui existait encore chez les chrétiens du moyen âge. Rama plaça sur le trône de Lanka le frère de Ravana, Vibichana, qui s'était tourné contre le tyran; quant à lui, satisfait d'avoir retrouvé son épouse, accompagné de Sougriva, de Javana, de Noul, de Nil, d'Ounyad, il revint dans Ayodhya, où il fut reçu par ses sujets avec les marques les moins équivoques d'amour et de fidélité. Il régna dix mille ans, et après avoir laissé la couronne à ses deux fils, il fut enfin admis dans le ciel de Vichnou.

CHAPITRE DIXIÈME.

Le Ramayana. Valmiki, auteur de cette épopée. — Hanouman. — Culte de Rama.

Nous venons d'esquisser les exploits de l'Hercule indien. Rama offre, en effet, plus d'un trait de ressemblance avec le héros grec. Hercule et ses Cercopes, peuple singe des îles Pithécuses, sont bien l'image du fils de Kausalya, qu'environnent les soldats d'Hanouman.

Dans cette guerre de Rama contre Ravana, il faut voir une des dernières luttes que les sectateurs de Vichnou livrèrent contre le sivaïsme, qui succomba enfin. Siva paraît n'avoir pas été adoré seulement dans l'Himalaya : son culte était aussi répandu dans les montagnes de Ceylan et peut-être sur la côte du Coromandel, où il aura été porté de bonne heure; peut-être encore, après bien des guerres, est-ce là que se retirèrent les derniers saïvas, traqués par les vichnaïvas vainqueurs. Toujours est-il que Ravana est un sectateur de Siva, et Rama une incarnation, c'est-à-dire un serviteur, un guerrier-prêtre de Vichnou, regardé comme le dieu incarné lui-même. Toutefois Rama, victorieux, élève lui-même un temple au dieu Siva, auquel il enlève la première place, mais dont il redoute la puissance et qu'il accepte dans son Panthéon. Quant aux sectateurs de Siva, ils sont peints par les vichnaïvas comme des Asouras, des Rakchasas, des Pisatchas, des serpents, c'est-à-dire des génies mauvais et des démons; toujours en vertu de ce même fait observé dans l'histoire de toutes les religions, que les dieux vaincus et leurs sectateurs deviennent les démons et les esprits malfaisants des religions triomphantes.

La plus ancienne et la plus belle des épopées écrites en langue sanskrite, le Ramayana, nous a fourni les principales couleurs du tableau de l'expédition fabuleuse de Lanka. C'est à Valmiki que la tradition attribue la rédaction de ce poëme sublime, et telle est l'admiration inspirée par cette œuvre du génie oriental, qu'on n'en permet pas la lecture aux soudras, la dernière des castes des Hindous, de crainte que cette lecture n'élève leur intelligence au-dessus de celle qui convient à leur classe. Un brahmane, disent les Hindous, acquiert en lisant le Ramayana le savoir et l'éloquence ; le kchatriya, la domination ; le vaisya, la science de la fortune ; quant au soudra, il deviendrait, en entendant ces divins slokas, un génie supérieur.

On ne saurait fixer un âge précis à Valmiki, que l'histoire de Brahma nous a représenté comme une incarnation de ce dieu. Les Hindous disent que ce roi de la poésie, d'après les ordres du Tout-Puissant, chanta les quatre premières incarnations de Vichnou arrivées dans le satya-youga, et les deux du tetra-youga, dont il fut témoin oculaire ; qu'enfin, par un mouvement prophétique, il composa le Ramayana, longtemps avant la naissance du héros qui y était célébré. Il est inutile de dire que cette tradition ne peut être fondée, et que Valmiki, ou le rédacteur principal du poëme quel qu'il puisse être, ne doit pas avoir précédé les événements qu'il raconte. Il existe dans l'Hindoustan deux versions différentes du Ramayana, qui sont loin d'être conformes entre elles. Celle qui est adoptée dans les provinces du nord paraît d'une rédaction plus ancienne que celle des provinces du sud. On peut néanmoins assurer que cette magnifique épopée remonte au moins au sixième ou septième siècle avant notre ère.

Arrêtons-nous quelques instants sur un des principaux personnages mythologiques que nous venons de voir jouer un rôle dans la fameuse guerre contre Ravana.

Hanouman est un héros, quoique singe ; mais dans l'Inde cet animal est regardé comme le symbole de l'habileté et de la finesse, et les adorateurs de Rama pensent que ce dieu lui-même revêtit cette forme bestiale dans cette mémorable expédition. Objets de vénération, divers singes sont même nourris aux frais de la population, en l'honneur de Rama, par des brahmanes, qui n'ont pas d'autres soins. La mère de notre guerrier-singe était Oundjouna, femelle célèbre de cette espèce. On rapporte sur elle une fable digne de figurer à côté de l'anecdote antique de Junon, produisant la voie lactée avec une goutte de son lait. Cette fable dit qu'avec le lait échappé de sa mamelle, Oundjouna inonda et renversa la chaîne hindoue des monts Ghauts. Quant au père d'Hanouman, on l'appelait Pavana; c'était le dieu des vents.

Selon le dire de certaines sectes, Hanouman n'était autre qu'une incarnation de Siva lui-même. Les austérités d'Oudjouna avaient valu à cette femme l'honneur de porter ce dieu dans son sein.

Hanouman est, avec Garoudha, le chef des Souparnas ou oiseaux divins, un des fidèles serviteurs de Vichnou, l'un de ses ministres les plus zélés, et c'est comme tel qu'il le suit sur la terre, dans son incarnation de Sri-Rama.

Ce héros singe porte aussi le nom de Marouti, et il est regardé, ainsi que son père Pavana ou Vayou, comme le roi des vents. L'adoration des vents se rattache au culte primitif de l'Hindoustan : elle apparaît clairement dans les lois de Manou, où les vents sont invoqués sous les noms de Marouti; leur chef est Marouta ou Vayou.

Hanouman passe aussi pour un habile musicien, et l'un des quatre systèmes de la musique indienne, dont il fut l'inventeur, porte encore aujourd'hui son nom. Son culte est extrêmement répandu et ses images se rencontrent dans tous les temples. Les Hindous lui adressent des prières le jour anniversaire de leur naissance, afin d'obtenir de lui une longue vie. Il est le dieu des entreprises, lui qui ne recula devant aucune, quelque difficile qu'elle fût, et qui les mena toutes à bonne fin. On offre comme tel à ce singe divin des oblations durant la nuit, car la nuit porte conseil.

172   RELIGIONS DE L'INDE.

Hanouman est représenté parfois seul ; mais plus souvent il paraît au milieu de l'expédition dans laquelle il déploya des prodiges d'audace, de valeur et d'adresse. On le voit entouré des Yakchas ou gnomes, gardiens des trésors; des Apsaras, nymphes ou bayadères célestes; des Gandharbas, musiciens de la cour des dieux; des Kinnaras, génies à la tête de cheval ; des Rakchasas, sorte de vampires géants; des ours, des singes ; toutes classes de créatures surhumaines, qui prirent part à cette terrible lutte, dans l'un ou l'autre rang.

Quand Hanouman est figuré seul, comme une divinité, il porte dans la main droite le padma ou le lotus, et de la gauche le chank. A l'extrémité de son énorme queue est une petite sonnette, à laquelle on attribue la propriété de chasser les mauvais esprits. De là l'usage répandu dans l'Hindoustan, de se servir de sonnettes dont le manche représente Hanouman, sonnette que ne manque pas d'agiter, dans la cérémonie du Poudja (oblation à Rama), le sectateur du héros d'Ayodhya.

Les aventures de Rama, et surtout la guerre de Lanka, forment le sujet d'une foule de peintures et de sculptures qui couvrent les temples et les monuments de l'Hindoustan. Bien plus, elles sont figurées aux fêtes du dieu, dans des représentations scéniques, parmi les chœurs de danse et au bruit des instruments guerriers. Dans les tableaux, Rama est ordinairement peint nu ou demi-nu, aussi bien que sa femme ; la couleur de sa peau est verte; mais les Hindous, qui paraissent avoir peu distingué la différence du vert et du bleu, l'appellent *corps bleu*, de même que Vichnou et Crichna. Il porte un arc et des flèches, quelquefois aussi le glaive et la massue. Sita, qui l'accompagne fort souvent, est blanche et belle, comme l'indique son nom.

Les adorateurs particuliers de Rama ou *ramanoudj* constituent une des deux grandes divisions de la secte des vichnaïvas; ceux de Crichna, l'incarnation de Vichnou, que nous exposerons dans les chapitres suivants, forment la seconde. Les ramanoudj se distinguent eux-mêmes en trois classes : les adorateurs exclusifs de Rama, ceux de Sita, et ceux de Sita et de Rama réunis.

C'est principalement sur les bords du Godavery, fleuve qui traverse le Dekhan et le Nagpour, et va se jeter dans le golfe du Bengale, au-dessous de Radjahmondry, que le culte de Rama est répandu. C'est là que tout rappelle les épisodes du Ramayana; depuis les cavernes de Nasouk, dont le nom, qui signifie nez, est une allusion au cruel traitement par lequel Lakchmana se vengea du dédain de Sourpanourka, jusqu'à la caverne de Sita, autour de laquelle le frère de Rama appelé par le perfide Ravana, traça, suivant une légende, un cercle magique, cercle que ne put franchir le Rakchasa, qui convoitait la belle épouse de Rama; mais cette précaution fut rendue vaine par un stratagème du monstre. Sous la figure d'un pauvre brahmane, il vint solliciter la compassion de la bonne Sita, qui sortit par mégarde du cercle enchanté, et fut enlevée par Ravana. Telle est une autre version de l'enlèvement de l'épouse de Rama, qui a aussi cours parmi les Hindous.

Rama a imprimé, par ses hauts faits, un caractère sacré au Godavery, analogue à celui dont est entouré le Gange. C'est dans les eaux de ce fleuve que les prêtres adorateurs de cette incarnation font précipiter leurs os; c'est sur ses rives que s'élèvent en son honneur de superbes temples. Le plus fameux de tous est celui de Ranmaghour.

Ce magnifique monument, dû à l'infortuné radjah Cheyt Singh, est un des chefs-d'œuvre architectoniques de l'Hindoustan. Les quatre façades sont décorées d'innombrables sculptures. Celle qui est dirigée vers le sud représente, au centre de la rangée supérieure, Dourga terrassant le géant Mahéchasoura; et de chaque côté trois dévots en adoration. Au centre de la rangée de sujets qui est placée au-dessous de cette première, sont plusieurs aventures de Crichna, et dans les compartiments situés à la gauche, Ganesa et Cartikeya; dans ceux de la droite, Hanouman, et Mongoula, le Mars hindou monté sur un bélier. Dans les rangées inférieures on a représenté des éléphants.

Ces temples élevés en l'honneur de Rama, et qui forment une des principales branches des monuments religieux du vichnouïsme, sont d'une époque de beaucoup postérieure à ceux bâtis par le sivaïsme, par exemple les grottes de Kenneri, de Salsette et d'Éléphanta. L'un des plus anciens des édifices de cette seconde période religieuse de l'Hindoustan sont les grottes d'Ellora dans le Dekhan, à quelque distance d'Aurengabad. Elles offrent, pour nous servir de l'expression du savant M. Guigniaut, une représentation architectonique et plastique des Pouranas et surtout du Ramayana.

CHAPITRE ONZIÈME.

Huitième avatar. — Crichna. — Sa naissance. — Ses premiers exploits.

La huitième incarnation, qui est celle de Crichna, dépasse encore en renommée celle de Rama, que nous venons d'exposer dans les chapitres précédents. Ce personnage excite chez les Hindous une admiration, un enthousiasme, souvent portés jusqu'au délire, et les femmes lui ont voué surtout un culte particulier. Vichnou est regardé comme s'étant manifesté par cet avatar dans toute la magnificence de son nom et l'éclat de sa puissance, descente dans laquelle il a été accompagné des autres dieux indiens ; tandis que dans les avatars précédents, ce n'était réellement qu'une portion de son être qui avait revêtu l'existence et la vie corporelles. Néanmoins la cause qui l'a déterminé à s'incarner a toujours été la même : c'est la délivrance des créatures, la destruction des tyrans, des oppresseurs et des impies. Tant de faits se sont accomplis durant sa mission, tant d'événements se pressent dans la biographie de Crichna, que les brahmanes affirment que, lorsque même la mer entière serait d'encre et la terre de papier, et que quand même tous les habitants de celle-ci ne feraient qu'écrire pendant l'espace de cent mille ans, il serait impossible de coucher par écrit toutes les merveilles que ce héros opéra pendant les cent années de son règne. Tel est le mérite que ces mêmes brahmanes prêtent à la lecture de la vie si bien remplie du divin personnage, qu'ils assurent que les portes du ciel s'ouvriraient immédiatement à celui qui en aurait lu avec dévotion les innombrables circonstances, et que les misères de la transmigration à travers d'autres corps lui seraient ainsi épargnées.

Un tel avertissement de la part de la caste savante découragera peut-être un peu le lecteur. Qu'il se rassure toutefois : au risque de le frustrer du paradis d'Indra et d'allonger un peu ses migrations de bête en bête, nous allons abréger l'histoire du dieu incarné, et réduire à quelques pages ces volumes sans fin, qui nous inspireraient plus souvent le rire et le dégoût, que l'enthousiasme et la dévotion.

Comme notre héros est hindou, on présume bien qu'il ne se contente pas d'un seul nom. Il a comme les autres dieux sa kyrielle obligatoire; il partage avec Vichnou, incarné en lui, les noms de Mouravi, Heri, Madhava, Bhagavan. Il porte en outre ceux de Govinda, de Gokala, Yadava, Varchneya, Vasouda.

Crichna est né à Mathoura, de Dévaki, femme de Vasoudeva et sœur du roi Kansa. Longtemps avant la naissance du céleste enfant, lors des noces de son père et de sa mère, sa venue avait été prédite au tyran de Mathoura. On lui avait annoncé que le huitième enfant né du mariage de sa sœur le priverait de la couronne et de la vie, et deviendrait souverain de Mathoura à sa place. Ce géant cruel, pour se soustraire à la destinée dont le menaçait cette fatale prophétie, fit enfermer Dévaki, et chaque enfant qu'elle mettait au jour était impitoyablement mis à mort. La princesse accoucha successivement de cinq fils et d'une fille, qui furent de la sorte massacrés en présence de l'odieux Kansa. Mais lorsqu'elle fut devenue enceinte du septième, une voix se fit entendre du ciel, qui ordonna que le germe contenu dans le sein de la mère fût porté dans celui d'une autre femme nommée Rohini, qui donna naissance au troisième Rama, appelé Bala Rama, et qui fut le frère aîné de Crichna. Enfin, quand le temps marqué pour la venue du huitième enfant fut accompli, le tyran donna des ordres sévères et aposta des gardes, pour ne pas perdre de vue Dévaki à l'instant de sa délivrance. Mais on dit que les gardes placés dans ce dessein furent étourdis, au moment important, par un bruit d'instruments; la chambre de Dévaki s'illumina d'une soudaine clarté, et la princesse infortunée mit au jour, sans douleur, un fils d'une merveilleuse beauté, auquel Siva donna sur-le-champ le don de la parole. En effet l'enfant divin, aux lamentations de sa mère, qui se désolait de voir ce nouveau fruit de ses entrailles tomber sous les coups de son barbare frère, répondit par les paroles suivantes, qui jetèrent les assistants dans la stupéfaction : « Cessez de pleurer, car j'échapperai au pouvoir de mon oncle, et je vous délivrerai de la prison dans laquelle il vous retient si inhumainement. » Alors se tournant vers son père, il lui ordonna de le porter dans la demeure d'un homme pieux nommé Nanda, et qui demeurait à Gokoula, puis d'échanger avec lui la fille dont venait d'accoucher Yasouda son épouse. Vasoudeva s'empressa d'obéir aux ordres de son fils, qui annonçait une sagesse si précoce; il s'échappa par la porte de la prison, quand les gardes furent endormis, et pour le laisser passer, la rivière Yamouna, qu'il avait à traverser, suspendit un instant le cours de ses eaux. Il opéra avec Nanda l'échange voulu, et ramena dans ses bras l'enfant voué à la mort à la place du jeune Crichna. Il était à peine entré dans le palais, que la petite fille, en s'éveillant, poussa les vagissements habituels aux nouveau-nés arrachés de leur sommeil. A ce signal accourut Kansa, qui était aux écoutes dans une salle voisine. Il se précipita dans l'appartement de sa sœur, arracha la petite infortunée des bras de Dévaki, et allait la mettre en pièces, lorsque, par un prodige nouveau, l'enfant s'échappa de ses mains, et se dressant elle-même sur ses petits pieds, lui adressa ces paroles terribles :

« Es-tu assez hardi, monstre, pour me mettre à mort? Apprends, scélérat, que je ne suis pas celui que tu désires; celui qui t'arrachera un jour le trône et la vie, vit en sûreté à Gokoula. » Si l'on en croit Vyasa, l'enfant miraculeux n'eut pas plus tôt prononcé ces paroles, qu'elle s'élança avec fracas dans les airs, et Mahadeva la reçut dans les cieux, et en fit la déesse des éclairs, déesse que l'on ne revit plus désormais, et qui est une des nombreuses formes de Dourga.

C'est ainsi que Crichna échappa à la fureur du monstre Kansa, sorte d'Hérode hindou, qui nous fournit le premier trait de ressemblance entre la vie du héros de Mathoura et celle de Jésus-Christ; ressemblance qui n'est pas indigne d'attention, quoiqu'elle ne semble guère que l'effet du hasard.

Toute cette légende présente une grande analogie avec plusieurs faits de la fable grecque. C'est d'abord Saturne dévorant ses enfants, et à la fureur duquel échappe son fils Jupiter, qui devait le détrôner. Si le stratagème à l'aide duquel on trompa le vieux Kronos n'est pas identique à celui dont Vasoudeva fit usage sur l'ordre de son fils, on retrouve au moins les instruments de musique des Corybantes.

Les prédictions d'enfants qui devaient tuer leurs parents, détrôner les rois, se réalisent toujours, malgré les efforts de ceux contre lesquels a prononcé l'oracle. L'histoire de Kansa est celle de Laïus et d'Acrisius : OEdipe et Persée accomplirent, quoi qu'on fît, les prédictions du sort.

Nous venons de dire que le personnage de Crichna offre dans sa vie quelques traits curieux de ressemblance avec Jésus-Christ. Mais il en présente aussi d'autres avec divers personnages du polythéisme grec. Il semble que les Hellènes aient puisé dans le mythe de Crichna un grand nombre de légendes qu'ils ont débitées sur le compte de leurs propres dieux. Ce fait est loin d'être impossible. Il serait cependant difficile de le démontrer complétement, et malgré l'influence certaine que les idées indiennes colportées dans la Grèce, l'Assyrie et l'Asie-Mineure, ont exercées sur la formation de la théogonie antique, il se peut aussi que ces ressemblances ne soient que fortuites. Toutefois si Anna Perenna, divinité latine, est née sur les bords du Gange, rien ne s'oppose à ce que Crichna ait été l'ancêtre partiel d'Apollon et de Jupiter. Nous allons développer d'ailleurs bientôt ces analogies.

Revenons à Crichna. L'enfant divin échappa donc aux soupçons cruels de son oncle; il vécut, et excita par sa beauté l'admiration de tous ceux qui le contemplaient. La finesse et la douceur de sa magnifique chevelure lui firent donner le surnom de Kessou ou Kesava. Le jeune dieu fut élevé comme le fils d'un pasteur ; il évita les nombreux périls qui lui furent suscités par le tyran, qui s'efforçait de découvrir dans Gokoula où vivait cachée la victime qui lui avait échappé. Kansa fit usage pour arriver à ses fins, de Poutina, que l'on représente tantôt comme sa nourrice, tantôt comme sa sœur aînée. Celle-ci, sous le déguisement d'une femme charitable, tendait son sein aux enfants de cette ville, et leur faisait boire un lait empoisonné. Crichna vint à son tour sucer la mort dans la perfide mamelle; mais, par un effet de la protection de Mahadeva, il teta avec tant de force, qu'il tira non-seulement le lait, mais encore le sang, et que la mégère tomba morte à ses pieds. En expirant, la géante reprit sa forme naturelle, et elle couvrit de son cadavre l'espace de douze milles carrés. Sa chute ébranla si fort les cieux, que les pasteurs de Gokoula s'imaginèrent un instant que la fin du monde était arrivée.

Kansa ne fut pas découragé en voyant avorter cette première tentative de meurtre contre Crichna; il eut recours à mille autres stratagèmes, qui furent constamment déjoués par la force herculéenne et la prudence ulysséenne du jeune dieu. Une première fois le fils de Dévaki écrasa les os du géant Sidhou, qui avait cherché à le tuer lui et son frère Bala-Rama, car on se rappelle que Rama avait aussi échappé, avant Crichna, à la vigilance de Kansa. Il tua ensuite Temavorot, qui, au milieu d'une affreuse tempête qu'il avait suscitée dans le ciel, avait saisi le dieu dans son berceau, durant son sommeil, et le tenait suspendu dans les airs. Le géant frappé de mort tomba avec fracas, faisant, comme Poutina, frémir la terre sous son énorme masse.

A ces exploits, Crichna joignait des espiégleries sans nombre, indices de sa valeur et de son génie futurs. Un jour qu'il avait ravi du lait appartenant à Yasoda, sa nourrice, celle-ci lui reprocha sa gourmandise, et regarda dans sa bouche pour y découvrir des traces du larcin qu'il s'obstinait à nier; mais Yasoda, avec une surprise mêlée de ravissement, au lieu d'apercevoir le fond du palais de Crichna, y contempla l'univers dans la plénitude de sa magnificence. Telle était la force du nourrisson merveilleux, que, dans une de ses colères enfantines, provoquées parce qu'à son réveil sa nourrice n'était pas présente pour lui donner son déjeuner, il mit en pièces un énorme chariot. Les serpents et les géants tombaient sous ses coups. Comme Hercule, qui au berceau étouffait des serpents, il se dégagea des replis du gigantesque serpent Caliya, qui infestait les bords de la Yamouna et en empoisonnait les eaux; il lui écrasa la tête et dansa dessus. Le géant Kesin, qui se montra à lui sous la figure d'un cheval, fut aussi sa victime, ainsi que deux autres géants : l'un, Arichta, prenait la forme d'un taureau sauvage, et l'autre celle d'un oiseau gigantesque qui voulait lui crever les yeux à lui et à son frère Bala-Rama. Il mit le feu aux entrailles de Panoura-Peck, géant alligator qui l'avait dévoré, et en fit autant de Panoura-Aghi, dragon qui l'avait aussi engouffré dans son estomac, comme jadis la baleine le fit pour Jonas.

Dans Crichna, combattant encore enfant les Asouras, mauvais génies regardés comme envoyés par Kansa, on doit voir un héros qui de bonne heure se valut un renom, en délivrant son pays des monstres qui l'infestaient, monstres que les Hindous timides et superstitieux regardaient comme des démons. On déifia de bonne heure les hommes courageux qui avaient osé lutter les premiers contre des bêtes féroces, et qui en avaient triomphé. Hercule, Thésée, Bellérophon, Samson, doivent être considérés comme des héros de cette espèce. Alors que les animaux sauvages encore nombreux promenaient en tous lieux le carnage et la terreur; lorsque le laboureur, qui défrichait un sol couvert de vastes forêts, se voyait sans cesse exposé à devenir la proie des bêtes fauves qui s'élançaient du fond des fourrés et des taillis, combien ne devait-on pas bénir ceux qui purgeaient la terre de ces animaux dangereux! L'imagination des âges suivants grandissait les proportions du héros; les bêtes qu'il avait vaincues devenaient des monstres hideux, des dragons gigantesques, et la fable, en embellissant ces légendes, leur faisait perdre à peu près leur caractère véridique.

Les exploits que nous venons de citer ne firent pourtant pas négliger à Crichna les soins de sa profession. Sa vie était celle d'un berger. Devenu, dit le Baghavata-Pourana, le chef d'un troupeau asile de la prospérité, riche en taureaux et en vaches blanches, il réjouissait des sons de sa flûte les bergers qui le suivaient. Unissant les grâces de Terpsichore aux charmes de Polymnie, il se livrait parfois à des danses joyeuses, et rendant, dit le même Pourana, hommage aux approches de la nuit brillant des rayons d'une lune d'automne, il marquait la mesure par ses chants, et charmait le cercle des femmes.

Écoutons le Vichnou-Pourana décrivant les occupations champêtres et enfantines du dieu et de son frère :

« Quand venait la saison des pluies, quand l'atmosphère chargée de sombres nuages se résolvait en ondées abondantes, quand les eaux des rivières se gonflaient et débordaient par-dessus les rives, image de l'heureux retour du sort qui transporte au delà des justes bornes le faible et le méchant; quand les feux purs de la lune se voilaient sous d'épaisses vapeurs, image des lumières de la sainte Écriture qu'obscurcissent les arrogantes railleries de l'impie; quand l'arc d'Indra gisait dans le vaste ciel (l'arc-en-ciel), élevé en haut comme l'homme indigne du haut rang que lui a accordé un prince imprudent; quand les lignes noires des cigognes se dessinaient sur le dos des mers, contraste aussi frappant que la conduite éclatante du sage et le faste insensé d'un manant; quand les feux capricieux de l'éclair se mariaient au bleu du firmament, symbole de l'amitié du scélérat et de l'homme respectable;

que la trace des sentiers s'effaçait dans les torrents d'eau, et qu'on n'en distinguait pas plus les contours, que l'opinion de l'ignorant ne peut s'apercevoir dans les paroles qu'il prononce :

» Alors Crichna et Rama son frère, accompagnés des jeunes bouviers, traversaient les forêts dont les échos répétaient le bourdonnement des abeilles et le cri du paon. Parfois ils chantaient ou dansaient en chœur. Parfois ils cherchaient sous les arbres un abri contre le froid, ou paraient leurs têtes de guirlandes de fleurs et de plumes de paon; ils se peignaient la figure des diverses couleurs que leur fournissaient les minéraux de la montagne; ou bien encore, quand ils se sentaient fatigués, ils se couchaient sur un lit de feuillage, et imitaient, dans leur joie bruyante, le fracas du tonnerre; parfois aussi ils excitaient à chanter leurs jeunes compagnons, et exprimaient avec leurs pipeaux le cri rauque du paon. Toujours unis de sentiments et de pensées, les deux frères erraient ainsi, heureux et folâtres, à travers les bois. Le soir, Crichna et Bala-Rama revenaient, comme les vaches et les pâtres, à l'étable; et de retour ils amusaient encore tous deux leurs jeunes compagnons. » (Vishnu-Purana, traduit en anglais par Wilson, p. 511.)

Ces descriptions sont fréquentes dans la vie de Crichna que renferme ce Pourana. L'automne est la saison durant laquelle ce livre sacré nous peint le plus souvent les occupations du jeune dieu.

Un de ces automnes, un soir que le ciel étoilé brillait dans tout son éclat, Crichna en revenant à Vradja trouva les pâtres occupés aux apprêts d'un sacrifice pour Indra, le dieu du ciel. Il demande le motif de ces préparatifs; il veut savoir quelle fête on allait célébrer. Nanda lui répondit qu'on allait honorer Indra ou Satakrata, le souverain des nuages et des eaux, qui fait subsister l'univers et veille sur les troupeaux. « Indra, reprit Crichna, est le dieu des pasteurs; mais vous n'êtes encore ni cultivateurs ni marchands. Écoutez-moi, et je vous enseignerai les principes des quatre sciences : la logique, l'écriture, l'économie et la politique. » Et il se mit à faire à Nanda un exposé du but et de l'utilité de ces connaissances. « Ce sont, ajouta-t-il en finissant, les montagnes et la terre qu'il faut honorer, et non Indra. Les esprits des monts sont puissants; ils parcourent les bois sous mille formes diverses, et métamorphosent en bêtes sauvages ceux qui leur déplaisent ou les offensent. Qu'avez-vous à faire avec Indra, le dieu du ciel? Offrez des oblations de lait au mont Govarddhana, et que les Gopis (les laitières) parent de fleurs les cornes de leurs vaches. Si vous agissez ainsi, vous vous ménagez la protection de la montagne, du bétail, et aussi la mienne. »

Nanda et les Gopis applaudirent à ce conseil, et les habitants de Vradja tournèrent désormais vers la montagne leurs vœux et leurs offrandes.

Ce récit du Vichnou-Pourana est extrêmement clair; il montre le changement de mœurs que Crichna opéra chez les Hindous de Vradja. Jusqu'alors exclusivement adonnés à l'élève des troupeaux, ils devinrent, par ses conseils, agriculteurs et commerçants. Ils abandonnèrent le culte d'Indra ou du ciel, le sabéisme, religion des peuples pasteurs, pour le culte des bois, des forêts, des montagnes et des bestiaux, religion des populations agricoles.

Néanmoins, en adoptant un culte nouveau, les Hindous redoutaient encore la divinité à laquelle ils avaient adressé si longtemps leurs adorations. Le moindre météore était pris par eux pour un signe du ressentiment d'Indra. Les orages qui dévastèrent le pays peu de temps après leur changement d'autels furent regardés comme une preuve de la colère du dieu abandonné. Un de ces météores nous est représenté, dans le Pourana, comme un déluge envoyé par le courroux d'Indra. Épouvantés, les pasteurs allèrent implorer le secours de Crichna; celui-ci, par un effet de sa force prodigieuse, prit le mont Govarddhana, l'enleva dans ses bras et le tint durant sept jours et sept nuits, pour servir d'abri aux pasteurs de

Gokoula, qui bravèrent ainsi, eux et leurs troupeaux, la vengeance inutile du dieu du ciel.

Pour rétablir la vérité historique, cachée au fond de cette fable puérile, il faut admettre que pendant des pluies, que les pâtres regardaient comme envoyées par la colère d'Indra, dont ils avaient abandonné le culte, Crichna creusa sous le mont Govarddhana une vaste caverne, qui servit d'abri au peuple, à ses troupeaux et à ses chariots. Rien n'est plus fréquent dans l'Inde que ces cavernes profondes, qui ont été les premiers temples des Hindous, les premières habitations de leurs prêtres. Peut-être cette légende se rapporte-t-elle à l'ouverture de la caverne de Mahabalipour, parmi les sculptures de laquelle on voit représenté cet exploit du jeune fils de Dévaki.

Après avoir prouvé par ce miracle toute l'étendue de sa puissance, Crichna fut regardé sans conteste comme une divinité puissante, comme le dieu qui veille sur les troupeaux. Une légende allégorique nous raconte comment Indra lui-même reconnut le nouveau dieu et lui céda une partie de ses droits. Elle est consignée dans le Vichnou-Pourana et nous montre avec évidence l'association du culte de Crichna au culte plus ancien des astres. Laissons parler encore le livre sacré :

« Après que Gokoula eut ainsi été sauvé de la destruction par la force de Crichna, Indra désira voir le héros : monté sur Airasvata, magnifique éléphant qui lui sert de vahan, il se transporta au mont Govarddhana, d'où il aperçut le puissant Damodara (Crichna), vêtu comme un pâtre et entouré des fils des pasteurs. Au-dessus de sa tête voltigeait le roi des oiseaux, Garoudha, qui est invisible aux immortels et qui étendait les ailes pour ombrager le front de Hari, c'est-à-dire de Crichna. « Écoute, dit le dieu au fils de Devaki, apprends pourquoi je suis venu ici : je suis charmé de l'action que tu viens d'accomplir, en opposant à mes nuages cette montagne, reine des autres monts. Je t'installe comme Oupendra (Indra inférieur), comme l'Indra des troupeaux; on t'appellera Govinda. » Après avoir ainsi parlé, Mahendra (le grand Indra) versa l'onde sacrée et effectua la cérémonie de l'aspersion. A peine ce rite eut-il été accompli, que les vaches inondèrent la terre de leur lait; autrement dit, c'est à partir de l'introduction du culte de Crichna, que les troupeaux fournirent aux Hindous une plus abondante nourriture.

Crichna paraît donc avoir été une des anciennes divinités des Hindous, adoptée par eux, quand leurs habitudes devinrent moins nomades, leurs demeures plus fixes. Celui qui avait protégé leurs troupeaux, qui leur avait enseigné les pratiques agricoles, fut regardé, dans la suite des âges, comme la divinité des troupeaux elle-même. Vivant sans cesse sur la cime des montagnes, sur la crête des rochers, les peuples pasteurs placèrent toujours leurs divinités sur la montagne même où paissaient leurs bestiaux. Ils s'imaginaient qu'un génie, un être bienfaisant, caché dans la partie la plus escarpée de leurs pâturages, veillait sur leurs génisses et leurs brebis; ils offraient à ces dieux pacifiques des oblations de miel et de lait. Tel a été Pan dans l'Arcadie, sur le mont Lycus; dans l'Italie, sur le mont Lucrétile; tels ont été, dans les Alpes, ces *suleves*, ces *dei campestres*, devenus, dans les modernes chalets de la Suisse, les *servants* et les *drôles*. Tel a été, à l'origine, Crichna lui-même.

Nous retrouvons presque tous les traits de ce dieu dans l'Apollon antique, avec lequel il ne serait pas impossible qu'il eût une certaine consanguinité. Apollon est en Arcadie le dieu des pasteurs; il avait été pasteur lui-même chez le roi Admète, comme Crichna chez Nanda; il était à la fois le dieu de la flûte, de la musique et le protecteur des troupeaux. Comme Crichna, il a tué, encore enfant, un énorme serpent, Python, qui est tout à fait l'analogue de Kaliya. Ce monstre, habitant des bords de la Yamouna, paraît n'avoir été, ainsi que Python lui-même, ainsi que l'hydre de Lerne abattue par Hercule, qu'une image des eaux stagnantes, des eaux desséchées, dont la présence répandait dans les contrées voisines des miasmes empestés. Les mythologues grecs nous disent en effet que Python était né après le déluge de Deucalion, inondation locale qui dut donner naissance à de nombreux étangs, causes de contagions et de fièvres. Crichna aura desséché les marais du Yamouna, comme Apollon dessécha ceux de Crissa. Peut-être aussi cette lutte contre le serpent n'est-elle qu'une des nombreuses répétitions du mythe du serpent, emblème du génie du mal vaincu par le génie du bien; fable qui a fait le tour de l'univers et dont des traces se retrouvent partout, plus ou moins altérées.

CHAPITRE DOUZIÈME.

Amours de Crichna avec les Gopis. — Départ du dieu. — Les plaintes des Gopis. — Prière d'Akroura à l'Être suprême.

Nous avons raconté les premiers actes de courage et d'adresse du fils de Dévaki, disons maintenant ses amours : Crichna nous est représenté sans cesse accompagné des Gopis, jeunes et jolies laitières qui environnèrent son enfance de leurs soins et de leur affection. Il se plaisait à folâtrer avec elles ; parfois même il s'amusait à désoler ces huit aimables jeunes filles par toutes sortes de ruses et d'artifices qui n'étaient pas toujours innocents, et déjà il annonçait les passions violentes qui devaient un jour enflammer sa jeunesse. Il est vrai qu'il leur prêtait aussi son puissant appui ; il les défendait, par exemple, contre le serpent Aghasoura, dans la gueule duquel les Gopis étaient entrées, croyant pénétrer dans l'antre d'une montagne. C'est entouré des Gopis que Crichna et son frère exécutaient la nuit, au clair de la lune, la danse *rasa*, danse que se plaisaient encore à former entre elles les laitières, après son départ. C'était avec ces jeunes filles que le jeune Vichnou incarné faisait entendre de mélodieux accents. Mais entre toutes ces beautés champêtres, une surtout avait fait impression sur son cœur ; c'est la huitième, la plus charmante de toutes, la divine Radha.

Les amours de Crichna et de Radha sont l'éternel thème des poëtes hindous ; ils constituent, pour les théologiens brahmaniques, l'image de l'amour de l'âme pour la beauté divine. De même, chez les chrétiens, le chant d'amour du roi Salomon, le Cantique des cantiques, est devenu la figure de l'hymen de l'Église et de Dieu, de Marie et de l'Esprit saint. Sans nous arrêter sur ce rapprochement, que nous ne faisons qu'en passant, remarquons cependant que l'esclavage des textes, le respect pour des écrits empreints de l'esprit d'un autre âge, pour des croyances surannées que l'on a répudiées, a produit le même effet dans l'Inde qu'en Europe. Forcés de conserver et d'adorer la lettre morte de compositions dues à des peuples simples et naïfs qui ignoraient les raffinements de notre intelligence et les susceptibilités de notre raison fortifiée, il a fallu, aux Hindous comme aux chrétiens, avoir recours à l'allégorie et chercher souvent un sens détourné, mais favorable aux modernes doctrines, dans des paroles, expression évidente et naïve d'autres mœurs et d'autres croyances.

Revenons aux amours de Crichna et de Radha ; ils sont décrits fort au long dans le huitième livre du Bhagavata-Pourana, et forment le sujet d'un charmant drame pastoral, Gita-Govinda, que Jayadeva écrivit avant notre ère.

Le fils de Dévaki coulait ainsi des jours fortunés au milieu des pasteurs et des vierges de Gokoula. Mais le moment approchait où, appelé à de plus hautes destinées, notre héros devait s'arracher à une vie si douce. Akroura, le fils de Swaphalka, vint visiter Crichna dans les champs de Nanda. Il arriva, dit le Vichnou-Pourana, un peu avant le coucher du soleil, au moment du traire des vaches. Il aperçut le jeune dieu au milieu des bestiaux ; il était beau comme la fleur bleue du lotus ; ses yeux rayonnaient de l'azur de cette fleur. Sa poitrine était large, ses bras longs, son nez bien dessiné ; sa figure pleine de charme brillait d'un joyeux sourire. Il marchait d'un pas assuré ; les ongles de ses pieds étaient teints en rouge ; de magnifiques vêtements jaunes entouraient son corps, que parait encore une guirlande de fleurs cueillies au sein des forêts ; à sa main étaient suspendues d'autres fleurs, et un chapelet de lotus blanc parait son front. Près de Crichna était Bala-Rama, aussi blanc que le jasmin, que le cygne et la lune, et vêtu d'habits bleus. Ses bras n'étaient pas moins puissants que ceux de son frère ; le lotus épanoui n'est pas plus beau ; tel s'élève le Cailasa, la cime ceinte d'une guirlande de nuages.

A la vue de cette double manifestation de la divinité, Akroura tressaillit de joie, et il invoqua le dieu puissant qu'il avait devant les yeux. Il entretint ensuite Crichna de l'objet de sa visite, et apprit au jeune pâtre divin les insultes dont le tyran Kansa s'était rendu coupable envers les siens. Crichna résolut de partir pour Mathoura avec son frère et les aînés des pâtres, et il jura d'exterminer dans trois nuits le tyran et ses adhérents.

Le lendemain le dieu, Akroura et Bala-Rama s'apprêtèrent à partir pour leur importante expédition. En le voyant prêt à les quitter, les Gopis éclatèrent alors en lamentations et en plaintes. Elles détachèrent les bracelets qui paraient leurs bras, et pleurant amèrement, elles s'écriaient : « Si Govindha part pour Mathoura, comment voudra-t-il revenir à Gokoula? Là ses oreilles seront séduites par la voix douce et harmonieuse des femmes de la ville. Accoutumé à leur gracieux langage, il n'endurera plus désormais les rustiques paroles des Gopis. Hari (Crichna), notre orgueil, nous quitte; un coup du sort nous a frappées. Femmes des villes, vos sourires sont pleins d'expression, votre bouche est harmonieuse, votre air plein de grâce, votre démarche élégante, vos œillades disent mille paroles. Hari est un enfant des champs, vous le fascinerez; y a-t-il apparence qu'il revienne jamais parmi nous? Crichna, qui a tué le monstre cheval Kesin, est monté sur un char; il part pour Mathoura; le cruel, l'odieux, le barbare Akroura l'a trompé. Ignorais-tu, traître, en nous l'arrachant, combien nous l'aimons, et ignorais-tu qu'il est la joie de nos yeux? Vilain Govinda, tu nous quittes, ainsi que Rama. Vite, arrêtons-le! »

C'est ainsi que les Gopis exhalaient leur douleur; Radha versait les plus grosses larmes, et poussait les cris les plus déchirants. Déjà les moindres absences du héros lui faisaient adresser les plaintes suivantes, telles qu'elles sont rapportées par le Gita-Govindha :

« Quoiqu'il se récrée loin de moi, que tout épanouisse autour de lui, cependant mon âme ne peut se détacher de sa pensée; lui dont les pipeaux font entendre des sons languissants qu'adoucit encore le nectar qui coule de ses lèvres, tandis que son oreille brille comme la perle et son œil lance des feux amoureux. Les boucles de ses cheveux sont ornées des plumes du paon, et offrent l'éclat de plusieurs lunes; son manteau semble un nuage d'azur qu'illumine l'arc-en-ciel. Son gracieux sourire imprime à ses lèvres une fraîcheur, un éclat nouveau; elles semblent aussi douces que la feuille qu'humecte la rosée. Elles sont veloutées et roses comme les fleurs du Bandhoujiva, quand elles frémissent d'ardeur pour les filles des pasteurs, etc. Ma faible intelligence ne peut suffire à l'énumération de ces qualités, et bien qu'offensé, mon cœur s'efforce d'effacer son offense. »

Regrettés à ce point par les beautés du district de Vradja, Crichna et Rama quittèrent les campagnes où ils avaient été élevés, et portés dans un char traîné par des chevaux ailés, ils arrivèrent à midi sur les bords de la Yamouna. Akroura s'arrêta avec eux près du fleuve pour y faire le sandhya, la prière de midi. Il se plongea dans les eaux, et durant cette immersion, il médita sur l'Être suprême, lorsque tout à coup regardant ses deux compagnons, il vit à leur place Vichnou étendu sur le serpent Vasouki ou Secha, aux mille têtes. L'un et l'autre dieu dépouillaient ainsi devant le pieux Hindou leur apparence terrestre, et se montraient dans leur divine réalité. Saisi d'admiration, Akroura leur adressa une magnifique invocation, éloquente expression du monothéisme panthéiste indien résidant au fond de toutes ces fables; la voici:

« Salut à toi, Être simple et multiple, qui pénètres tout, Esprit suprême, dont la gloire ne peut être conçue, et qui es l'existence dans sa simplicité. Salut à toi, Être insondable, qui es la vérité et l'essence des oblations. Salut à toi, Seigneur, dont la nature est inconnue, qui es au delà de la matière primitive, qui as six formes d'existence, les éléments, les facultés, la matière, l'âme vivante, l'esprit suprême; daigne jeter les regards sur moi, âme de l'univers, essence de toutes choses périssables ou éternelles, qu'on t'appelle Brahma, Vichnou, Siva ou autrement. Je t'adore, ô Dieu! dont la nature est ineffable, dont les desseins ne peuvent être scrutés, dont le nom même est inconnu. Les attributs, les noms, ne sauraient te convenir, à toi qui es l'Être, le suprême Brahma, éternel, immuable, incréé. Nous ne pouvons atteindre jusqu'à toi qu'à travers des formes déterminées, que nous appellons Crichna, Achyouta, Ananta ou Vichnou. Tu es le dieu inné, impersonnel; tu résides au fond de tous les objets, tu es les dieux et tous les êtres, tu es le monde entier, tu es tout. Ame de l'univers, tu es exempt de changement, et il n'y a rien que toi au fond de toutes les existences. Tu es Brahma, Pasoupati, Aryaman, Dhatri et Vidhatri; tu es Indra, l'air, le feu, le roi des eaux, le dieu de la santé, le juge des morts. Et quoique Être unique, tu présides à tout l'univers dans ses infinies variétés préposées à des fins innombrables. Toi, identique au rayon solaire, tu crées l'univers; tout corps élémentaire est composé de tes qualités; ta force suprême est exprimée par le mot impérissable **SAT** (l'existence). Devant toi seul je fléchis le genou, car tu ne fais qu'un avec la connaissance véritable, perceptible et imperceptible. Gloire à toi, seigneur Vasoudeva, à toi Sankarchana, à toi Pradyounma, à toi Anirroudha. »

CHAPITRE TREIZIÈME.

Arrivée de Crichna à Mathoura. — Meurtre de Kansa. — Élévation d'Ougrasena. — Crichna ressuscite le fils de Sandipani.

Les trois héros de la race de Yadou arrivèrent à Mathoura à la fin du jour; quand ils furent en vue de la ville, Akroura dit à Crichna et à son frère : « Vous devez maintenant descendre du char et entrer à pied, et moi je resterai seul sur le char; » car il ne voulait pas provoquer les soupçons du tyran. Les deux jeunes dieux se conformèrent donc aux ordres de leur guide. Parés de fleurs et de parfums, ils firent leur entrée dans Mathoura et excitèrent partout l'enthousiasme et l'admiration. Kansa allait célébrer des jeux guerriers. Dans une salle, ornée de guirlandes, étaient suspendues les armes destinées aux combats. Saisissant un des arcs qui s'y trouvaient et qui était d'un poids énorme, Crichna le banda avec tant de force, que l'arme se brisa avec fracas et toute la ville en retentit.

Cependant Kansa avait reçu d'Akroura la nouvelle de l'arrivée des deux fils de Vasoudeva; il apprit que Crichna avait brisé un des arcs placés pour l'usage des combattants, et ce trait d'une prodigieuse vigueur lui avait assez révélé quels étaient les deux étrangers. Il appela près de lui Chanoura et Mouchtika, ses deux plus puissants athlètes, et leur dit : « Deux jeunes pâtres sont arrivés; vous les tuerez dans la lutte, en ma présence, car ils en veulent à ma vie. Si vous exécutez cet ordre, je vous donnerai tout ce que vous pourrez souhaiter, et le royaume vous appartiendra en commun avec moi. Tuez-les par tous les moyens possibles, loyalement ou déloyalement. »

Cependant les jeux commencent; le peuple se presse en foule pour y assister; les ministres et les courtisans occupent des siéges réservés; la populace s'agite sur une plate-forme qui lui est destinée. Au centre du cirque sont les juges que Kansa a chargés d'adjuger le prix de la lutte; quant au tyran de Mathoura, il est assis sur un trône élevé, séparé de tous les autres siéges. Des plates-formes distinctes ont été dressées pour les dames du palais, les courtisanes et les autres femmes. Nanda et les pâtres qui ont accompagné les deux jeunes dieux occupent des places spéciales, aux extrémités desquelles se trouvent Akroura et Vasoudeva. Au nombre des femmes, on remarque Dévaki, toujours agitée de crainte pour son fils, qu'elle cherche partout du regard. La musique a donné le signal : Chanoura s'élance dans la lice; Mouchtika l'accompagne. Près de la porte de l'arène, les traîtres, sur l'ordre de Kansa, avaient posté l'énorme éléphant Kouvalayapida; impétueux comme la tempête, l'animal s'était précipité sur les deux pâtres divins; mais ceux-ci avaient repoussé son attaque, l'avaient renversé mort à leurs pieds, et entraient dans l'enceinte couverts de sang et de poussière, portant en triomphe ses défenses. On eût dit deux lions qui s'élançaient au milieu d'une troupe de daims. Des exclamations se font entendre de toutes parts. Voilà donc, s'écrie la foule, celui qui a tué Poutina, qui a immolé le serpent Kaliya et dansé sur sa tête, qui a soutenu durant sept nuits le mont Govarddhana, qui a tué, en se jouant, Arichta, Dhinouka et Kesin !

Malgré ses alarmes, le cœur maternel de Dévaki palpite de joie et d'orgueil. Les femmes de Mathoura s'extasient sur sa beauté, sur son air noble et courageux, sur le beau port, la mise élégante des deux enfants de Gokoula.

Cependant le combat s'engage : l'invincible Crichna s'élance sur Chanoura; Bala-Rama attaque Mouchtika. La lutte fut acharnée, terrible; on voyait décroître peu à peu les forces de Chanoura : son divin adversaire faisait pleuvoir sur lui les coups et les blessures. A cette vue, Kansa, furieux, craignant pour les jours de son athlète, ordonna à la musique, qui donnait le signal du combat, de cesser. Mais à peine a-t-il donné cet ordre, que de célestes instruments se font entendre dans les airs, et la voix des dieux invisibles a prononcé ces mots : « Victoire à Govinda! Kesava (Crichna) tue le démon Chanoura! » Alors le dieu poursuit son attaque, et finit par renverser avec tant de violence son ennemi sur la terre, que le corps du géant se déchire en lambeaux et arrose le sol d'une mer de sang noir et corrompu. Bala-Rama triompha aussi de son terrible ennemi, et après l'avoir culbuté, l'accabla de ses coups jusqu'à ce qu'il eut expiré.

Un autre lutteur osa se présenter après la défaite de deux pareils athlètes : ce fut Tomalaka, qui paya de la vie une semblable témérité. Alors tous les lutteurs s'enfuirent de l'arène et la victoire demeura aux deux héros. Kansa, les yeux bouffis de colère, appela à haute voix le peuple, qui contemplait avec étonnement de pareils exploits. « Chassez de l'assemblée, s'écria-t-il, ces deux infâmes pasteurs; prenez Nanda et enchaînez-le; mettez Vasoudeva à mort au milieu des tortures, et saisissez-vous de ses troupeaux et surtout des bergers qui l'accompagnent. »

A ces mots, Crichna, poussant un rire bruyant, franchit l'espace qui le séparait du tyran, et le saisissant par les cheveux, il l'immole, puis traîne son cadavre au milieu de l'arène. En vain Soumalin, le frère du tyran, accourut-il pour venger sa mort, Bala-Rama remporta sur lui une victoire facile. Cependant à la vue de l'horrible traitement que Crichna avait fait éprouver au roi, un cri général d'indignation s'éleva des différentes parties du cirque; mais, sans se déconcerter, le jeune dieu et son frère coururent embrasser les pieds de Vasoudeva et de Dévaki. Ceux-ci se ressouvinrent en ce moment de la prédiction qui leur avait été faite relativement à la naissance du merveilleux enfant, et Vasoudeva adressa à la divinité incarnée une solennelle invocation.

La foule étonnée mit alors un terme à ses clameurs, et Crichna proclama roi le chef de la famille des Yadavas. Ces

Yadavas descendaient d'Yadou, fils de Yayati et frère de Pourou, dont l'ancêtre était petit-fils de la Lune. Il plaça, dis-je, sur le trône le chef de cette dynastie lunaire, Ougrasena. C'était de cette race que Vasoudeva, et par conséquent Crichna, étaient issus.

Voilà comment les deux héros délivrèrent Mathoura et leurs parents de l'oppression de Kansa ; ils voulurent donner encore à la ville, théâtre de leurs exploits, une marque nouvelle de leur puissance prodigieuse, en accomplissant un miracle d'un nouveau genre.

Crichna et Bala-Rama, désireux de se perfectionner dans l'art de manier les armes, avaient été se placer sous la discipline du sage Sandipani. De tels élèves, sous un tel maître, devaient faire d'étonnants progrès, et l'on devine que les deux jeunes dieux devinrent aussi consommés dans le maniement des armes, que savants dans la science des incantations qui assuraient leur succès. En quittant Sandipani, ses divins élèves lui demandèrent ce qu'il désirait, en échange de son enseignement et de ses soins. Le sage demanda d'eux qu'ils lui rendissent son fils, qu'avaient englouti les eaux de la mer de Prabhasa (près du Gouzzerate). Crichna et Bala-Rama, voulant satisfaire au vœu paternel de leur maître, s'armèrent, et marchèrent contre l'Océan pour le contraindre à dégorger sa proie; mais l'Océan, les apercevant, leur dit : « Je n'ai pas tué le fils de Sandipani : un démon, nommé Pantchajana, qui habite au fond des eaux, dans une immense écaille, a saisi l'infortuné. » A ces mots, Crichna plongea dans la mer, tua le monstre, s'empara de sa coquille, et s'en servant comme d'une trompette de victoire, il souffla dans cette espèce de conque et remplit tous les démons d'épouvante. Il rappela alors à la vie le fils de Sandipani et le rendit à son père, qui bénit le dieu et sa venue sur la terre.

CHAPITRE QUATORZIÈME.

Explication historique des premiers exploits de Crichna. — Nouveaux exploits du dieu. — Il enlève la belle Roukmini. — Histoire de la naissance de Pradyoumna.

Les exploits de Crichna sont innombrables; ils se lient trop intimement aux mythes les plus importants de la religion hindoue pour que nous les passions sous silence. Toute la vie du dieu est remplie par ces hauts faits, qui se rattachent à un des événements les plus anciens et les plus célèbres de l'histoire héroïque de l'Hindoustan, la rivalité des races royales, celle de Yadou et celle de Kansa, à laquelle nous verrons plus tard succéder celle des Kourous et des Pandous. Au milieu de tous les embellissements mythologiques, des faits positifs apparaissent sans cesse, et il est à peine nécessaire de faire remarquer au lecteur là où l'histoire positive parle, là où c'est la fable qui la remplace. Il a tout de suite vu que Crichna avait des droits à la couronne par Vasoudeva, son père, appartenant à une race royale qui, à l'exemple de tant de dynasties asiatiques, prétendait descendre de la Lune. Il a compris que la vigilance de ses parents l'avait arraché à la cruauté de son oncle, et qu'élevé loin de Mathoura, au sein d'une population pastorale, il avait échappé aux recherches du tyran; que jeune encore, il avait annoncé une force, une agilité, une adresse extraordinaires, et s'était attiré, autant par sa beauté que par la vivacité et l'ardeur de son caractère, l'amour et l'attachement des populations simples et champêtres au sein desquelles il vivait; qu'il en avait été en quelque sorte le civilisateur ; qu'il avait sans cesse vaincu les ennemis de ces tribus de pâtres, et les animaux féroces qui désolaient leurs troupeaux, victoires dont la postérité a singulièrement exagéré les détails, en métamorphosant les bêtes féroces et les guerriers des tribus voisines en monstres et en géants envoyés par Kansa contre son neveu.

Le lecteur aura bien saisi le sens de cette expédition à Mathoura. Crichna vient avec des pâtres à la ville gouvernée par le tyran qui y va célébrer des jeux, et profite de l'étonnement qu'excitent sa vigueur et son adresse aux exercices du cirque, pour se précipiter sur Kansa, l'immoler lui et les siens; et, dans une scène digne des temps de l'empire romain, il appelle à la vengeance ses compatriotes, puis place sur le trône un membre de sa famille, un Yadava.

Si enfin on veut chercher un fond historique dans le dernier miracle accompli par le héros en faveur du fils de Sandipani, il faut reconnaître un trait d'humanité d'autant plus admiré dans l'Inde qu'il est plus rare. Entraîné dans les flots par quelque polype aux cent bras, quelque plante marine aux nombreux rameaux dont la fable a fait un héros à cinq têtes, Pantchajama, un jeune homme allait trouver une mort certaine ; son père, le maître gymnasiarque de Crichna, fait un appel à son habileté dans la natation et à son dévouement. Crichna arrache l'infortuné à une mort certaine.

Continuons donc d'esquisser la plus grande figure qui s'offre à nous dans le panthéon hindou, et apprenons par quels nouveaux actes le jeune dieu va attirer sur lui les bénédictions du peuple hindou.

Le beau-père de Kansa, celui qui lui avait donné ses deux filles en mariage, Jarasandha, s'avance pour venger la mort de son gendre; ce prince, qui règne à Magadha, a des troupes nombreuses. Il vient assiéger Mathoura, qu'il investit d'une puissante armée. Elle renferme vingt-trois akchounis, et chaque akchouni compte 109,300 fantassins, 65,610 chevaux, 21,870 chariots, et autant d'éléphants. Malgré le petit nombre de leurs forces, Crichna et Bala-Rama repoussent l'attaque de Jarasandha. Le tyran revint dix-huit fois à la charge, dix-huit fois la victoire demeura aux enfants de Vasoudeva.

Mais les Yadavas n'avaient point encore rencontré leur plus redoutable ennemi. Kalayavana, de la race des Yavanas, leur ménageait de plus terribles tribulations. Ce radjah voulait vaincre la tribu de Yadou, parce qu'il avait appris du Pradjapati ou homme divin, Narada, que cette tribu était la plus puissante de la terre. Il marcha contre eux à la tête de myriades de Mlechchhas ou barbares, et une suite innombrable de chevaux, de chars et d'éléphants. Pour mettre son peuple à couvert d'une pareille irruption, Crichna fit construire une énorme citadelle, celle de Dwaraka, que défendaient des remparts élevés, et qui, par le nombre de ses maisons, la beauté de ses jardins, le nombre de ses fontaines, pouvait rivaliser avec Amaravati, la capitale d'Indra. C'est là que le héros divin conduisit les habitants de Mathoura aux approches de Kalayavana. Puis, pour braver son ennemi, il descendit ensuite dans la plaine, et alla en personne le provoquer. Le radjah s'élança sur Crichna, qui courut se réfugier dans une caverne voisine. Kalayavana l'y suivit, et y trouva Mouchoukounda, le roi des hommes, qui s'y était endormi. Le Yavana le prit pour son adversaire et le heurta de son pied. Ce que sentant, Mouchoukounda s'éveilla tout à coup, et, d'un seul regard, réduisit en cendres le téméraire Kalayavana.

Ce Mouchoukounda, pour le dire en passant, était un des fils de Mandhatri; il avait puissamment aidé les dieux dans leur combat contre les démons, et après la victoire, accablé par le sommeil, il sollicita et obtint des dieux, pour récompense de l'appui qu'il leur avait prêté, de dormir aussi longtemps qu'il lui plairait, et d'embraser par son regard le premier être qui l'arracherait à son repos favori.

Après avoir tiré de Kalayavana une vengeance si éclatante, le géant aperçut dans sa caverne Crichna, qu'il interrogea, et par ses réponses il reconnut en lui l'incarnation de Hari, le dieu suprême, auquel le Vichnou-Pourana nous apprend qu'il adressa une de ces magnifiques invocations, éloquentes expressions du panthéisme hindou qui se trouvent à chaque page dans les livres sanskrits.

Crichna rentra donc victorieux dans les murs de Mathoura, chargé des dépouilles de son ennemi, et tous les habitants le nommèrent encore une fois leur sauveur.

Cependant le jeune dieu commençait, ainsi que l'avaient redouté les Gopis, et surtout la belle Radha, à oublier les amours de sa champêtre patrie. De nouvelles affections allaient prendre place en son cœur. Entre toutes les femmes qui frappèrent ses yeux, une fit surtout impression sur lui; c'était Roukmini, fille de Bhichmaka, roi de Vidarbha (le Berar actuel), et qui résidait à Koundina. En vain le jeune dieu, fortement épris de cette vierge, la demanda-t-il en mariage à son père; Roukmin, le frère de Roukmini, qui était rempli d'aversion pour Crichna, empêcha Bhichmaka de donner son consentement à cet hymen, et la main de la belle Roukmini fut promise à un souverain puissant des environs, à Sisoupala. Les noces allaient être célébrées, et déjà tous les monarques des contrées d'alentour s'étaient rendus à Koundina, pour assister à ce brillant hyménée. Crichna, son frère, et ses parents, s'y transportèrent aussi, sous prétexte d'être témoins de la cérémonie; mais c'était en réalité pour mettre à exécution un projet dicté par un amour désespéré; car, la veille du mariage, Crichna enleva son amante, laissant son frère Bala-Rama et les siens faire face à la colère de ses ennemis consternés. La fureur de Bhichmaka, de Roukmin, de Jarasandha, qui avait été le négociateur de l'hymen avec Sisoupala, fut à son comble; tous les rois présents jurèrent la mort du ravisseur. Mais non moins heureux que brave, Bala-Rama repoussa leurs attaques. Crichna vint ensuite prêter main-forte à son frère. En vain Roukmin jura de ne rentrer dans sa patrie qu'après avoir immolé le séducteur de sa sœur; Crichna, avec le disque formidable qu'il maniait avec tant d'adresse, le fit tomber à ses pieds, après avoir culbuté toute son armée, et, sans les supplications de Roukmini, il lui eût ôté la vie.

Victorieux de ses ennemis, le fils de Vasoudeva et de Dévaki épousa son amante, suivant le rite rakchasa. Cette épouse lui donna un fils, qui fut appelé Pradyoumna, et qui était une portion du dieu de l'amour. Avant de continuer le récit des aventures de Crichna, disons quelque chose de ce nouveau personnage.

Lorsque Roukmini mit au monde Pradyoumna, le démon Sambara s'empara de l'enfant, car une prophétie lui avait appris que, si cet enfant vivait, il lui donnerait la mort à lui Sambara. Une fois maître de l'enfant, il le précipita dans l'Océan; mais un énorme poisson l'avala, comme Jonas dans l'Écriture. A quelques jours de là, on pêcha le poisson, qu'on apporta à Mayadevi, dans la cuisine de Sambara. Celle-ci ouvrit le poisson, et y retrouva l'enfant encore vivant. Narada, qui était instruit de tout, lui révéla le secret de la naissance de Pradyoumna, et Mayadevi l'éleva comme son fils propre, puis elle le rendit plus tard à ses parents.

Crichna eut encore de Roukmini un grand nombre d'autres enfants, et il associa plus tard à sa première épouse sept autres femmes qui rivalisaient avec elle de beauté et de charmes.

CHAPITRE QUINZIÈME.

Expédition de Crichna contre Naraka. — Guerre des Pandous et des Kourous. — Le Mahabharata. — Mort de Crichna.

Cependant Indra, qui est aussi Sakra, le seigneur des trois mondes, parut, monté sur l'éléphant Airasvata, pour rendre visite à Crichna, dans la ville que celui-ci avait fait construire, à Dwaraka. Il venait lui faire connaître tous les méfaits du démon Naraka, et l'engager à mettre fin à la tyrannie de cet Asoura. Après cet avertissement, le dieu du ciel disparut et s'éleva dans le firmament; Crichna s'empressa d'exécuter ses conseils, et monté sur Garoudha, son divin oiseau, il se rendit à Pragjyoticha.

Les environs de cette ville étaient défendus par des pièges que le démon Mourou avait placés, et dont les lames étaient aussi tranchantes que des rasoirs. Mais le dieu en lançant dessus son disque Sudarsana les mit immédiatement en pièces, et avec les tranchants de son tchakra, ou disque enflammé, il tua le démon pendant son sommeil, et brûla comme des insectes sept mille de ses fils. Il parvint alors au pied de la redoutable Pragjyoticha, et soutint contre la troupe des démons une lutte terrible, dans laquelle il finit par percer Naraka lui-même d'un de ses traits. La population sur laquelle régnait l'Asoura reconnut alors la divinité de Crichna, et l'adora. Le dieu pénétra ensuite dans le palais de Naraka; il en prit toutes les richesses, et il délivra seize mille cent vierges ou Apsaras, qui y étaient retenues captives.

Dans cette nouvelle expédition contre Naraka, c'est-à-dire l'enfer, il faut voir une de ces luttes déjà offertes précédemment dans d'autres avatars, entre les sectateurs de Vichnou et ceux de Siva. Naraka est quelque prince sivaïte que la légende a transformé en un roi des démons, et que Crichna, sectateur de Vichnou, dont le peuple le regardait comme une incarnation, alla combattre sur une prétendue inspiration des dieux.

C'est encore une guerre religieuse qu'il faut reconnaître dans ce grand combat livré par Crichna contre les dieux, entre Indra et Crichna. Nous avons raconté plus haut comment les pâtres de Radja avaient déjà quitté pour un culte nouveau celui d'Indra. Dans cette nouvelle mêlée de divinités, c'est encore Indra qui succombe, et Crichna qui emporte dans Dwaraka l'arbre de vie, l'arbre merveilleux, Parijata, qui exhale un parfum délicieux, et qui révèle à celui qui s'en approche les secrets de son existence antérieure.

Nous touchons à la fin de la vie de l'homme-dieu. Une dernière guerre, celle des Kourous et des Pandous, va être le théâtre de ses derniers exploits. Au nombre des enfants de Bharata, à la famille de laquelle appartenait Crichna par sa naissance, était Kourou, qui précéda de quelques générations Vitchitravirya, père de deux fils, Dritarachtra et Pandou. Dritarachtra, qui était aveugle, eut cent et un fils, dont l'aîné se nommait Douryodhana. Pandou n'en eut que cinq, Youdichthira, Bhima, Arjouna, Sahadeva et Nakoulas, nés, dit-on, de Kounti, par l'effet d'une prière magique, et doués de qualités aussi diverses qu'extraordinaires. Youdichthira était le plus juste des hommes, Bhima le plus fort, Arjouna le plus habile à manier l'arc, Sahadeva le plus sage et le plus pénétrant, Nakoulas le plus beau.

Mais de tous ces enfants, Arjouna devint le plus célèbre, et ce qui nous reporte aux époques primitives des sociétés, où la beauté était le prix de la valeur, il obtint la main de la belle Droupdevi, fille du roi de Pantchalica; puis, en vertu d'un usage bizarre, mais qui subsiste encore dans certaines parties de l'Inde, Droupdevi épousa successivement les quatre frères de son premier mari.

Après leur commun hymen, les cinq frères revinrent à

Hastinapour, où régnait Douryodhana sous le nom de son père, l'aveugle Dritarachtra. Ce prince, leur parent, redoutant leur rivalité, les chassa de sa capitale, et les cinq Pandavas se virent ainsi déshérités de leur patrimoine, expulsés de leur patrie, contraints d'errer çà et là, sans gîte et sans amis. Il leur advint mille aventures pendant qu'ils parcouraient les forêts profondes de Verata et d'Herimbata, et ces aventures forment une des sources les plus abondantes où vont puiser les conteurs indiens. Sans cesse en butte aux attaques des bêtes féroces et des peuples sauvages, ils renouvelèrent les exploits des paladins et des chevaliers errants.

Après de longues souffrances, les cinq frères revinrent à Hastinapour redemander à Douryodhana la part qui leur était due; mais l'implacable tyran s'obstina à la leur refuser. Alors les Pandavas se décidèrent à conquérir par la force ce qu'ils ne pouvaient obtenir par le droit, et ils marchèrent avec les leurs contre les orgueilleux fils de Kourou. Cinquante-six tribus yadavas, ayant Crichna à leur tête, se joignirent à eux; de grandes batailles furent livrées dans les plaines de Caggar et de Souraswati. C'est au milieu de ces luttes, qui semblent au reste, malgré l'appui d'un dieu, n'avoir pas tourné à l'avantage des Pandous, que Crichna abandonna la vie, et alla se réunir à Vichnou, dont il était sorti.

Sans cesse accompagné d'Arjouna, cet homme dieu valut aux Pandous leur dernière victoire, et assura pour quelques instants le trône à Youdichthira, après avoir vaincu les Kourous dans une sanglante bataille où Douryodhana trouva la mort. Lassé de la vie, Vichnou remonta dans son céleste séjour, confiant à son inconsolable ami Arjouna ses instructions sublimes, instructions consignées dans un dialogue philosophique et théologique sur l'éternelle unité de Dieu et sur la vanité de tout le reste, qui forme sous le nom de Bhagavat-Gita, c'est-à-dire le chant de Bhagavan ou de Crichna, un des plus magnifiques épisodes du Mahabharata. C'est dans ce dernier poëme, qui est après le Ramayana la plus grande épopée de l'Inde, que se trouve exposé tout le récit de la guerre allumée parmi la race des enfants de la Lune, entre les Kourous et les Pandous.

Le Mahabharata ou grand Bharata est attribué à Vyasa; on reconnaît qu'il est postérieur à l'œuvre de Valmiki, sans qu'on puisse lui assigner de date bien précise entre le neuvième et le quatrième siècle avant notre ère; il forme dix-huit chants. Peut-être cette épopée a-t-elle été composée peu à peu, et ne faut-il pas, aussi bien que le code de Manou et le Ramayana, la regarder comme l'ouvrage d'un homme, mais comme l'œuvre successive de plusieurs siècles.

Selon une tradition fort répandue, et qui est consignée dans le Vichnou-Pourana, Crichna fut tué par une flèche que lança un chasseur nommé Jara, sur le fils de Dévaki, qu'il prit pour un daim. S'apercevant de son erreur, il se jeta aux pieds du dieu expirant, en implorant son pardon ; mais Crichna lui dit de ne rien craindre, et s'enleva avec lui comme un autre Élie, montés tous deux dans un char céleste. Unissant, dit le Pourana, son esprit pur, spirituel, inépuisable, inconcevable, inné, incorruptible, impérissable, avec celui de l'Être infini, Crichna abandonna sa dépouille mortelle.

CHAPITRE SEIZIÈME.

Culte de Crichna. — Temples de cette divinité.

Nous avons dit que, de tous les personnages regardés comme divins, Crichna était celui qui inspirait le plus de vénération aux Hindous. Honoré de toutes les castes, de toutes les tribus, il reçoit un culte plus spécial de la secte des gocalast'ha. Cette secte se divise elle-même en trois autres sectes, tout comme celle des adorateurs de Rama : ce sont les vichnaïvas orthodoxes qui honorent Vichnou dans la personne de Crichna, la secte nommée radha-ballabhi, qui adresse ses prières à Radha, comme à la sacti de Crichna ; enfin ceux qui adorent conjointement Crichna et Radha. Une multitude de peintures offrent à nos yeux, soit les scènes variées de l'enfance pastorale du dieu, soit les combats et les enseignements qui remplirent son court séjour sur la terre. Le nom de Crichna signifie noir ; le Vichnou incarné se voit, en effet, presque toujours avec un teint bleu foncé, portant sur son front le signe sacré du soleil, l'œil qui voit tout ; le lotus ouvert est suspendu à son cou ; le triangle ou le pentagone magique est sous la plante de ses pieds ou dans la paume de sa main. Tantôt le front ceint d'une auréole, comme le petit Jésus, il repose, encore enfant, sur le sein nu de Dévaki, qui lui présente sa mamelle, tandis que des offrandes de fruits leur sont faites et que des groupes d'animaux, placés non loin de là, annoncent le futur pasteur. Le dieu prend, dans ce cas, le surnom de Gopalou et de Balagopalou ; c'est le dieu des laitières ; d'autres fois, il est environné des Gopis et des Nymphes ; souvent aussi c'est un sage dans l'attitude de la réflexion, qui s'entretient avec ses disciples.

Les Hindous célèbrent en l'honneur de Crichna plusieurs fêtes solennelles : la principale est celle de Houli ou Houlica, aussi nommée Phougoulnaou, parce qu'elle tombe au mois phougoulnou. Elle a lieu aux approches de l'équinoxe du printemps, à l'époque de la pleine lune. Il n'est aucune secte indienne qui n'y prenne part. Tant que dure le Houli, les nuits se passent en danses et en concerts, et le jour, le peuple parcourt les rues, la figure barbouillée d'une poudre rouge nommée *dolou*, dont il jette des poignées au visage des passants ; il allume des feux de joie et se livre à des danses souvent obscènes.

Deux autres fêtes du dieu ont lieu dans les mois bhadra et chravounou. La première commence par un jeûne solennel et se termine, comme la précédente, par des chants et les accords d'une musique bruyante ; la seconde, dont la durée est de cinq jours, donne lieu aux mêmes explosions d'allégresse. On y chante des hymnes devant l'image de la divinité.

Toutes ces danses se font en commémoration de celles que Crichna exécutait avec ses chères Gopis. Dans ces *rasumandala*, tel est le nom qu'on leur impose, Crichna multipliait sa personne autant de fois qu'il se trouvait avec lui de ces aimables laitières, et donnait à chacune une main amoureuse, tandis que la belle agitait en cadence ses membres délicats et déployait dans tout leur raffinement les grâces voluptueuses des bayadères.

Radha et Bala-Rama partagent avec Crichna l'admiration enthousiaste des Hindous.

Bala-Rama est, pour le peuple, l'inventeur du vin, comme le fut jadis Noé pour les Juifs. Le frère de Crichna découvrit dans le tronc de l'arbre nommé *nauclea kadamba* le délicieux jus de la vigne, qu'y avait placé, dans la forêt de Vrindavana, la déesse du vin elle-même, la belle Souradevi; que nous avons vue plus haut sortir de la mer de lait. Comme Noé, Bala-Rama s'en était enivré, et dans son ivresse avait contraint le fleuve Yamouna de changer de lit. Le même Bala-Rama avait tué l'Asoura Dwivida, monstre terrible à forme de singe, qui avait juré de venger la défaite de Naraka, son ami, vaincu par Crichna.

Dans sa fureur impie, cet Asoura avait porté le trouble dans tout l'univers.

L'épouse de Bala-Rama est Revati. Les Hindous débitent sur le compte de cette divinité mille fables absurdes : ils disent qu'à l'époque où elle épousa le frère de Crichna, elle avait trois millions quatre-vingt-huit mille ans, et était d'une taille si élevée, qu'il eût fallu sept siècles pour atteindre seulement à la hauteur de ses mains.

C'est à Mavalipouram et à Jagernaout ou Djagarnatha, sur la côte orientale de la presqu'île, que se trouvent les principaux temples de Crichna, dont le culte est ordinairement associé à celui de Vichnou et même de Siva. Le temple de la première ville est connu sous le nom des Sept Pagodes : c'est un assemblage de monstrueux édifices qui datent, au dire des brahmanes, d'une époque antérieure au cali-youga. La ville à laquelle ils appartenaient fut, ajoutent-ils, le siége du grand Bali, Maha-Bali, que l'on a confondu avec Siva, et dont on le regarda comme une des formes; il soumit à sa domination une grande partie de l'Orient. Il régnait à Mavalipouram, dont le vrai nom est en effet Mahabalipouram. On remarque dans ce temple des caractères qui n'ont point encore été déchiffrés, des représentations tirées des mythes du sivaïsme, telles, par exemple, qu'une figure de Siva assis sur le bœuf Nandi et tenant dans ses mains les images de Brahma, de Vichnou et de Parvati; d'autres scènes sont empruntées du Mahabharata. Cette circonstance suffit seule pour faire considérablement rabattre de l'antiquité extraordinaire que prêtent à ces monuments les brahmanes imposteurs. De plus, la tradition générale ne fait commencer le cali-youga qu'après la mort de Crichna, sous le règne de Parikchit. Il est donc impossible que ces immenses bas-reliefs, qui offrent, dans des proportions colossales, des scènes de la vie du dieu, soient antérieurs à cet âge.

Le culte de Crichna à Djagarnatha se rattache à une légende que nous allons rapporter.

On a vu que le dieu expira sous la flèche d'un chasseur, et qu'il s'éleva au ciel avec son meurtrier involontaire, abandonnant sa dépouille mortelle. Le cadavre resta gisant au pied d'un arbre. Quelque temps après, ses os, comme cela arriva pour sainte Rosalie de Palerme, furent recueillis par des mains pieuses et placés dans un coffre, où ils demeurèrent jusqu'à ce que Vichnou ordonnât à un pieux monarque, nommé Indra Dhoumna, d'aller les déposer à Djagarnatha et d'y élever une idole au dieu. Mais le roi était fort embarrassé pour mettre à exécution le dernier ordre de Vichnou. Celui-ci lui dit d'aller s'adresser à Viswakarma, l'architecte des dieux. Il se mit à l'œuvre; mais pour punir le roi de l'avoir souvent troublé au milieu de son travail, il le laissa imparfait. Quoique inachevée, l'idole n'en devint pas moins l'objet de la dévotion la plus exaltée chez les Hindous, et des parties les plus reculées de l'Inde des pèlerins accourent à Djagarnatha, lors de la fête de Crichna, pour offrir à cette puissante divinité leurs prières et leurs adorations.

La caste des brahmanes spécule, suivant les habitudes sacerdotales de tout l'univers, sur la crédulité des imbéciles qui viennent se prosterner devant les prétendues reliques de Crichna. L'idole du dieu, accompagnée de celle de Bala-Rama, son frère, et de celle de Soubhadra, sa sœur, est promenée sur un char dans la ville, comme les reliques de sainte Rosalie, et les dévots se précipitent en foule sous les roues du char pour se faire écraser en tout ou en partie, et gagner le ciel par ce martyre insensé.

Les saturnales sanglantes dont cette partie de l'Hindoustan est à cette époque le théâtre, ont retenti depuis longtemps en Europe, où leur récit a inspiré une aversion universelle contre ces affreux effets de la superstition.

Les places de la ville fourmillent de fakirs, de mendiants d'un aspect repoussant : les uns se tiennent toute la moitié du jour renversés sur la tête, les yeux barbouillés de boue, la bouche pleine de paille; les autres sont plongés jusqu'au cou dans des mares infectes; d'autres encore ont les pieds ramenés vers la tête, ou portent sur le ventre un réchaud brûlant, ou sont enveloppés dans un filet qui les empêche d'exécuter le plus léger mouvement.

Deux à trois cents personnes perdent la vie dans chacune des effroyables fêtes célébrées en l'honneur de la divinité, et deux cent mille dévots au moins viennent annuellement encombrer le temple de leurs folles adorations et grossir les coffres des brahmanes.

Toute la contrée qui environne Djagarnatha à trente milles à la ronde est considérée comme sainte; mais la partie la plus sacrée est d'environ trois cents hectares et comprend un espace dans lequel s'élèvent cinquante pagodes. La plus remarquable de toutes est une tour haute de cent quatre-vingts pieds, nommée Bour-Dewali, dans laquelle sont placées les trois idoles de Crichna, de Bala-Rama et de Soubhadra. Un grand nombre de bâtiments dépendent de ce temple; leur construction remonte à l'an 1198; les murailles sont couvertes partout de sculptures. Tant de merveilles architectoniques ont valu, de la part des Hindous, à la ville de Djagarnatha le surnom de Reine du monde.

CHAPITRE DIX-SEPTIÈME.

Bouddhavatara ou avatar de Bouddha.

Bouddha constitue la neuvième incarnation et la dernière de celles qui se sont déjà opérées. Il y a de grandes incertitudes, soit sur l'époque à laquelle ce personnage réel ou imaginaire a vécu, soit sur le caractère qu'il faut lui attribuer. Les uns le placent dans le troisième âge, peu après la mort de Crichna; les autres au commencement de l'âge actuel ou cali-youga; d'autres enfin, longtemps après que ce quatrième âge eut commencé, et seulement treize cent soixante-six ans ou mille ans environ avant notre ère. Voici sa légende telle que la racontent les livres brahmaniques :

Le nom de Bouddha signifie savant, sage, intelligence excellente et supérieure, et cette incarnation n'est au fond que celle de l'intelligence divine elle-même; Bouddha est identique au nom de mouni ou solitaire. Selon les uns, pour lesquels Bouddha n'est réellement qu'une planète, ce dieu est un fils de Tchandra, la lune mâle, et de Tara, femme de Vrihaspati, la planète de Jupiter. Il naquit ensuite une seconde fois de Soukra (la planète de Vénus); mais, selon d'autres, ce dieu descendit de la région des âmes, et entra dans le corps de Mahamaya, l'épouse de Souta-Danna, roi de Kailas. La matrice de cette femme devint tout à coup transparente comme le cristal; on y vit paraître le jeune Bouddha, à genoux, appuyé sur ses mains, qui avait tout l'éclat d'une fleur qui vient d'éclore. Au bout de dix mois et dix jours, Mahamaya étant arrivée au terme de sa grossesse, se disposait à aller voir son père, lorsqu'elle fut prise, dans un jardin, des douleurs de l'enfantement. Elle s'appuya sur quelques arbres qui étaient près d'elle. Aussitôt ceux-ci, abaissant leurs rameaux, la voilèrent à la lumière jusqu'à la fin de sa délivrance, qui eut lieu sans douleur. Brahma, tendant les bras au nouveau-né, le reçut dans un vase d'or, et le confia à Indra : Bouddha fit alors sept pas. A ce moment, le mouni Tapisswa, qui habitait dans les bois et qui s'était voué à la vie ascétique, apprit, par l'effet d'une inspiration, la naissance miraculeuse de l'enfant divin. Il se rendit à travers les airs au lieu où était le jeune Bouddha. Il fut bientôt suivi par quatre pandits, et tous cinq ils annoncèrent au héros naissant la grande destinée à laquelle il était appelé ; l'un d'eux prédit qu'il serait élevé à la dignité infinie d'avatar. Il fut surnommé *Devata-deva*, c'est-à-dire le dieu des dieux. Son nom était d'ailleurs celui de la famille illustre à laquelle il appartenait, Sakya, nom renommé entre les premiers de la caste sacerdotale du nord de l'Hindoustan ; mais ce ne fut qu'à seize ans qu'il commença à le porter.

L'enfant merveilleux fit de bonne heure des progrès incroyables dans les sciences. Sa beauté, comme sa sagesse, surpassaient celle de tous les mortels, et quand il s'asseyait sous un figuier, le peuple, assemblé autour de lui, ne se lassait pas de l'admirer. Parvenu à la fleur de la jeunesse, il obtint la main de la belle Vasoutara, fille du radjah Chuhidan. Il en eut un fils nommé Raghou et plus tard une fille. Ce fut alors que Bouddha songea à réaliser la mission pour laquelle il était appelé sur la terre. Le monde était, en effet, fatigué par la tyrannie des Asouras, qui, ayant à leur tête Divodasa, étaient parvenus à un haut degré de vertu, de piété et de dévotion, par une pratique rigoureuse des Védas. Les dieux avaient fait de vaines tentatives pour soumettre ces maîtres orgueilleux de la terre ; Vichnou et Siva avaient formellement déclaré que tant que les Asouras seraient fidèles à l'observance des Védas, ils seraient invincibles. C'est alors que, cédant aux instances des autres divinités, Vichnou consentit à s'incarner une dixième fois, pour prêcher une doctrine nouvelle, et mettre ainsi fin à la domination des Asouras.

Bouddha s'échappa donc du palais de son père, et s'en alla dans le désert pour y commencer sa mission providentielle. Là, il s'ordonna prêtre, se rasa la tête de ses propres mains, et entouré de ses cinq disciples de prédilection, il se livra durant plusieurs années à la vie la plus austère. Ce fut alors, ajoute-t-on, qu'il changea son nom en celui de Gautama, et que le lait de cinq cents vaches lui rendit sa vigueur première, épuisée par le cours non interrompu de ses méditations. Enfin, après des épreuves diverses dont il sortit toujours triomphant, ses pénitences terminées, il déclare à ses disciples que le temps est venu de porter au monde le flambeau de la vraie croyance. Les dieux eux-mêmes descendent du ciel pour l'inviter à répandre sa doctrine; et rayonnant de gloire, il se rend à Varanasi (Bénarès), l'antique Rasi, pour y occuper le trône des saints qui avaient enseigné la loi dans les âges précédents. Malgré l'opposition de ses adversaires, qui lui reprochent d'être tombé dans les plus graves erreurs, il reçoit du peuple l'honorable épithète de *mouni*, qui désormais est ajoutée à son nom de Sakya.

Devadati, oncle de Sakya-mouni, furieux des progrès que faisait la doctrine de celui-ci, se mit à la tête des adorateurs du feu, venus de Perse pour combattre le culte prêché par le dieu incarné, et tenta vainement une attaque contre les sectateurs de la nouvelle religion. Le divin prophète vint à leur secours par ses paroles puissantes, et contraignit ses adversaires à reconnaître la supériorité des principes qu'il enseignait. Dans cette dernière circonstance, il faut reconnaître la tradition d'une lutte entre le magisme et le brahmanisme réformé par Bouddha, lutte dans laquelle la victoire resta au culte nouveau. Une autre fable rappelle aussi ce triomphe des prédications bouddhiques et l'impuissance du dieu brahmanique à se défendre contre la controverse pressante du magisme, de l'invasion duquel Bouddha paraît avoir préservé l'Hindoustan:

Un jour, les Asouras livrèrent un combat terrible aux dieux

Brahma, Indra et Nâga, roi des serpents ; tous trois prirent la fuite devant ces géants terribles. Bouddha résista seul ; et invoquant le secours de la terre, il appela sur le sol une vaste inondation qui anéantit les Asouras. Ici les trois divinités Brahma, Indra et Nâga paraissent être les types de la religion de Brahma, de l'ancien sabéisme du Rig-Véda et du culte des serpents, trois religions qui existèrent longtemps simultanément chez les Hindous et sur lesquelles se greffa le bouddhisme.

Nous ne nous étendrons pas davantage sur Bouddha : sa biographie appartient à la magnifique religion qu'il a instituée et dont l'histoire est exposée dans une autre partie de cet ouvrage. Qu'il nous suffise de dire qu'avant sa mort, l'homme-dieu, Sakya-mouni, prédit la glorieuse destinée de sa doctrine, doctrine qui devait être pourtant proscrite du pays qui en avait été le berceau, et à la durée de laquelle il assigna lui-même la limite de cinq mille ans. Il alla se réunir à l'essence suprême, laissant sur un des pics de Ceylan l'empreinte gigantesque et ineffaçable de son pied.

Comme Bouddha a fondé une religion rivale du brahmanisme, on comprend qu'il ne soit vu que d'assez mauvail œil par les brahmanes. Aussi ceux-ci, tout en reconnaissant le Bouddhavatara, gardent-ils sur lui un silence absolu et systématique, ou s'ils rompent le silence, c'est encore pour mêler un vague reproche aux hommages qu'ils ne peuvent s'empêcher de lui rendre. C'est ainsi que les musulmans, tout en louant en Jésus-Christ son caractère prophétique et ses vertus, condamnent sa doctrine et détestent ses sectateurs.

CHAPITRE DIX-HUITIÈME.

<small>Le Calkiavatara ou la fin du monde.</small>

La dixième incarnation, Calkiavatara, est encore à venir. A la fin de l'âge présent, Vichnou paraîtra monté sur un coursier ailé d'une éclatante blancheur ; d'une main il portera un glaive resplendissant à l'égal d'une comète ; de l'autre un disque, emblème de sa puissance. Il viendra mettre fin aux crimes de la terre. A peine son coursier, nommé Calki, aura-t-il avancé le pied droit, que la terre s'ébranlera et que le moment de sa destruction aura sonné. La terre deviendra si pesante, ajoute le peuple hindou, que le serpent Sécha, qui la supporte, succombera sous le faix ; que la tortue, sur la carapace de laquelle le globe repose, s'abîmera dans l'Océan, et avec elle s'écroulera son précieux fardeau.

On représente Vichnou avec une forme humaine et une tête de cheval, armé d'un glaive et d'un bouclier ; forme sous laquelle on croit qu'apparaîtra ce dieu vengeur.

Lorsque viendra Calki, le destructeur, un vent de feu soufflera en tout sens, ou, selon d'autres, le serpent Sécha, vomissant des torrents de flammes, consumera tous les mondes et toutes les créatures ; mais, ajoute-t-on, au milieu de cet embrasement général, les semences des choses seront recueillies dans le lotus, dans le sein fécond de Bhavani. Alors recommencera une nouvelle création, un monde nouveau ; alors s'ouvrira un nouvel âge de pureté et d'innocence. « Ainsi, dit Creuzer, toujours le lotus symbole, comme le lingam, de l'éternelle génération. Rien ne peut être absolument anéanti ; la substance demeure dans la variation perpétuelle des formes ; tous les êtres retournent à la Divinité, dont l'essence est leur source commune et qui est identifiée avec le temps, *Kal,* dont

Kali est ici l'emblème, le commencement, le milieu et la fin de toutes choses. »

Il est impossible de n'être pas frappé de la ressemblance qu'offre ce mythe indien avec le tableau de la fin du monde, que tracèrent, dans les premiers temps du christianisme, l'Apocalypse et les livres sibyllins. Dans la première composition, qui est une compilation des fables orientales, qu'on a appliquée à la religion nouvelle, on retrouve, trait pour trait, presque les circonstances indiquées par les livres hindous. Dans ceux-ci Vichnou, la seconde personne de la trinité, paraît, pour exercer sa vengeance, monté sur un coursier resplendissant de blancheur, armé d'un glaive éclatant. Dans l'Apocalypse, la seconde personne de la trinité se montre sur un cheval blanc; une épée tranchante sort de sa bouche; elle vient juger et combattre. Lors du Calkiavatara, le serpent Sécha, vomissant des torrents de flammes, consumera l'univers. Selon saint Jean, Dieu fera descendre du ciel un feu qui dévorera tout; après cela on verra un ciel nouveau et une terre nouvelle. Les hommes régénérés commenceront une vie pure et bienheureuse.

La description que nous donnent de la fin du monde les livres sibyllins, composition fabriquée sous le nom des sibylles par les premiers chrétiens, qui plaçaient dans la bouche de ces prêtresses des prophéties infiniment plus claires que celles fort obscures des prophètes hébreux, cette description, dis-je, ne semble qu'une pâle copie de toutes les merveilles racontées par les livres hindous.

Ces rapprochements nous rendent palpables les emprunts que le christianisme naissant faisait aux doctrines orientales qu'il s'assimilait, en les épurant et en les mêlant aux idées de Platon et du stoïcisme latin.

Les révolutions incessantes dont notre globe est le théâtre ont fait naître aisément dans les esprits l'idée d'une révolution plus générale qui mettrait fin à l'univers. Dans cet événement, l'imagination a réuni tous les fléaux qui désolent la terre d'ordinaire, le feu, l'eau, la maladie, la mort; elle a supposé que, par l'effet de leur mutuelle coalition, ils porteraient au sein de l'univers la destruction finale. Les prêtres ont fait de cette croyance un moyen pour effrayer les âmes crédules, en leur peignant la fin du monde comme un effet inévitable de la corruption morale des hommes. Ils ont souvent arrêté ainsi le débordement des passions, en répandant à certains intervalles cette crainte puérile; ils l'ont exploitée en même temps à leur profit, pour augmenter leur crédit, leur puissance et leurs richesses. Fidèle à son système, le clergé de tous les peuples a toujours gouverné par la peur, prêché la vertu par la crainte des châtiments, et exalté au-dessus de la vertu même les pratiques superstitieuses qui l'enrichissent et asseoient plus solidement son autorité. La fin du monde a été pour le clergé au dixième siècle, et plusieurs fois depuis, un excellent procédé de gouvernement. Toutefois, repoussant de stupides terreurs, les hommes commencent à comprendre que les lois de l'univers sont éternelles, comme son auteur, dont elles ne constituent au fond que l'expression et la règle; que les causes de destruction sont les mêmes en tout temps; qu'elles agissent lentement, se succèdent en s'affaiblissant ou en s'augmentant, sans se produire tout à coup, instantanément, et que si la terre peut redouter, par la suite des âges, une catastrophe qui, au reste, n'atteindrait pas l'univers, ce ne serait que le résultat des lois de la nature même. Loin d'être l'effet de la corruption des hommes, cette destruction ne serait qu'un phénomène physique de l'état de l'humanité. Les circonstances effrayantes annoncées par les livres hindous, persans ou chrétiens, ne sont donc qu'une vaine fantasmagorie présentée par les théologiens, fantasmagorie qui s'éloigne à mesure que la lumière pénètre et éclaire les spectateurs, c'est-à-dire les hommes. L'Apocalypse est autant pour nous maintenant de la mythologie, que les Pouranas ou les Oupanichas; elle est aussi loin qu'eux de la raison et de la science.

CHAPITRE DIX-NEUVIÈME.

Incarnations secondaires de Vichnou. — Wittoba. — Ballaji. — Nanechwer. — Candeh-Rao.

Outre les neuf incarnations de Vichnou dont nous avons fait l'histoire dans les chapitres précédents, les Hindous reconnaissent encore quelques autres avatars d'un ordre secondaire et qui se rapportent à des événements d'une date comparativement beaucoup plus récente. Nous citerons, en première ligne, celle qui est connue sous le nom de Wittoba, et en l'honneur de laquelle on a élevé un magnifique temple à Panderpour, à environ dix-huit milles au sud de Pounah. Ce dieu y est représenté avec ses deux épouses, Roukmini et Satyavama, noms qui sont aussi ceux de deux des femmes de Crichna. Ces trois idoles ont les bras en forme d'anses.

Voici ce que les Hindous rapportent sur l'origine de cet avatar. Un brahmane nommé Poundelly allait en pèlerinage avec sa femme, son père et sa mère, du Dekhan à Bénarès. Le peu d'égards qu'il montra pour ces deux derniers, qu'il laissait souvent aller à pied, tandis qu'il était monté sur un cheval, attira sur lui le courroux des dieux. Arrivé à Panderpour, la famille du pèlerin descendit dans la maison d'un brahmane. Celui-ci, au contraire, était pour ses parents d'une piété filiale exemplaire. Le matin du jour qui suivit son arrivée, Poundelly remarqua dans la maison de son hôte trois femmes d'une grande beauté qui s'acquittaient des soins du ménage, tiraient de l'eau, disposaient les vases pour la cuisine, mettaient tout en ordre, et purifiaient la salle du repas en y répandant de la bouse de vache, matière que les Hindous regardent comme sacrée. Le brahmane voulut s'approcher de ces belles inconnues et s'informer de leurs noms; mais les mystérieuses ménagères le repoussèrent avec indignation, l'appelant fils ingrat et irrévérencieux. Poundelly s'humilia devant elles, insista pour savoir leurs noms, et apprit de leur bouche qu'elles étaient Ganga, Yamouna et Saraswati. Frappé d'étonnemnet, il leur demanda comment, elles, si puissantes déesses, pouvaient s'abaisser à des soins si indignes d'elles. Alors les déesses, après lui avoir de nouveau reproché son manque d'égards vis-à-vis de ses parents, lui dirent : « Vous avez été témoin de l'affection de vos hôtes pour leurs parents âgés et infirmes. Les membres de cette famille n'ont d'autre distraction que le travail, voilà pourquoi nous leur témoignons notre faveur. Ils n'ont point entrepris de pèlerinage, car ces œuvres de piété n'ont pas de valeur tant qu'on ne s'acquitte pas de devoirs plus impérieux. En vain les méchants qui négligent leur famille passeraient leur vie en pèlerinages et en pratiques de dévotion, il ne leur en sera rien imputé de méritoire. » Le brahmane fut si frappé de cet avertissement, qu'il s'en retourna à Panderpour, et devint par la suite un modèle de vertu et de piété filiale; il atteignit même un tel degré de perfection, que Vichnou s'incarna en lui sous le nom de Wittoba.

Tel est le nom de cette incarnation, assez insignifiante par elle-même, et qui n'offre d'autre intérêt que le caractère nouveau des idées qui y percent. En effet, on n'y retrouve pas cet étroit esprit de dévotion qui exalte au-dessus de toutes les vertus sociales et vraiment louables, des exercices ascétiques, insensés quand ils ne sont pas funestes, esprit que nous avons rencontré dans tous les autres avatars. Ce trait, d'une morale plus utile sans être moins pure, semble accuser une origine étrangère, et il y a au moins lieu de croire que c'est sous l'influence des idées bouddhiques que toute cette légende, d'une date, au reste, peu ancienne, a été composée.

Une autre incarnation de Vichnou est celle qui est connue sous le nom de Ballaji ou Vinkatieich ou Terpati. Elle est principalement connue dans le Carnatic, à Terpoutty, où s'élève en son honneur une magnifique pagode. Les pèlerins y accourent de toutes les parties de l'Hindoustan et surtout du Gouzzerate.

Ballaji est représenté avec les mêmes attributs que Vichnou; ces attributs sont le lotus, le serpent à sept têtes qui se dresse derrière le dos du dieu, et aux énormes anneaux sur lesquels Ballaji repose. Camala, c'est-à-dire Lakchmi, portant le padma ou le lotus, et Satyavama sont à ses côtés.

Les deux dernières incarnations de Vichnou sont celles qui sont connues sous les noms de Nanechwer et Candeh-Rao.

Le culte du premier dieu est principalement répandu dans le Dekhan, le Kokan et le Gouzzerate, et en particulier dans la ville de Pounah.

Nanechwer est un brahmane qui paraît avoir vécu il y a dix à douze siècles; il est enterré à Aloundy, à environ neuf milles à l'est de Pounah : sa piété et sa sagesse l'ont fait regarder comme une incarnation de Vichnou. Il écrivit un grand nombre d'ouvrages sur la religion, la métaphysique et la poésie, qui ont été recueillis sous le nom de Nanechweri. Dans les derniers temps de sa vie, ayant perdu son épouse et ses enfants, il devint sanyasi ou ascète indien, et comme saint Antoine de Padoue et saint François, qui prêchaient aux animaux la parole de Dieu, il instruisit un buffle dans la science des Védas, et lui fit réciter ces livres divins, pour convaincre les incrédules. Il exerçait sur les animaux féroces un pouvoir magique, et arrêtait leur fureur par sa seule parole. Pleins d'admiration pour sa piété et ses miracles, les brahmanes ont fait construire à Aloundy un magnifique temple sur sa tombe.

Candeh-Rao est un autre personnage regardé comme un avatar de Siva ou de Vichnou. Il vainquit le géant Manimal, dans un lieu du Carnatic nommé Pehmer, et força les sujets de ce monstre, au nombre de cent millions, à reconnaître sa puissance. Un superbe temple lui est dédié dans la ville de Jéjoury, à environ trente milles sud-est de Pounah. Un grand nombre de brahmanes y résident, et des jeunes filles musiciennes sont perpétuellement attachées à son service. Cette pagode est, comme la plupart des édifices sacrés de l'Hindoustan, située dans un emplacement magnifique, sur le bord d'une rivière. Elle est sans cesse encombrée d'une nuée de mendiants et de dévots, dont la foule assiége toute ville hindoue renommée par un temple ou un pèlerinage. On y adore, sous la figure de deux immenses lingams, Candeh-Rao ainsi que Parvati, qui aida Siva dans son expédition, sous la forme d'une femme nommée Malsara. Tous les ans, à la fête nommée Jatra, on immole au dieu une brebis, et l'on promène les chevaux et les éléphants qui sont nourris et entretenus autour du temple.

Il n'y a pas de divinité plus populaire dans le pays des Mahrattes que Candeh-Rao et Malsara.

Le dieu est souvent représenté monté sur un cheval richement caparaçonné, suivi d'un chien. Candeh-Rao a quatre bras : l'un tient un sabre et l'autre le trisula; il presse d'un autre bras contre son sein Malsara, assise à ses côtés, et sa quatrième main dirige son coursier. Cette manière de placer l'épouse ou la sacti du dieu n'est pas particulière à Candeh-Rao. Brahma, Vichnou et Siva sont aussi représentés de la sorte, serrant contre leur sein Saraswati, Lakchmi et Parvati, accroupies chacune respectivement sur les genoux des dieux, dont elles ne sont que l'énergie créatrice personnifiée.

CHAPITRE VINGTIÈME.

Divinités inférieures du brahmanisme. — Les huit Vasous ou dieux régulateurs du ciel. — Indra et ses collègues.

Pour nous faire une idée précise de la nature et des rapports de cette foule immense de dieux que le brahmanisme a, ainsi que le dit Creuzer, distribués dans une hiérarchie toute sacerdotale, et qui sont admis d'un commun accord par les vichnaïvas et les saïvas, il faut parcourir les degrés principaux de cette théogonie, la plus vaste peut-être que l'imagination de l'homme ait jamais conçue.

Au premier rang figurent, immédiatement après Brahma, les huit Vasous, protecteurs et régulateurs des huit régions du monde. Ils ont pour chef Indra, le roi du firmament, le dieu de l'éther et du jour céleste, que l'on représente monté sur l'éléphant Airasvata, sorti, ainsi que nous l'avons vu plus haut, de la mer de lait. Indra a pour arme l'arc-en-ciel, et tient d'une main la foudre ou vajra : c'est ainsi qu'on le voit dans les cavernes d'Éléphanta et d'Ellora. Il est peint comme Argus, le corps semé d'yeux, image des étoiles qui sont répandues sous la voûte céleste. Cette allégorie est expliquée par le peuple, selon sa coutume, à l'aide d'une légende absurde, et dans laquelle il raconte que cette moucheture singulière fut infligée au dieu, pour avoir séduit la belle Ahilya. L'orient est plus particulièrement sous son empire ; mais il se plaît sur le mont Mérou, au pôle nord. Rien n'égale la beauté de sa ville aérienne, de son palais, de ses jardins. C'est là qu'il réside avec Indrani ou Poulamaya, son épouse, environné d'une cour choisie, qu'embellissent de leur présence, que ravissent de leurs danses et de leurs chants, des groupes nombreux d'Apsaras et de Gandharbas, à la tête desquels on distingue Rambha. L'architecte divin, auteur des merveilleuses constructions des swargas ou cieux visibles, et auquel Vichnou et d'autres divinités doivent aussi leurs somptueuses demeures, s'appelle Viswakarma; c'est une sorte de Brahma ou de *démiurge*, de créateur d'un ordre secondaire. On le voit enfoncé dans ses méditations créatrices, ayant à ses côtés ses habiles ouvriers, les Tchoubdaras, qui portent dans leurs mains les emblèmes de l'architecture et semblent tout prêts à exécuter les ordres de leur maître.

Ce palais d'Indra, dont le Mahabharata nous a laissé une pompeuse description, a huit cent mille yodjanas de circonférence et quarante mille de haut. Les colonnes sont formées de diamants; ses murs sont d'or et parsemés de perles et de pierreries; il resplendit de l'éclat de douze soleils réunis; des fleurs d'un parfum délicieux embaument ses salles.

La fête d'Indra se célèbre le quatorzième jour du mois bhadra. Après de bruyantes réjouissances, on précipite son image dans les eaux. On l'invoque sous le nom de *Sakra*, le conseiller des Asouras; de *Pakouchakani*, qui gouverne les dieux avec justice; de *Chatkratu*, auquel on adresse un sacrifice; de *Vajra Pani*, qui porte la foudre; de *Numoucsisadara*, le destructeur des géants; de *Vricha*, le saint; de *Meghousasadama*, qui est né dans les nuages, etc.

Plusieurs radjahs de l'Inde prétendent descendre de ce dieu puissant; tels sont les princes de Kangti, les rois d'Assam et d'autres radjahs des provinces orientales de l'Inde.

On voit qu'Indra est une divinité stellaire, dont l'origine remonte au sabéisme, à ce sabéisme dont nous avons retrouvé l'empreinte dans le Rig-Véda.

Indra, dit-on, ne doit pas régner éternellement ; son règne finit au bout de l'un des quatorze manivantara ou périodes de Manou, qui composent un calpa. Alors Indra régnant est remplacé par celui qui, parmi les dieux ou les Asouras, a le plus mérité cet honneur. C'est un mythe destiné à exprimer le déplacement progressif des étoiles dans le ciel, qui viennent successivement occuper la place principale. C'est une image de ce mouvement de notre firmament, de notre système solaire, par rapport aux fixes, et qui nous entraîne sans cesse dans la direction de la constellation d'Hercule. Une autre fable raconte que les Asouras, sorte de Titans, légions d'Yama, détrônent parfois Indra et ses Asouras; c'est le combat des bons et des mauvais esprits, qui se retrouve dans le christianisme, lequel en devait la connaissance à la Perse, ce qui n'est que l'expression allégorique d'un phénomène céleste, la rotation du ciel autour du pôle, que les Hindous désignent par le mont Mérou, séjour d'Indra. Ce dieu et ses Asouras ne sont que la personnification des étoiles de l'hémisphère septentrional; Yama et ses Asouras la personnification de l'hémisphère méridional. Tous ces astres éprouvent un mouvement apparent de l'est à l'ouest, et paraissent ainsi se détrôner successivement.

Ainsi Yama préside à la région du sud et à la nuit; c'est ainsi que nous l'avons vu, en parlant du sivaïsme, auquel il se rattache, le roi de la mort et des enfers. Nous reviendrons plus loin sur son empire. Nirriti ou Nirouti, qui garde le sud-ouest, est le prince des mauvais génies et se rattache par là à Yama.

Agni, dans le nom duquel on retrouve la racine du mot latin *ignis*, feu, dont nous avons déjà parlé dans l'histoire des avatars, est le dieu du feu, l'essence de la loi et du sacrifice, qui remplit, illumine et consume toutes choses; il règne sur la partie du sud-est. Ce dieu est ordinairement représenté avec deux visages, symbole de sa double nature, feu générateur et feu destructeur, ou sa double forme, feu céleste et feu terrestre; il a trois jambes, parce qu'il y a trois espèces de feu rituel, celui du mariage, celui de la sépulture, celui du sacrifice réservé aux brahmanes; il a sept bras, et en général le nombre sept domine dans ses attributions. Il est monté sur un bélier azuré portant des cornes rouges, et devant lui est encore une bannière sur laquelle est peint le même animal. De son corps s'échappent sept rayons de gloire, de sa bouche une flamme bifurquée, et de sa main droite il brandit une lance.

Agni est regardé comme le fils de Kaçyapa et d'Aditi. Son épouse ou sa sacti est Swaha, que l'on fait fille du même père. Les prêtres qui se vouent au culte de ce dieu entretiennent en son honneur un feu perpétuel, comme le pratiquaient à Rome les vestales, en l'honneur de Vesta; ils lui adressent sans cesse cette hymne mystique :

« O feu! sept est le nombre de tes flammes; sept est le nombre de tes langues; sept est le nombre de tes sages; sept est le nombre de tes demeures favorites; sept est le nombre des rites qu'observent en t'adorant les sacrificateurs; sept est le nombre de tes sources. O dieu! rends mes oblations efficaces. »

Le culte d'Agni est en très-grande faveur; ce dieu est par excellence, pour les Hindous, le dieu qui purifie. Les sectes nommées *sauras* et *sagnikas*, dont la seconde est surtout répandue à Benarès, ont une dévotion particulière pour Agni, en l'honneur duquel les sectaires entretiennent sans cesse une flamme symbolique. La bûche enlevée au premier foyer qu'allume le prêtre, en entrant en exercice, est conservée allumée durant toute sa vie, et sert aux sacrifices qui se célèbrent à son mariage, aux obsèques de ses ancêtres et en général à toutes les époques solennelles de son existence.

Varouna ou Pratchéta, dieu de la mer et des eaux, réside à l'ouest; il est le régent de la partie occidentale du ciel; il se présente sous deux aspects différents : comme bienfaiteur ou comme purificateur des hommes, répandant la fertilité sur la terre, vivifiant les plantes et les arbres, peuplant de poissons l'élément liquide, protégeant le commerce et la navigation; ou bien retenant les âmes au fond de ces abîmes et les chargeant de chaînes, pour les punir, les laver de leurs crimes et les renvoyer dans une vie nouvelle, après de longues épreuves. Les serpents et les crocodiles sont ses affreux ministres; il est monté sur un monstre marin nommé Makoura; il brandit d'une main une massue et de l'autre une corde nommée pachu ; ses quatre bras s'agitent en tout sens.

Varouna, qu'invoquent les Hindous pour obtenir de la pluie, les pêcheurs pour avoir une pêche abondante, a pour épouse ou sacti Varouni : c'est avec elle qu'il habite dans son magnifique palais, construit par Viswakarma ; c'est à ses côtés qu'il est assis sur un trône de diamant, quand il ne vogue pas à la surface de l'Océan (Samoudra), dont il est le roi.

Couvera ou Paulastya est le dieu des richesses et des trésors cachés, l'ami des souterrains et des esprits qui y résident ; c'est le Plutus-Pluton des Hindous. Il est fils de Viswasrava, père de Ravana; il est le protecteur des cavernes, des grottes; il habite les régions du nord. Là, dans Alaka, sa demeure ordinaire, au centre d'une épaisse forêt, il est environné d'une cour brillante de génies, appelés Kinnaras et Yakchas : ces derniers ont la charge de donner ou de retirer aux mortels les biens sur lesquels ils veillent incessamment. Quelquefois le dieu, leur souverain, se tient, avec son épouse Couveri, dans une grotte profonde, gardée par des serpents et défendue en outre par l'eau et par le feu ; alors, nu et remarquable par l'énormité de son ventre, il veille lui-même sur ses trésors souterrains. Mais plus souvent, porté sur un char magnifique, nommé Pouchpaka, ou sur un coursier blanc richement caparaçonné, une couronne sur la tête, un sceptre dans la main, il parcourt la terre, où il exerce son empire.

Cette habitation de Couvera, au nord, dans les montagnes qui produisent l'or et les pierreries, nous donne la clef de cette célèbre fable des griffons, apportée jadis de l'Orient dans la Grèce. Ces animaux fantastiques, qui, suivant l'historien Ctésias, gardaient les mines d'or, métal qui jadis abondait dans les montagnes de l'Inde, paraissent avoir été les mêmes que les Yakchas, serviteurs de Couvera, gnomes indiens. Sans doute leur origine doit être recherchée dans le souvenir, altéré par les âges, d'un peuple mineur qui retira le premier ces richesses des entrailles de la terre, et qui devint par là puissant et redouté. Ces peuples sont devenus plus tard, pour l'imagination populaire, des demi-dieux, des génies souterrains. C'est ce qui arriva dans la Grèce pour les Cabires, peuple forgeron, transformé plus tard en divinités vulcaniques. C'est ce qui est arrivé, au moyen âge, dans les pays du nord, pour les *Bergmännchen*, les *Bergmänlein*, les *Kobold*, génies souterrains et familiers, amis des mineurs, qu'ils tourmentent pourtant parfois de leurs espiégleries; nés de la mémoire qui s'est conservée du peuple primitif de ces contrées, adonné à l'extraction et au travail des métaux.

Nous avons déjà parlé de Vayou, ou Pavana, ou Marouta, le roi des vents, le dieu pur, l'air, véhicule des odeurs et des sons, dont Agni, le feu, s'appelle l'ami. C'est Vayou qui pénètre toutes les créatures et embrasse toutes choses; il se nomme l'ami du monde et la respiration universelle. Vayou ou Pavana est figuré monté sur une antilope; d'une de ses quatre mains il porte un pennon, et d'une autre une flèche, symbole, aussi bien que l'animal qui lui sert de monture, de la rapidité de sa marche. Enfin Isania ou plutôt Isana, qui est Siva lui-même, avec ses redoutables attributs, a pris sous sa garde la région du nord-est, et termine la série des grands dieux protecteurs du monde.

On voit que les Hindous ont assigné une divinité pour gardienne à chacun des points de la rose des vents. Tout en étant roi du firmament, Indra est plus particulièrement le régent de l'orient; Agni l'est du sud-est; Yama du sud; Niriti du sud-ouest; Varouna de l'est; Vayou du nord-ouest; Couvera du nord; Isani du nord-est. Chacun de ces dieux a sa sacti, qui constituent autant de génies femelles des mêmes points de l'horizon.

L'existence de ces divinités astronomiques est antérieure, ainsi que nous l'avons déjà fait observer, à l'établissement du brahmanisme actuel; elle remonte au sabéisme primitif des

Hindous. Voilà pourquoi on les retrouve dans les lois de Manou. On lit en effet au troisième livre :

« Que le dwidja, c'est-à-dire l'homme régénéré et appartenant à l'une des trois premières classes, aille vers chacune des quatre régions célestes en marchant de l'est vers le sud, et ainsi de suite, et qu'il adresse l'oblation à Indra, Yama, Varouna et Couvera, ainsi qu'aux génies qui forment leur suite. »

Les Égyptiens, les Perses, reconnaissaient de semblables divinités présidant aux points de l'horizon. Les chérubins, parsemés d'yeux, comme Indra, et qui portaient le Tout-Puissant sur leurs ailes de flammes, n'étaient originairement que des génies de cette espèce, agents des vents et des éléments personnifiés, qui ont revêtu un caractère d'autant plus spirituel et se sont vus d'autant plus dépouillés de leurs fonctions cosmologiques, que la physique a fait plus de progrès.

En considérant le monde de haut en bas, c'est-à-dire en le divisant verticalement, les Hindous distinguent encore trois régions, que nous examinerons dans le chapitre suivant.

CHAPITRE VINGT ET UNIÈME.

Le serpent Ananta. — Culte du soleil et de la lune. — Description de l'univers d'après le Bhagavata-Pourana.

Outre cette théogonie, fondée, avons-nous dit, sur la division des points du compas, les Hindous partagent encore le monde en trois régions, placées dans le sens vertical. A chacune d'elles correspond une divinité. La région supérieure est gouvernée par Brahma; la région centrale ou moyenne, par Roudra ou Siva; la région inférieure, par le grand serpent Ananta, qui est aussi Vasouki ou Sécha. Nous avons déjà parlé suffisamment des deux premiers dieux; il nous reste à faire connaître le grand Nâga, symbole ordinaire de Vichnou, dont Bala-Rama est supposé avoir été une incarnation. Nous empruntons au Bhagavata-Pourana la description de cet animal fantastique, qui n'est qu'une des formes emblématiques de l'être universel :

« Au-dessous des régions de l'abîme, à une distance de trente mille yodjanas, réside cette portion obscure de Bhagavat, qu'on nomme Ananta; ceux qui suivent les doctrines des Sâtvatas l'appellent Sâmkarchana; c'est-à-dire la faculté par laquelle sont unis ensemble le sujet qui voit et l'objet qui est vu, et qui a pour signe la personnalité qu'on appelle le moi.

» C'est sur une des mille têtes de Bhagavat, qui prend la forme d'Ananta, que repose le disque de la terre, qui ne paraît pas plus gros qu'un grain de moutarde.

» C'est lui qui voulant, au temps marqué, détruire l'univers, a fait apparaître entre ses sourcils, qui s'agitaient flamboyants de courroux, Roudra, nommé Sâmkarchana, formé de la réunion de seize principes, ayant trois yeux et agitant son javelot à trois pointes.

» C'est dans les miroirs de cette multitude de diamants, formés par les ongles rouges et purs de ses pieds, semblables au lotus, que le chef des serpents et les princes des Sâtvatas, s'inclinant avec le sentiment d'une dévotion profonde, contemplent, la joie dans le cœur, les traits de leurs ravissants visages, dont les joues sont ornées par les disques lumineux de pendants d'oreilles étincelants.

» C'est lui dont les filles du roi des serpents ne contemplent qu'avec pudeur le visage, où roulent des yeux bruns au regard tendre, animés par la joie que lui inspire l'ivresse de la passion qu'il éprouve pour elles, lorsque, désirant les biens qu'il donne, elles couvrent de la pâte d'agrurou, de sandal, de safran, les colonnes d'argent de ses bras lisses, gros, blancs, beaux et luisants, où brillent d'élégants bracelets, et que ce contraste, en agitant leur cœur, y fait entrer l'amour qu'expriment leurs beaux et gracieux sourires.

» C'est lui enfin, Ananta, cet océan de qualités infinies, le premier des dieux qui, contenant l'impétuosité de sa colère et de son emportement, habite cette région, pour le bonheur des mondes.

» C'est cet être qui, lorsqu'on en fait l'objet de sa pensée, pénètre dans l'âme de ceux qui désirent le salut, et y tranche le lien du cœur que forment les qualités de sa bonté, de la passion et des ténèbres; lien produit par l'ignorance et que resserre l'influence des actions accomplies depuis un terme qui n'a pas eu de commencement. C'est lui dont la forme éternelle est incréée, parce qu'étant unique, elle renferme en son sein la pluralité des êtres.

» C'est lui qui, dans sa grande passion pour nous, a revêtu la forme pure de la bonté, où apparaît cet univers qui comprend ce qui existe comme ce qui n'existe pas pour nos organes.

» Sécha enfin, dont le nom prononcé par un homme malheureux ou déchu efface aussitôt tous ses péchés. Il a mille langues; nul ne peut énoncer les hauts faits de cet être immense, doué d'un héroïsme sans limites dans son infinité; il a placé sur ses mille têtes, comme si c'eût été un atome, le globe de la terre, avec ses montagnes, ses mers et ses habitants.

» Telle est la puissance du bienheureux Ananta, dont la majesté consiste dans des forces infinies et dans des qualités immenses, et qui, maître de lui-même, du fond de l'abîme où il repose, soutient, comme en se jouant, la terre, pour lui donner son appui. »

De même qu'Indra, sous l'autorité de Brahma, gouverne notre monde terrestre par les sept autres Vasous ses ministres, de même il paraît comme le chef des sept dieux qui régissent les sept swargas ou sphères célestes. Les deux premiers de ces dieux, Sourya et Soma, semblent, jusqu'à un certain point, se confondre avec lui et avec Couvera.

Sourya est regardé comme le fils de Kaçyapa et d'Aditi; il est aussi appelé *Aditya*, le premier né; *Mitra*, l'ami; *Hamsa*, le cygne; *Martanda*, c'est-à-dire celui qui est situé au centre de l'œuf du monde. Pour les Hindous, c'est le roi de l'univers et des astres, celui qui conduit les huit mois durant lesquels il pompe l'eau par ses rayons, qui anime les douze signes du zodiaque, et qui chaque jour, à son lever, semble de nouveau créer la terre; c'est le soleil, dit le Bhagavata-Pourana, qui sert à distinguer les uns des autres les points de l'espace, l'atmosphère, le ciel, la terre; les cieux, assignés aux jouissances célestes ou à la délivrance; les enfers et les demeures de l'abîme. Les Hindous le placent au centre de l'œuf du monde, occupant la partie de l'espace qui s'étend entre le ciel et la terre. A partir du soleil, dit le Pourana déjà cité, on compte vingt-cinq fois dix millions d'yodjanas. Le soleil est l'âme, l'œil, le souverain de tous les êtres doués de vie, dieux, animaux, reptiles et végétaux.

Sourya est représenté d'une couleur jaune foncé, la tête ceinte d'une auréole lumineuse. Il a tantôt deux, tantôt quatre bras; d'une main il porte le sceptre, d'une autre le lotus, d'une troisième le tchakra, et d'une quatrième le glaive dont il combat les Daityas, ennemis du jour. Parfois il est assis sur une vaste fleur de lotus ; plus souvent il est monté sur un char à une seule roue, attelé d'un cheval à sept têtes ou de sept chevaux de couleur verte. C'est monté sur ce char que le dieu tourne autour du Mérou et du Mânasôttara, sur la cime desquels repose l'essieu de ce char. Ajouna, le dieu de l'aurore, le conduit et excite son brillant attelage. Tel il paraît au centre du zodiaque.

Le culte de Sourya est fort répandu : toute une secte, celle des souras ou sauras, lui voue une dévotion presque exclusive et chante sans cesse en son honneur et en celui de Prabha, la clarté, son épouse ou sa sacti, quelques-uns de ces hymnes du Rig-Véda, empreintes, comme celle-ci, d'une magnifique poésie :

« Déjà les rayons portent dans les hauteurs du ciel ce soleil lumineux, possédant toute science pour être vu de tous.

» Les étoiles, comme des voleurs, se retirent avec la nuit devant le soleil illuminant tout.

» Ses rayons, en s'étendant, viennent éclairer tour à tour toutes les créatures animées, resplendissant comme autant de feux.

» Pénétrant tout, aperçu par tous, tu produis ta lumière, ô soleil! Tu remplis de clarté l'atmosphère immense.

» Tu te lèves devant les Viças (les Maroutas, les vents), d'entre les dieux, devant les hommes, devant le ciel entier, pour être vu.

» Avec cette même lumière, par laquelle tu éclaires la terre, soutenant les hommes, être purificateur et protecteur,

» Tu pénètres le ciel, l'air immense, ô soleil! faisant succéder les jours et les nuits, contemplant tous les êtres animés.

» Sept cavales fauves te portent sur ton char, splendide soleil, à la chevelure de rayons; toi qui passes tout en revue.

» Le soleil a attelé les cavales d'une couleur pure, qui traînent son char ; il s'avance, soutenu par ses coursiers, qu'y rattachent leurs propres liens.

» Nous voyons la lumière succéder, toujours plus brillante, aux ténèbres ; nous invoquons le soleil, à la bienfaisante lumière ; en montant au plus haut du ciel, détruis le mal de mon cœur et ma pâleur.

» Tu feras passer ma pâleur dans les perroquets et les grives ; tu la détourneras dans les arbres hâridravas.

» Ce soleil s'est levé avec toute sa vigueur, détruisant en moi une maladie odieuse ; que je ne sois point la proie de cet ennemi. »

Ainsi parle le Rig-Véda, dans une de ces prières poétiques des premiers âges. C'est le soleil qu'on implore comme le maître du monde, comme le grand médecin des maux. Les Grecs adoraient de même Apollon-Épicurius, dans le temple célèbre de Bassæ, en Arcadie. Dans cet hymne on retrouve l'idée, commune à beaucoup d'anciens cultes, de faire passer dans des animaux ou des végétaux le mal physique ou moral qu'on veut détourner de quelqu'un. C'est cette même idée qu'exprime l'évangéliste, lorsqu'il rapporte que Jésus fit passer dans le corps des pourceaux le démon qui agitait et troublait le possédé.

Les statues de Sourya sont aussi répandues que son culte ; on remarque surtout celles des temples de Viweswara, à Bénarès, dédié à Mahadeva, et de Rama, à Ramanaghour.

Tchandra ou Soma est un dieu compagnon de Sourya ; c'est lui qui préside à la lune, et surtout à la lune en opposition avec le soleil. La lune était chez les Hindous, comme chez les anciens peuples germaniques, un dieu mâle, tout à fait analogue au dieu Lunus de plusieurs nations antiques ; mais quand la lune entre en conjonction avec le soleil, c'est un dieu femelle, Tchandis.

Tchandra préside à la lune, source de l'humidité primitive, des eaux vitales, des pluies, et par elle, de la fertilité ; il est invoqué sous le nom d'Isa, qui rappelle celui d'Isis, déesse de la lune chez les Égyptiens ; de Nichapouti, seigneur de la nuit ; de Kchoupakara, qui illumine les ténèbres. Le dieu qui gouverne la seconde des sphères ou swargas se trouve, par conséquent, placé au-dessus de Sourya, qui régit la première. Monté sur un char traîné par deux antilopes, Soma parcourt ses vingt-sept demeures ou nakchatras, regardées comme ses épouses.

C'est ainsi que les Hindous se figurent l'essence des deux grands corps célestes, le soleil et la lune.

Le passage suivant du Baghavata-Pourana complétera le tableau qu'ils se forment des révolutions des cieux et de la disposition des mondes.

« Les Valakhilyas, qui sont des richis hauts comme la phalange du pouce, précèdent le soleil, au nombre de soixante mille, pour chanter des hymnes et célébrer les louanges du dieu ; et de même, deux autres troupes, formées chacune d'un richi, d'un Gandharva, d'une Apsara, d'un Nâga, d'un Gramani, d'un Démon et d'un Déva, en tout, quatorze génies, viennent deux fois par mois, avec leurs noms distincts, honorer par des devoirs spéciaux et sous ses noms divers, le divin soleil, qui est l'esprit.

» Cet être entrant, dit le Bhagavata-Pourana, dans la roue du temps, qui occupe le centre de l'atmosphère, entre la terre et le ciel, parcourt les douze mois, qui tirent leurs noms de ceux des signes et qui sont les portions de l'année ; un mois est la réunion de deux pakchas, un jour et une nuit des pitris ou encore la durée de deux stations ou nakchatras un quart ; le temps que le soleil met à parcourir un sixième des signes zodiacaux est une saison, l'une des portions de l'année.

» Les nakchatras sont au-dessus de la lune ; au-dessus d'eux sont les planètes Uçanas (Vénus), Boudha (Mercure), Aggâraka (Mars), Vrihaspati (Jupiter), l'astre à la marche lente (Saturne), à deux cent mille yodjanas les uns des autres.

» Au delà, à onze cent mille yodjanas de distance, se voient les richis, qui répandent le bonheur dans les mondes, tournent autour de la demeure suprême du bienheureux Vichnou, située à treize cent mille yodjanas au delà; près de lui marchent Agni, Indra, Pradjapati, Kaçyapa et Dharma.

» Au-dessous du soleil sont situées les demeures des Siddhas, des Tchâranas et des Vidyâdharas.

» Au-dessous est l'espace où se meuvent les troupes des Yakchas, des Rakchasas, des Pisatchas, des Prêtas et des Bhutas; c'est toute la partie de l'atmosphère où le vent souffle, où paraissent les nuages.

» Au-dessous est la terre, à une distance de cent yodjanas; cette distance est la limite qu'atteignent en volant les oiseaux de premier ordre, les cygnes, les faucons, les vautours et Garouda.

» Au-dessous de la terre se trouvent sept cavités, qui ont chacune dix mille yodjanas de profondeur, et qui s'étendent jusqu'à l'enveloppe du monde; ce sont Atala, Vitala, Soutala, Talâtala, Mahâtala, Rasâtala et Pâtâla.

» Ces lieux souterrains sont peuplés de palais, de jardins et de lieux où l'on joue, qu'embellissent des plaisirs, des jouissances, une grandeur, une béatitude, une prospérité et une puissance surnaturelles, supérieures même aux biens du ciel; c'est le séjour des Daityas, des Danavas et des fils de Kadrou, qui, au milieu de la joie et de l'affection de leurs femmes, de leurs enfants, de leurs parents, de leurs amis et de leurs serviteurs, se livrent aux jeux de la magie, sans que le Seigneur lui-même interrompe leurs plaisirs.

» Là Maya, le magicien, a créé des villes où les palais, les enceintes, les portes, les salles, les arbres consacrés, les cours et les autels, sont formés et ornés d'un choix des plus belles pierreries, et où les maisons des princes de l'abîme reposent sur un sol factice, que décorent des couples de Nâgas, d'Asouras et des images de colombes, de perroquets et de sârikas.

» Là sont des jardins parés de beaux arbres, dont les branches, que les lianes serrent de leurs étreintes, plient sous le poids des fleurs, des fruits et des rameaux florissants, et dont l'éclat ravit le cœur et les sens. Des lacs, aux ondes pures, sont peuplés de couples d'oiseaux variés; leur surface est couverte de nymphæas et de lotus bleus, blancs et rouges.

» Là sont inconnus les dangers qui accompagnent les diverses divisions du temps, tels que le jour et la nuit.

» La mort ne peut absolument rien contre les êtres fortunés qui y habitent, à moins qu'elle ne soit causée par la splendeur de Baghavat, qui se cache sous son tchakra.

» Dans Atala réside l'Asoura Bala, fils de Maya : c'est lui qui a créé en ce monde les quatre-vingt-dix-neuf déguisements magiques que revêtent encore aujourd'hui les magiciens.

» Dans Vitala est Hara, surnommé Hâlakçivara, entouré de la troupe des Bhoutas.

» Au-dessous est Soutala, où réside encore aujourd'hui le fils de Virotchana, Bali.

» Plus bas que Soutala est Talâtala, où habite le chef des Dânavas, Maya, le roi de Tripura.

» Au-dessous est Mahâtala, où vivent les Kuhakas, les Takchakas, les Kaliyas et les Souchenas, chefs de la troupe qu'on nomme colérique, des serpents à plusieurs têtes, ces fils de Kadrou, à la crête large, qu'effraye incessamment le roi des oiseaux, Garoudha.

» Au-dessous est Rasâtala, où vivent, cachés comme des serpents, les fils de Diti, les Danavas et les Panis, adversaires des dieux, doués d'une grande vigueur et d'une énergie extrême; mais dont la splendeur de Hari, qui étend sa puissance sur tous les mondes, a brisé l'orgueil; ils tremblent au nom d'Indra, que font entendre les aboiements, semblables à un mantra, de Saramâ, la chienne, messagère des dieux.

» Au-dessous est le Pâtâla, qu'habitent les chefs du monde des Nâgas, dont Vasouki est le chef, tous ayant de larges crêtes, tous pleins d'un immense courroux. Les grands joyaux resplendissants dont sont parées les crêtes de ces serpents, qui ont cinq, sept, dix, cent et jusqu'à mille têtes, dissipent, par leur éclat, les ténèbres épaisses qui obscurcissent les régions souterraines du Pâtâla. »

CHAPITRE VINGT-DEUXIÈME.

<small>Cosmographie des anciens Hindous.</small>

Pour se former une idée du système cosmologique complet des Hindous, qui est chez eux si intimement lié à la religion, il faut ajouter au tableau donné dans le chapitre précédent, celui plus détaillé de notre terre et de la partie du monde que nous habitons. Le Bhagavata-Pourana va nous le fournir encore avec toute sa richesse et sa bizarrerie :

« Tu as déterminé la circonférence de la terre, en disant qu'elle embrassait tout ce que le soleil illumine et tout ce qu'éclaire la lune avec la foule des étoiles.

Les sept fossés creusés par les roues du char de Priyavatra ont formé les sept océans ; ce qui t'a fait dire que la terre était composée de sept continents (entourés d'eau, les dwipas).

Le continent où nous sommes, qui est le plus central des fruits du lotus de la terre, a une étendue de cent mille yodjanas ; il est exactement rond comme une feuille de nymphæa.

Il renferme neuf varchas ou divisions, et séparées les unes des autres par huit montagnes qui en marquent les limites.

Ilavrita est le varchas du milieu ; de son centre s'élève le Mérou, ce roi des grandes montagnes qui est entièrement formé d'or, et dont la hauteur est égale à l'étendue du continent ; c'est le péricarpe du lotus de la terre ; son sommet a trente-deux mille yodjanas de circonférence et sa base soixante mille, ce qui est la mesure de sa racine sous la terre.

Au nord d'Ilavrita, viennent successivement les varchas Ramyaka, Hiranmaya et Kourou, dont les limites sont formées par les monts Nila, Çveta et Çriggavat, et par la mer d'eau salée qui les baigne aux deux extrémités. Ces monts, qui s'étendent vers l'orient, ont deux mille yodjanas de largeur, et ils diminuent successivement d'un peu plus de la dixième partie de la longueur du premier.

Au sud de l'Ilavrita s'élèvent les monts Nichadha, Hémakhuta et Himalaya, qui s'étendent vers l'orient, et ont, comme Nila et les précédents, dix mille yodjanas de hauteur; ces montagnes sont celles de Harivarcha, du Kimpuracha et du Bharata.

A l'ouest et à l'est de l'Ilavrita sont les monts Malyavat et Ghandamâdana, qui rejoignent les monts Nila et Nichadha, et ont deux mille yodjanas de largeur.

Ils forment la limite des varchas Kétumala et Bhadraçva.

Mandara, Mérumandara, Suparçva et Kumada, montagnes qui ont dix mille yodjanas de longueur et de hauteur, ont été placées sur quatre côtés du Mérou pour le soutenir.

Sur ces quatre sommets croissent quatre grands arbres : un manguier, un djamba, un kadamba et un nyagrôdha, qui sont comme les étendards de ces montagnes; ils ont onze cents yodjanas de hauteur; leurs branches en ont autant de longueur, et leur tronc en a cent de circonférence.

On y voit quatre lacs formés de lait, de miel, de suc de canne et d'eau pure; les troupes des dieux inférieurs qui s'y baignent, y trouvent d'eux-mêmes les facultés surnaturelles du Yoga. (Nous expliquerons plus bas en quoi il consiste.)

Là sont les quatre paradis, les quatre jardins des dieux Nandana, Tchaîtraratha, Vaibradjaka et Sawatôbhadra, où les premiers des immortels avec les chefs de la troupe des femmes, qui font l'ornement des épouses des Souras, se livrent aux plaisirs, en entendant leurs louanges chantées par les dieux inférieurs.

Sur la pente de Mandara tombent, du haut du manguier divin qui a onze cents yodjanas d'élévation, des fruits semblables à l'ambroisie, qui sont gros comme le sommet d'une montagne.

Ils laissent, en se brisant, échapper un suc rouge, abondant et doux, qui répand un parfum délicieux, et qui forme le fleuve nommé Arunôda, lequel, tombant du sommet du Mandara, arrose l'Ilavrita à l'est.

Les femmes des Yakchas, qui forment la suite de Bhavani, recherchent ce suc ; et le vent qui s'est embaumé en touchant leur corps parfume l'air à dix yodjanas à la ronde.

Les fruits du djamba, qui n'ont presque pas de noyau et qui ressemblent par leur volume au corps d'un éléphant, se brisant de même à cause de la hauteur de leur chute, forment de leur suc le fleuve nommé Djambunadi ; qui, tombant sur la terre des sommets du Mérumandara, d'une hauteur de dix mille yodjanas, se dirige au sud et arrose l'Ilavrita.

Le grand kadamba du mont Suparçva laisse couler de ses branches cinq courants de sucs doux, dont la circonférence est de cinq brasses ; ces courants tombent du haut du Suparçva, et, se répandant à l'ouest, remplissent de joie l'Ilavrita.

Sur le mont Kumada s'élève le figuier nommé Catavalça, d'où découlent du lait, du caillé, du beurre, du miel, de la mélasse, du riz cuit, et aux branches duquel sont suspendus des étoffes, des lits, des siéges et d'autres ornements. Tous ces produits forment des fleuves qui donnent tout ce que l'on désire, et qui, tombant du haut du Kumada, traversent l'Ilavrita du côté du nord.

Les êtres qui les visitent sont à jamais exempts des diverses espèces d'infirmités, telles que les rides, la blancheur des cheveux, la fatigue, la sueur, les exhalaisons désagréables, la vieillesse, la maladie, la mort, les effets du froid et du chaud, l'altération du teint, les possessions, et ils jouissent pendant leur vie d'un bien-être extrême.

Il y a d'autres montagnes nommées Kuramga, Kurara, Kusumbha, et qui, semblables aux étamines autour du fruit du lotus, sont placées autour de la base du Mérou.

A l'est du Mérou, se dirigeant vers le nord sur une étendue

de dix-huit mille yodjanas, sont les montagnes Djatara et Devakuta, qui ont deux mille yodjanas en largeur et en hauteur ; à l'ouest, sont Pavana et Pariyatra ; au sud, Kailasa et Karavira qui se dirigent vers l'orient ; au nord, Triçryga et Makara ; au milieu de ces huit montagnes, le pic doré du Mérou brille comme Agni entouré d'une ceinture de feu.

Sur le sommet du Mérou, au centre, on place la ville du bienheureux Brahma, qui a dix mille yodjanas et qui est parfaitement quadrangulaire et entièrement d'or.

Tout autour sont placées les villes des huit gardiens du monde, qui chacune occupent un point de l'espace distinct, ont une forme particulière, et c'est le quart de l'étendue de la ville de Brahma. »

Le chapitre qui fait suite à celui-ci dans le cinquième livre du Bhagavata-Pourana, ajoute :

« Quand Vichnou franchissait les trois mondes, l'ongle du pouce de son pied gauche pénétra dans la partie supérieure de l'œuf qui renferme l'univers. Les eaux extérieures entrant par cette ouverture, formèrent un courant qui descendit sur le sommet du ciel pendant l'immense durée de mille yougas. Ce point du ciel est ce qu'on nomme la demeure de Vichnou.

De là, ajoute le livre sacré, ce courant tombe sur les nœuds de la chevelure des sept richis, puis descend par la voie céleste que couvraient plusieurs milliers de files de chars divins, et baignant le disque de la lune, elle tombe dans la demeure de Brahma.

Là, se divisant en quatre courants et prenant quatre noms distincts, elle coule vers les quatre points cardinaux pour aller ensuite se rendre dans le sein du roi des fleuves et des rivières.

Ces quatre courants sont la Sita, l'Alakananda, le Tchakchou, et la Bhadra. »

Cette description, toute fantastique qu'elle est, a cependant un grand intérêt pour nous ; c'est qu'elle nous fournit un autre type de ce paradis terrestre dont l'antique tradition se trouve consignée dans la Genèse. Le manguier et les autres arbres divins sont le type de l'arbre de vie qui croissait au milieu du jardin délicieux habité par Adam; les quatre courants, formés du vaste fleuve qui s'échappe du Mérou, de la demeure de Vichnou, rappellent le fleuve qui sortait de terre pour arroser le paradis terrestre, et qui se divisait en quatre canaux ou fleuves qui arrosaient le monde. Quant à la disposition de l'univers que nous donne le Pourana, elle rappelle assez bien celle qu'admettaient la plupart des premiers chrétiens, et que l'on trouve dans la Topographie de Cosmas Indicopleuste, écrite vers l'an 535.

L'histoire du paradis terrestre est un mythe que les Juifs reçurent de l'Iran et de l'Inde haute, et acceptèrent dans leurs livres, en le simplifiant, en le dégageant d'une grande partie de ce merveilleux que repoussait leur esprit positif. Quand plus tard les chrétiens éprouvèrent le besoin d'un système cosmologique plus complet, c'est encore l'Inde et la Perse qui leur en fournirent les premiers linéaments.

CHAPITRE VINGT-TROISIÈME.

Description des enfers des Hindous.

Après avoir décrit le monde tel qu'il est, suivant les idées hindoues, il nous reste à tracer le tableau d'une partie de ce monde, dont l'étude est liée plus intimement encore que celle des autres à la connaissance de la religion de Brahma, c'est celui de l'enfer ou plutôt des enfers. Le dogme des récompenses et des peines constitue le fond de presque toutes les religions. Tous les prêtres ont prêché une rémunération et un châtiment futurs. Mais dans la description qu'ils en ont faite, l'enfer, c'est-à-dire le lieu des douleurs et des châtiments, a toujours occupé une place infiniment plus étendue que le paradis, c'est-à-dire le lieu de félicité et de repos. Pourquoi? c'est d'abord que l'homme se représente plus facilement des souffrances physiques et même morales, que des jouissances qui ne sauraient plus offrir un caractère sensuel et terrestre; remarquons en effet que plus les religions ont promis aux élus des joies spirituelles, plus elles leur ont annoncé une béatitude morale, plus elles se sont montrées impuissantes à définir, à expliquer ces joies et cette béatitude. Quelle différence, par exemple, entre la description si détaillée, si saisissante, si excitante du paradis de Mahomet, avec ses houris, et celle du ciel des théologiens protestants, qu'on ne peut comprendre que parce qu'il ne doit pas être? La seconde cause, c'est que la crainte des châtiments agit bien plus sur les hommes que l'espérance des jouissances, et que les prêtres ont eu plus d'intérêt à exploiter les dévots par la peinture de l'enfer, qu'à l'aide des promesses du paradis. Il y a plus, c'est que, pour certains hommes, pour certaines natures d'hommes, la crainte est le seul lien qui les rattache à la morale; ôtez la crainte des châtiments, et ces hommes, ces natures, ne s'arrêteront plus dans la voie de la corruption.

Il ne faut donc pas nous étonner de rencontrer chez les Hindous un tableau de l'enfer aussi circonstancié, de voir que l'esprit de leurs prêtres a été si ingénieux à inventer des supplices, des tortures nouvelles. Le brahmanisme porte l'empreinte commune à toutes les religions nées de l'alliance de l'imagination de l'homme et du sentiment religieux. Voici la curieuse description que nous offre le Bhagavata-Pourana :

« Les enfers sont dans l'enceinte des trois mondes, au midi sous la terre et au-dessus de l'eau, au lieu qu'habitent les Agnichvatlas et autres troupes des Pitris.

» Leur bienheureux roi Yama, le fils de Vivasvata, entouré de sa troupe et se conformant aux ordres de Bhagavat, punit, au moyen de ses gardes, suivant la nature des actions, la faute condamnable des hommes, qui, après leur mort, viennent dans son royaume.

» Là sont les enfers, qui, suivant quelques opinions, sont au nombre de vingt et un. On les nomme Tamisra, Andhatamisra, Râurava, Maharâurava, Kumbhipaka, Kalasutra, Asipattravana, Sukaramukha, Andhakupa, Krimibhodjana, Samdamca (les tenailles), Taptasurmi (la statue de fer brûlante), Vadjrakantakaçalmali (le cotonnier aux épines de diamant), Vaitarani (le fleuve infranchissable), Puyoda (l'océan de pus), Pranarodha (l'attaque contre la vie), Viçasana, Lalabhakcha (celui qui se nourrit de salive), Sarameyadana (la curée des chiens), Avitchi, Ayahpana (l'action de boire l'airain), et de plus Kcharakardama (le limon salé), Rakchoganabhodjana (le lieu où l'on sert d'aliment à des troupes de Rakchas), Sulaprota (celui qui est mis sous le pal), Damdasouka, Avatanirodhana (le lieu où l'on est confiné dans des trous), Paryavartana (le lieu où il y a des retours), et Sutchimukha, qu'ajoutent ceux qui comptent vingt-huit enfers ou lieux de châtiments variés.

» Celui qui a dérobé le bien, les enfants ou la femme d'un

autre, est serré dans les chaînes du temps et précipité violemment dans ce lieu de ténèbres, par la faim et la soif, accablé de coups de bâton et de fouet, d'injures et d'autres supplices; il tombe en faiblesse et va quelquefois jusqu'à perdre le sentiment.

» Il en est de même dans l'Andhatamisra (l'obscurité profonde), où tombe celui qui, après avoir trompé un homme, s'empare de sa femme ou de ses autres biens. Précipitée en ce lieu, l'âme perd, au milieu des souffrances, la pensée et la vue, et elle ressemble à un arbre dont la racine est coupée. C'est pourquoi on appelle cet enfer Andhatamisra.

» Celui qui disant en ce monde : « Ceci est à moi, cela est à moi, » ne s'occupe chaque jour que de soutenir sa famille en faisant tort à d'autres êtres, laisse tout cela ici-bas et tombe lui-même, pour prix de cette faute, dans l'enfer Râurava (terrible).

» Les êtres que cet homme a mis ici-bas à mort, devenant des Rurus, se hâtent, quand il est dans l'autre monde, au milieu des douleurs infernales, de lui rendre le mal qu'il leur a fait. C'est pour cela qu'on nomme cet enfer Râurava. Ruru est le nom d'un animal plus cruel que le serpent.

» Il en est de même du Maharâurava (le grand Râurava), où tombe celui qui ne songe qu'à soutenir son corps; là des démons cannibales, nommés Rurus, le tuent pour dévorer sa chair.

» L'homme cruel et sans pitié qui prive de la vie des quadrupèdes ou des oiseaux, assailli dans l'autre monde par les reproches des Rakchas eux-mêmes, est torturé, par les gens de Yama, dans le four à potier, qui est plein d'huile bouillante.

» Le meurtrier d'un père ou d'un brahmane et celui qui fait mauvais usage du Véda, sont précipités dans l'enfer Kalasutra (la corde du temps), qui a une circonférence de dix mille yodjanas, qui est de cuivre, dont le sol est brûlant et qui est, en dessous et en dessus, échauffé par le feu et par les rayons du soleil ; là, se sentant dévoré au dedans et au dehors par les ardeurs de la faim et de la soif, il est assis, couché, debout ; il agit, il court pendant autant de milliers d'années qu'un animal domestique a de poils.

» Celui qui abandonne, hors des cas de détresse, la voie qui lui est tracée par le Véda et qui se livre à l'hérésie, est jeté dans l'enfer Asipattravana (la forêt où les feuilles sont des épées) et y est frappé à coups de fouet ; là, courant de côté et d'autre, ayant tout le corps déchiré par les feuilles de cette forêt de palmiers, qui sont des épées à deux tranchants, il tombe à chaque pas, épuisé par les douleurs les plus cuisantes, en s'écriant : « Ah ! je suis mort ! » et il recueille ainsi, pour avoir violé son devoir, la récompense réservée à l'hérésie.

» Le roi ou le serviteur du roi qui, sur la terre, punit un innocent ou inflige à un brahmane un châtiment corporel, tombe, après la mort, pour ces péchés, dans l'enfer Sukaramukha (le groin de porc) ; là des bourreaux lui écrasent les membres, comme on écrase ici-bas une tige de canne à sucre, et poussant des cris lamentables, s'évanouissant quelquefois, il tombe en défaillance, comme ceux qu'il a torturés sans qu'ils eussent commis de crimes.

» Celui qui, ayant les moyens de vivre assignés à l'homme, fait ici-bas sciemment du mal aux êtres qui nuisent à autrui, sans discernement, parce que le Seigneur ne leur a pas départi d'autres moyens d'existence, tombe, pour le tort qu'il leur a fait, dans l'Andhakupa (le trou ténébreux) ; là les animaux domestiques, les bêtes fauves, les oiseaux, les reptiles, les moustiques, les poux, les punaises, les mouches, toutes les créatures enfin auxquelles il a fait du mal, viennent le tourmenter à leur tour, et privé de sommeil et de repos, ne pouvant s'arrêter nulle part, il erre dans les ténèbres, comme l'âme vivante dans un mauvais corps.

» Celui qui, ne célébrant pas les cinq sacrifices, mange, comme un corbeau, tout ce qu'il trouve, sans partager avec personne, tombe, après cette vie, dans le misérable enfer Krimibhodjana (celui qui se nourrit de vers); là, dans un trou plein de vers, qui a cent mille yodjanas d'étendue, devenu ver lui-même, il est dévoré par ces reptiles, dont il fait sa nourriture, et cet homme, qui a mangé sans donner et sans sacrifier, se torture lui-même, pour le crime qu'il n'a pas expié, autant d'années que cet enfer a d'étendue.

» Celui qui, hors des cas de détresse, s'empare, soit par le vol, soit par la violence, de l'or, des pierreries ou des autres biens d'un brahmane ou d'un autre homme, est saisi après sa mort par les gens de Yama, qui lui arrachent la peau avec des tenailles de fer, dont la pince est de feu.

» L'homme ou la femme qui ont eu commerce avec la femme ou l'homme auxquels il leur était interdit de s'unir, sont frappés dans l'enfer à coups de fouet et serrés dans les bras, l'un d'une image de femme, l'autre d'une image d'homme, faite de métal brûlant.

» Celui qui a eu commerce avec toute espèce d'êtres, tombe, après cette vie, dans l'enfer, où les exécuteurs déchirent son corps en l'empalant sur une tige de cotonnier aux épines de diamant.

Les rois ou leurs gens qui renversent les digues de la loi élevées contre l'hérésie, tombent, après cette vie, en punition d'avoir franchi toutes les bornes, dans le Vaitarani ou fleuve, qui est comme un fossé autour des enfers. Dévorés çà et là par les poissons, ne pouvant se séparer d'eux-mêmes et soutenus par le souffle vital qui ne les quitte pas, ils souffrent à la pensée de leur faute et du châtiment qu'elle leur attire, et sont torturés au milieu des excréments, de l'urine, du pus, du sang, des cheveux, des ongles, des os, de la moelle, de la chair et de la graine qui roulent dans ce fleuve.

» Les hommes qui, s'unissant à des femmes débauchées, méprisent les règles de la morale et de la pureté, et qui, violant toute pudeur, vivent de la vie des bêtes, tombent, après leur mort, dans un océan de pus, d'excréments, d'urine, de flegme et de salive, où ils se nourrissent de ces substances dégoûtantes.

» Les brahmanes et autres qui, possédant des chiens et des ânes, vivent du produit de leur chasse et tuent des animaux hors du cas de sacrifice, servent, après leur mort, de but aux gens de Yama, qui les percent de leurs flèches.

» Les hommes faux qui, dans des sacrifices hypocrites, ont tué des animaux, tombent dans l'enfer Vaiçasana (le dépècement), où les chefs de cette région les déchirent après les avoir mis à mort.

» Le brahmane, aveuglé par la passion, qui a fait boire sa semence à une femme de sa caste, est précipité, pour ce crime, dans un fleuve de cette substance, dont il est forcé de boire.

» Les brigands, les incendiaires, les empoisonneurs, les rois ou les serviteurs des rois, qui ont pillé des villages ou des caravanes, sont, après leur mort, déchirés violemment par sept cent vingt chiens aux dents de diamant, messagers de Yama.

» Celui qui a menti dans un cas de témoignage, de négoce ou d'aumône, descend, après sa mort, dans l'enfer Avitchimat (sans vagues), qui repose sur lui-même; il y est précipité la tête en bas, du sommet d'une montagne haute de cent yodjanas, sur un sol formé de pierres et luisant comme de l'eau qui n'aurait pas de vagues; là, ne mourant pas, quoique son corps soit réduit en poussière, il est forcé de remonter et précipité de nouveau.

» Le brahmane, le radjah, le vaisya ou leurs femmes qui, ayant bu le soma, ou, durant l'accomplissement d'un devoir religieux, ont pris sciemment des liqueurs enivrantes, tombent, quand ils sont dans l'enfer, sous les pieds des bourreaux, qui, leur foulant la poitrine, leur versent dans la bouche du fer fondu.

» L'homme vil qui, s'exaltant à ses propres yeux, méprise ceux qui l'emportent sur lui par le mérite de la naissance, des austérités de la morale, de la caste et de la condition, est déjà en cette vie un cadavre, et quand il est mort, précipité la tête en bas dans l'enfer du limon salé, il y souffre des douleurs sans fin.

» Ceux qui, en ce monde, sacrifient des victimes humaines, et les femmes qui dévorent les hommes immolés en sacrifice, sont, dans la demeure de Yama, tourmentés par leurs victimes, qui, devenues des troupes de Rakchas, leur coupent les membres à coups de hache, ainsi que des bouchers, boivent leur sang, puis dansent et chantent, pleins de joie, comme faisaient sur la terre ces cannibales.

» Ceux qui, après avoir entraîné des innocents, par des paroles de confiance, dans un lieu désert ou dans un village, les empalent pleins de vie sur des pieux ou les attachent avec des cordes, se faisant un plaisir de les torturer, sont condamnés, après leur mort, au pal et aux autres supplices de Yama, et là, tourmentés par la faim et la soif, déchirés de tous côtés par des hérons et par des grues au bec pointu, ils se rappellent leur faute.

» Les hommes d'un violent naturel, qui, semblables à des serpents, épouvantent ici-bas les autres êtres, tombent, après leur mort, dans l'enfer nommé Damdasouka (le serpent), où des serpents à cinq et à sept gueules les saisissent et les dévorent comme des rats.

» Ceux qui renferment ici-bas d'autres êtres dans des trous obscurs, dans des creux à serrer le grain ou dans des cavernes, sont, après leur mort, confinés dans des lieux pareils, où ils sont suffoqués par la fumée d'un feu empoisonné.

» Le maître de la maison qui souvent, à la vue d'un hôte ou d'un visiteur, éprouve des accès de colère et le reçoit avec des regards mécontents, comme s'il voulait le consumer, voit dans l'enfer des vautours, des hérons, des corbeaux et des grues venir lui arracher de force ces yeux qui n'avaient que des regards cruels.

» L'homme fier de sa richesse, égoïste, aux regards obliques, se défiant de tous, dont le cœur et la bouche se dessèchent à l'idée de dépenser ou de perdre son argent, et qui, ne trouvant jamais de repos, garde son trésor, semblable à un démon, ramasse, après cette vie, des ordures, parce qu'il n'a songé qu'à se procurer un trésor, à l'augmenter et à le conserver, et il tombe dans l'enfer Sutchimukha (la tête d'une aiguille), où, semblable à des tisserands, les gens de Dhermaradjah passent des cordes dans tous les membres de ce pécheur, qui n'a fait qu'amasser des richesses.

» Telle est la nature des enfers, qui existent par centaines et par milliers dans la demeure de Yama. Tous sont peuplés, chacun dans leur ordre, par tout ce qu'il y a en ce monde d'hommes injustes. Quant aux hommes qui suivent la loi, ils vont dans le monde opposé (le ciel); mais ils renaissent les uns et les autres sur la terre, pour achever de jouir de ce qui leur reste de leurs œuvres. »

En jetant les yeux sur cette innombrable variété de supplices, il semble qu'on lit l'explication de quelques-unes de ces peintures dont Giotto ou Orgagna ornaient les murs du Campo-Santo de Pise. Si ce n'était le changement des noms et la nature toute hindoue de certaines idées consignées dans cet effrayant tableau, ne croirait-on pas parcourir une page de Dante ou quelqu'une de ces visions telles que celles des moines d'Evesham, de Thurcill, de Tondal, dans lesquelles le peuple, au moyen âge, lisait le récit des affreux supplices réservés aux damnés? N'y retrouve-t-on pas les divers châtiments qu'Alighieri retraçait dans ses vers magnifiques, sous l'empire des idées de son temps?

Dans le Pâtâla, les hommes se font justice eux-mêmes; ils se vengent, sous la forme de Rurus, de ceux qui les ont tourmentés sur la terre. C'est ainsi que dans la *Divine Comédie* le comte Ugolin ronge la tête de son ennemi, l'archevêque Ruggieri, ou que les âmes d'Angelo Brunelleschi et de Buoso degli Abati, luttent sans cesse avec des âmes devenues des serpents, et deviennent à leur tour des monstres semblables, qui tourmentent ces âmes, rendues à leur forme primitive.

Nous retrouvons dans la *Divine Comédie* les fouets dont les démons frappent les âmes dans Malébolge, ceux qui châtient les damnés hindous dans la chaîne du temps ou dans l'Asipattravana. Les trous ténébreux, les serpents venimeux de la septième vallée décrite par Dante ont, dans le Bhagavata-Pourana, leur équivalent et en quelque sorte leur modèle. A quoi tiennent ces analogies? L'imagination du vieux gibelin s'est-elle rencontrée par hasard avec celle du poëte hindou? ou bien y a-t-il entre ces idées une certaine filiation? La réponse nous semble être peu contestable : sans doute qu'Alighieri n'a jamais connu, ni lui ni ceux qu'il a imités, la description que le savoir d'un orientaliste illustre, M. Eugène Burnouf, a fait seulement connaître à l'Europe tout récemment. Sans doute que l'esprit de l'homme, essentiellement borné dans ses conceptions, a dû souvent s'offrir les mêmes tableaux, en présence d'idées identiques. Il y a toutefois un fait important à noter. Dante, en décrivant, avec toute la verve de son génie poétique et l'énergie de son talent, les amères douleurs de la cité des larmes, ne faisait qu'exprimer dans un cadre unique et dans des vers admirables les croyances de son temps. D'où venaient ces croyances? où les chrétiens du moyen âge avaient-ils puisé la représentation qu'ils se faisaient de l'enfer? Ce n'était pas certes dans les livres des juifs, si muets, si pâles, si ténébreux, quand il est question de l'autre vie; c'était dans les idées païennes elles-mêmes : Homère, Platon, Virgile, Ovide, Stace, voilà quels sont les auteurs qui ont inspiré Dante; ceux chez lesquels on retrouve, presque trait pour trait, l'enfer prêché par les moines visionnaires du moyen âge. Les nombreux auteurs de traités sur l'enfer, théologiens italiens pour la plupart, ne se font même aucun scrupule de citer ces poëtes comme autorités. En confrontant leurs écrits avec ceux plus modernes, touchant les châtiments et même les récompenses futures, la ressemblance vous saisit. Ce sont les mêmes scènes, les mêmes systèmes cosmologiques, les mêmes craintes matérielles et grossières. Il n'est pas jusqu'à certains vases peints de l'antiquité, qui ne semblent avoir été les modèles copiés par Giotto, Orgagna, Michel-Ange et Breughel. Où avaient puisé les anciens eux-mêmes? N'était-ce pas l'Orient, l'Égypte, qui leur avaient apporté leur religion, par portions, par fragments? Les idées sur l'enfer sont donc venues de là, et nous sommes ainsi ramenés à l'Inde, comme à un des berceaux de ces croyances.

Remarquons dans le Pourana la main du brahmane, qui est restée ineffaçable. Relisons ce verset où il est dit que les meurtriers d'un père ou d'un brahmane seront précipités dans le même enfer, punis du même supplice. Le prêtre a voulu consacrer, par la parole divine, son caractère sacré. Il s'est élevé à l'égal du père de famille, de l'être que l'homme respecte le plus. Dans d'autres tableaux de l'enfer, indiqués par les livres hindous, ceux qui prennent les biens de la caste sacerdotale sont punis des derniers supplices. Au moyen âge, le clergé ne se montra pas moins habile à effrayer, par ces descriptions horribles de l'enfer, ceux qui étaient tentés de le déposséder. Non content d'avoir frappé d'une excommunication immédiate celui qui lèverait la main sur un prêtre, il représenta comme maudits de Dieu ceux qui, leur vie durant, avaient été peu favorables au sacerdoce. Une tradition fort répandue en Allemagne rapporte que Louis le Doux obtint la permission de voir l'âme de son père, Louis de Fer, qui venait de mourir. L'âme dit à son fils qu'elle souffrait beaucoup pour le mal qu'elle avait fait au clergé, et que si lui, Louis le Doux, rendait aux maisons ecclésiastiques et aux couvents les biens que son père leur avait enlevés, il délivrerait infailliblement celui-ci des maux qu'il endurait en purgatoire. Une autre légende rapportait comment Charles-Martel était dévoré dans son tombeau par un serpent, pour avoir fait main-basse sur les abbayes et les biens des églises. On voit que la ressemblance était aussi grande entre les prêtres des bords de la Seine et du Rhin et ceux des bords du Gange et du Godavery, qu'entre les dogmes du christianisme et certains mythes du brahmanisme. Il est vrai que, moins timide que les rampants soudras et les craintifs vaisyas, le peuple, malin et narquois, se vengeait avec de pareilles armes, et sculptait sur le portail des églises, les modillons, les chapiteaux, et les miséricordes des stalles de chœur, ou faisait chanter par ses ménestrels les amours déshonnêtes d'un évêque et d'une nonne, les pasquinades des moines, et l'histoire du diable qui engouffrait dans sa gueule énorme clercs et villageoises, religieux et dames châtelaines.

CHAPITRE VINGT-QUATRIÈME.

Métaphysique du brahmanisme. — De la division du système brahmanique en orthodoxes et hétérodoxes. — Division philosophique adoptée dans les Védas. — Idée contenues dans les mots karma et yoga.

Maintenant que nous avons esquissé les principaux traits de la théogonie hindoue, nous allons étudier le système philosophique qui se cache sous toutes ces rêveries et ces mythes gigantesques.

Nous avons déjà parlé des Védas, nous avons dit que de tous les livres religieux que possèdent les Hindous, ce sont à la fois les plus anciens et les plus sacrés. Selon les orthodoxes, ils sont l'œuvre de Brahma lui-même; leurs paroles ont une vertu surnaturelle, leur autorité est illimitée. Leur contenu, et nous parlons ici des trois Védas, le quatrième n'étant pas aussi généralement admis, porte le nom de *srouti* ou *srouta*, c'est-à-dire révélation. C'est cette opinion sur les Védas qui distingue surtout les orthodoxes des hétérodoxes.

Après les Védas, le Dharma-sastra ou code des devoirs, attribué à Manou, jouit de la plus grande autorité. C'est un recueil de traditions sacrées sur les devoirs de l'homme, sur les actes méritoires et prohibés, sur les récompenses et les châtiments que l'observation ou la violation des devoirs attire sur l'homme; enfin c'est un code religieux, qui, de même que le Pentateuque, embrasse aussi les institutions civiles et politiques. Après ces livres viennent les Pouranas, légendes ou traditions attribuées à Vyasa.

Quoique presque tous ces livres jouissent d'un grand renom chez les Hindous orthodoxes, il ne faut pas croire cependant qu'ils contiennent absolument la même doctrine; sans doute il y a un grand nombre de points sur lesquels ils sont généralement d'accord; mais il excite aussi des divergences d'opinions et même de systèmes assez considérables. Non-seulement il y a une grande différence entre la doctrine des Védas et celle des Pouranas, mais on remarque encore, même dans les Védas et dans tous les ouvrages de théologie brahmanique, une distinction entre la religion vulgaire et la religion des sages; entre la religion pratique et la religion mystique. La religion vulgaire établit le polythéisme, présente les œuvres de religion comme le vrai moyen de salut, et promet aux dévots des jouissances du paradis proportionnées au mérite des œuvres; jouissances limitées à certain temps après lequel il faut subir la renaissance. La religion mystique enseigne le panthéisme, attache peu de prix aux œuvres en elles-mêmes, et aucun si elles ne sont pas accompagnées d'intentions pures et d'un cœur tout à fait dévoué à Dieu ; elle présente comme moyen de salut la contemplation de l'Être suprême; contemplation qui procure la science de Dieu, et par elle l'absorption entière en lui; cette absorption fait l'affranchissement véritable, et celui qui l'atteint est exempt du besoin de la renaissance. Celui qui écoute avec foi ou qui récite avec dévotion cet itâsa suprême et mystérieux qui enlève tous les péchés, dit le Bhagavata-Pourana, ne va pas dans l'enfer et n'est pas regardé par les serviteurs de Yama; quelque coupable qu'il puisse être, il est glorifié dans le monde de Vichnou. Le même Pourana dit ailleurs :

« Pour mériter le ciel, il faut faire tous ses efforts pour se rendre maître de son esprit, de ses sens et de sa respiration, pour ne pas se plonger de nouveau dans les ténèbres épaisses de l'enfer; se dégager des liens qui produisent l'ignorance, la passion et les œuvres, être bienveillant pour tous les êtres, calme, charitable, plein de compassion, maître de soi ; s'affranchir de l'empire de l'illusion, qui sous mille formes diverses vous séduit.

» Il faut avoir l'esprit fixé sur l'être qui existe réellement, renoncer à l'idée du moi et du mien, qu'on attache aux corps et aux autres objets, déposer au sein de Bhagavat son cœur purifié par la récitation de son nom et par d'autres pratiques; être plein d'une indifférence salutaire pour le monde. »

Ce double système religieux se trouve fondé sur les Védas mêmes. Chacun des quatre Védas se divise en deux parties distinctes, dont la première contient les formules et les préceptes relatifs à la religion pratique, et l'autre l'exposition du système mystique. La première s'appelle *Purvakanda* ou *Karmakanda*, c'est-à-dire section première ou section des œuvres ; la seconde porte le nom d'*Uttarakanda, Djananakanda* ou *Brahmakanda*, c'est-à-dire seconde section, section de la science, section théologique.

Dans le Purvakanda se trouvent les préceptes sur l'effet pratique des diverses œuvres de religion, les formules de prières et de chants qui doivent accompagner les cérémonies religieuses, enfin les préceptes sur la manière de s'acquitter de ces cérémonies et de ces œuvres. On n'y parle pas d'un seul Être suprême ; mais on invoque différentes divinités qui sont toutes des éléments, des attributs, des forces de la nature personnifiée, et la pratique des œuvres de religion y est représentée comme l'essentiel de la religion.

L'interprétation et le développement de cette partie des Védas fait l'objet dont s'est occupé une école particulière de théologie, connue sous le nom de *Purva* ou *Karma mimansa* ce qui veut dire première investigation ou investigation des œuvres ; elle a pour but de prouver l'efficacité des œuvres de religion, tant par le raisonnement que par l'autorité des Védas ; de déterminer par une interprétation exacte de ces derniers, quelles sont ces œuvres et comment elles doivent être pratiquées. On regarde comme le fondateur de cette école de théologie, Djaïmini, auteur d'un recueil de sutras ou d'aphorismes.

La seconde partie des Védas, *Uttarakanda*, se compose principalement des Oupanichads ou traités théologiques ; c'est sur eux que repose le système de la contemplation mystique. Il est très-probable qu'ils ont été rédigés postérieurement aux autres parties des Védas, et il paraît certain que le collecteur ou les collecteurs de ces livres sacrés ont professé ce système ; vraisemblablement ils ont recueilli les diverses prières et les préceptes du culte, les historiens et les traités religieux auxquels l'usage immémorial avait accordé une autorité divine, et les ont rédigés en un corps de doctrine d'après les principes contenus dans les Oupanichads, consacrant ainsi les règles et les pratiques de dévotion anciennement usitées, et leur adaptant, autant que possible, leur système de métaphysique subtile, qu'ils ne croyaient pas propre à être mis à la portée du vulgaire.

Le système contenu dans les Oupanichads a été développé par une école de théologiens philosophes, appelés *Vedanta*, *Uttara*, ou *Brahmanana mimansa*. Vyasa, le collecteur des Védas, passe pour en être le fondateur.

Il y a donc deux religions liées entre elles contenues dans le brahmanisme, dont l'une est l'enveloppe externe et l'autre l'enveloppe interne de la métaphysique hindoue. La religion des œuvres (karma), celle de l'esprit (yoga).

Le mot *karma*, dans son acception la plus générale, signifie une action, une manifestation quelconque de la volonté morale de l'homme, soit dans la pensée, soit dans les paroles ou les actions proprement dites. Dans un sens plus limité, ce mot signifie une œuvre de religion, un acte de dévotion, une œuvre méritoire, et c'est dans ce cas surtout qu'il est pris par les théologiens hindous. Nous empruntons à M. Bochinger, dans lequel nous avons déjà puisé, pour l'exposé précédent, les considérations suivantes sur le karma et le yoga.

Tout législateur religieux qui prescrit certaines œuvres de religion, doit nécessairement attacher à leur pratique un certain mérite et à leur omission une culpabilité plus ou moins grave, s'il veut qu'elles soient observées ; mais alors il n'arrive que trop facilement que le vrai sentiment religieux qui doit accompagner ces pratiques extérieures disparaît tout à fait sous le poids des cérémonies, et qu'on attribue aux œuvres de religion même un mérite tout à fait indépendant de l'intention et des sentiments de celui qui s'en acquitte. C'est là surtout le cas dans les religions surchargées de cérémonies, et c'est aussi le mérite des œuvres que l'école de Djaïmini cherche à établir.

D'après un principe admis par toutes les écoles orthodoxes et hétérodoxes de l'Inde, il existe un lien indissoluble et d'une nécessité absolue entre chaque action de l'homme, et un effet avantageux ou pernicieux, proportionné à cette action, effet dont est affecté tôt ou tard celui qui est l'auteur de cette action. De même que dans l'ordre physique il n'y a pas de manifestation de force sans qu'elle soit accompagnée d'un effet proportionné à son énergie d'action; de même aussi, d'après les Hindous, il ne saurait y avoir dans l'ordre moral de manifestation de la volonté qui ne soit suivie de récompense ou de punition; c'est ce que les Hindous appellent les fruits des œuvres.

D'après cette théorie, l'état actuel d'un être quelconque est toujours la suite nécessaire de ses actes antérieurs; ses œuvres actuelles déterminent avec une nécessité absolue son état futur, et c'est la cause de cette série continuelle de transmigrations des âmes par les différentes conditions de l'existence.

Cette doctrine est appliquée en particulier aux actes de dévotion par l'école de la *Purva mimansa*. On n'attribue à ces actes aucune valeur morale, mais une influence purement physique et machinale, résultant de l'accomplissement de l'acte même, indépendamment des sentiments et des intentions qui l'accompagnent. L'essentiel est donc de pratiquer un tel acte, exactement selon les règles prescrites, selon le *vividha* ou rite, et alors les effets que les livres sacrés lui attribuent ne peuvent manquer de se réaliser; un acte de dévotion, au contraire, qui ne serait pas en tout conforme aux préceptes tirés des Védas, ne saurait jamais être méritoire. Aussi, si, par un accident imprévu, l'œuvre de religion ne peut être accomplie exactement selon les règles prescrites, le fruit qui doit en résulter, ou son mérite, est détruit, quelles que soient la vertu et la pureté de l'intention de celui qui l'a pratiquée.

Or, parmi ces œuvres qu'il faut accomplir, les Hindous établissent une distinction : ils considèrent les unes comme étant recommandées sans être de rigueur; par exemple, bâtir des temples, creuser des étangs et des puits, planter des allées pour le public; les autres comme des œuvres de dévotion dont l'omission entraîne le péché. Ces dernières sont appelées *dharma*; elles sont, ou *nitya*, constantes, c'est-à-dire qui doivent se pratiquer régulièrement, à des heures et à des jours déterminés, ou *naïmittika*, occasionnelles, c'est-à-dire qui sont prescrites pour certaines occasions particulières, par exemple les cérémonies du mariage, de l'enterrement, les sacrifices solennels extraordinaires.

Les actes de dévotion ne sont pas les mêmes pour les quatre castes; et c'est une loi sacrée pour les orthodoxes de s'en tenir aux devoirs de leur caste et de ne pas s'arroger la pratique des devoirs concernant particulièrement une caste plus élevée. Sous ce rapport, la caste des brahmanes est la caste privilégiée; les trois autres sont, en fait de religion, sous la tutelle absolue de ceux-ci, et rien ne saurait être offert aux dieux que par leur ministère. Les brahmanes sont dans l'échelle des êtres le chemin intermédiaire entre les dieux et les hommes. Les actes de dévotion, pour ceux des autres castes, sont d'obéir aux brahmanes et de se servir de leur ministère en tout ce qui concerne la religion, de leur faire des aumônes, de les respecter, de les défendre, de leur remettre le soin d'attirer sur le peuple les bénédictions des dieux.

Pour avoir une idée des principaux actes de religion ordonnés par le brahmanisme, voyons quels sont ceux qui ont été prescrits à la caste sacerdotale. Il y en a cinq dont elle doit s'acquitter journellement, et que le code de Manou définit ainsi : qu'il honore les sages par l'étude des Védas ; les dieux par les sacrifices selon le précepte ; les mânes des ancêtres par les cérémonies funèbres ; les hommes en leur offrant des aliments ; les esprits en faisant l'œuvre de Bali, c'est-à-dire l'oblation.

Parmi ces actes de dévotion, le sacrifice (*yadschna*, l'acte de dévotion par excellence) est le principal : selon les Hindous, le Seigneur des créatures, en créant les Dévas et les hommes, les mit dans un rapport de dépendance réciproque par le moyen des sacrifices ; les dieux vivent des sacrifices que leur offrent les hommes, et ceux-ci ne sauraient subsister que par les dons que leur accordent les dieux.

C'est pour cette raison que l'homme ne doit rien manger sans l'avoir offert aux dieux ; préparer les mets est un acte de dévotion ; le foyer de la maison est un autel et le feu qui y brûle un feu sacré.

Par ces sacrifices l'homme gagne la faveur des dieux, obtient d'eux les divers biens de la terre et s'assure un heureux avenir après la mort. Ces sacrifices sont accompagnés de diverses cérémonies, d'ablutions, de prières, qui doivent se faire exactement d'après les règles prescrites, sans quoi les Rakchasas, une sorte de démons, détruisent l'effet des sacrifices.

Outre ces sacrifices réguliers, il y en a encore d'autres extraordinaires, par lesquels on se procure de la gloire, des richesses, une nombreuse famille, etc. Tous ces sacrifices en général sont représentés comme un moyen de forcer les dieux à accorder des grâces proportionnées à la grandeur de l'œuvre accomplie.

Avant de poursuivre ce tableau du système religieux des Hindous, que M. Bochinger a retracé dans un livre plein d'intérêt sur la vie contemplative de ce peuple, arrêtons un moment le lecteur sur un rapprochement qui n'est pas sans importance.

Tout ce système des œuvres ou *karma* est précisément celui qui reparaît dans la doctrine des néo-platoniciens de l'école d'Alexandrie. Plotin, Porphyre, Jamblique, enseignent précisément cette doctrine. Pour eux, les Dévas sont les démons : mêmes sacrifices à leur offrir, même liaison intime entre eux et les hommes, même importance des oblations. Ils se nourrissent également des offrandes. Il y en a de bons, il y en a aussi de mauvais, comme les Rakchasas. Cette ressemblance montre ce qui, au reste, ressort de bien d'autres rapprochements, à savoir que ce fut de l'Inde et aussi de la Perse que provint toute cette doctrine qui joua un rôle si important durant les premiers siècles du christianisme, qui exerça sur cette religion une si grande influence, se constitua un instant sa rivale, et, un moment, sous le règne de l'empereur Julien, l'emporta sur les autres cultes.

La même théorie sur les effets nécessaires des œuvres de religion s'applique aux *sraddhas* ou cérémonies funèbres en l'honneur des mânes des ancêtres. De même que les dieux ne sauraient subsister sans les sacrifices des hommes, et les hommes sans les grâces des dieux, de même aussi les mânes des défunts ne sauraient être heureux si leurs descendants ne leur offrent le sraddha ; privés de ces honneurs, ils tombent dans l'enfer, ainsi que l'impie qui les en a privés. Aussi est-ce un devoir sacré pour un brahmane de se marier, afin d'avoir des enfants qui puissent un jour lui rendre ces honneurs, comme aussi les enfants encourraient les peines les plus graves s'ils en privaient leurs parents.

Le catholicisme professe une doctrine qui n'est pas sans beaucoup d'analogie avec celle-ci. On doit, suivant cette religion, prier pour les morts ; c'est un devoir impérieux et de charité. Les enfants prient pour leurs ancêtres, et les époux doivent s'efforcer d'avoir des enfants, afin de s'assurer, après leur mort, des intercesseurs sur la terre, comme aussi pour contribuer au salut de ces enfants et à la glorification du Tout-Puissant, qu'ils béniront chaque jour dans leurs prières.

Une efficacité semblable est attribuée à la lecture des livres sacrés, à la récitation des Védas et surtout des formules de prières qui y sont contenues.

Dans un des Védas il est dit qu'une prière à Roudra (Siva), récitée en offrant un sacrifice après trois jours de jeûne, assure une vie heureuse pour cent ans; des hymnes adressés au soleil et aux nuages procurent la pluie; d'autres prières ont pour effet la destruction des ennemis.

C'est encore ici un système analogue à celui qu'enseigne le catholicisme, et surtout le catholicisme romain, partisan plus déclaré des pratiques et des actes de dévotion, attaché plus exclusivement à la pratique des œuvres de piété, que le catholicisme plus large et plus raisonnable de la France ou de l'Allemagne. Il y a certaines prières qui procurent de puissantes indulgences, qui comptent beaucoup pour le ciel ou abrégent le temps à faire dans le purgatoire; il y en a pour chasser les démons, les tempêtes, la pluie, les vents; pour obtenir d'heureuses moissons, pour retrouver des objets perdus. Sur la plupart des églises d'Italie on lit : Indulgences plénières; autrement dit : Entrez et murmurez avec dévotion quelque prière du formulaire, et tout crime sera effacé pour vous; aucun compte ne vous sera plus demandé. De si déplorables idées, conséquence immédiate d'une domination exclusivement sacerdotale, se sont propagées, dans l'Italie comme dans l'Hindoustan, par les mêmes causes. Elles ont frappé de stérilité des doctrines morales, souvent sublimes, accouplées à de si bizarres aberrations de la conscience.

L'efficacité la plus extraordinaire est attribuée à la prière appelée *Gayatri* ou *Savitri*, et à la syllabe mystique *Oum* ou *Aum*.

Écoutons plutôt ce que les lois de Manou ordonnent aux *dwidjas* ou hommes régénérés.

« Qu'il prononce toujours le monosyllabe sacré au commencement et à la fin de la sainte Écriture. Toute lecture qui n'est pas précédée d'Aum, s'efface peu à peu, et celle qui n'en est pas suivie ne laisse pas de trace dans l'esprit.

» Assis sur des tiges de cousa (herbe sacrée, *poa cynosuroïdes*), ayant leur sommet dirigé vers l'orient et purifié par cette herbe sainte qu'il tient dans ses deux mains, purgé de toute souillure par trois suppressions de son haleine, qu'il prononce alors le monosyllabe Aum.

» La lettre A, la lettre U et la lettre M, qui par leur réunion forment le monosyllabe sacré, ont été exprimées des trois livres saints par Brahma, le seigneur des créatures, ainsi que les trois grands mots *bhoûr*, *bhouvah* et *swar* (c'est-à-dire terre, atmosphère, ciel).

» Des trois Védas, le Très-Haut (Paramechthi), le seigneur des créatures, a extrait aussi stana par stana, cette invocation appelée Savitri, qui commence par le mot *tad*.

» En récitant à voix basse, matin et soir, le monosyllabe et cette prière de la Savitri, précédée des trois mots *bhoûr*, *bhouvah*, *swar*, tout brahmane qui connaît parfaitement les livres sacrés obtient la sainteté que le Véda procure.

» En répétant mille fois dans un lieu écarté cette triple invocation, composée du monosyllabe mystique, des trois mots et de la prière, un dwidja se décharge, en un mois, même d'une grande faute, comme un serpent de sa peau.

» Tout membre des classes sacerdotale, militaire et commerçante qui néglige cette prière et qui ne s'acquitte pas en temps convenable de ses devoirs pieux, est en butte au mépris des gens de bien.

» Les trois grands mots inaltérables, précédés du monosyllabe Aum et suivis de la Savitri, qui se compose de trois stances, doivent être reconnus comme la principale partie des Védas ou comme le moyen d'obtenir la béatitude éternelle.

» Celui qui, pendant trois années, répète tous les jours cette prière, sans y manquer, ira retrouver la divinité suprême, Brahma, aussi léger que le vent, revêtu d'une forme immortelle.

» Le monosyllabe mystique est le dieu suprême; les suppressions de l'haleine, pendant lesquelles on récite le monosyllabe, les trois mots et la Savitri tout entière, sont l'austérité précise la plus parfaite ; rien n'est au-dessus de la Savitri ; la déclaration de la vérité est préférable au silence.

» Tous les actes pieux prescrits par les Védas, tels que les oblations au feu et les sacrifices, passent sans résultat ; mais le monosyllabe est inaltérable ; c'est le symbole de Brahma, le seigneur des créatures. »

On voit que les Hindous ont pour cette syllabe un respect aussi superstitieux que les juifs pour le trigramme du nom de Jéhovah. Ces formules sacrées sont appelées *mantras* ou *dharani*, et l'école de Djaïmini a tâché d'expliquer leur puissance magique, en soutenant que la liaison entre le son d'un mot de la langue sacrée et la chose qu'il signifie, n'est pas de pure convention, mais que c'est une liaison réelle, quoique invisible ; les formules sacrées ont une existence indépendante de celui qui les prononce ; il ne les produit pas, il ne fait que s'en servir ; et de même qu'il existe un lien invisible et constant entre les œuvres et leurs effets, de même aussi ce lien invisible existe entre les formules sacrées et les effets attribués à la prononciation ; de sorte que les prières, les invocations et les malédictions, ainsi que les œuvres en général, ont une efficacité absolument indépendante de l'état intellectuel et moral de celui qui les prononce ou qui s'en acquitte.

Ce système ridicule est précisément celui qui est professé par les cabalistes juifs ; système qui appartenait aussi à la Chaldée et à la Perse, qui reparaît dans la doctrine des derviches hurleurs, qu'on voit tourner sur eux-mêmes en répétant le nom d'Allah, auquel ils attribuent mille vertus. C'est encore celui de ces méthodistes hallucinés de l'Amérique du Nord, qui se livrent à des danses insensées en proférant le nom de Dieu.

Nous reviendrons bientôt sur les conséquences de cette doctrine de la liaison nécessaire entre la vertu et les prières de l'homme et son état futur.

Passons maintenant à l'exposition du système mystique du yoga. Dans le système vulgaire des œuvres, le but des privations et des mortifications que l'homme s'impose volontairement est d'expier ses péchés et d'obtenir des dieux certaines grâces qu'ils ne sauraient refuser aux pénitents, ce dont nous avons rencontré mille exemples dans l'histoire des avatars. Le système mystique du Védanta ne voit dans les œuvres de pénitence que des exercices ascétiques par lesquels l'homme se rend indifférent aux plaisirs et aux souffrances et parvient à s'élever à l'état du yoga. Il déclare impur le *tapas*, c'est-à-dire l'état de mortification de ceux qui pratiquent des pénitences par la seule crainte du châtiment ou dans des vues d'intérêt et d'amour-propre. Souffrir des douleurs pour s'essayer dans des vues d'intérêt et d'amour-propre; souffrir des douleurs pour s'essayer dans l'indifférence; s'imposer des privations pour s'affranchir de l'empire des besoins et des désirs; mortifier le corps et l'esprit pour acquérir la fermeté d'âme et la véritable indépendance; c'est là le vrai tapas, qui sans doute délivre aussi des péchés, parce que l'âme, renonçant à tout attachement terrestre, domptant les désirs et les passions, est par cela même purifiée de tous les péchés.

Les grâces extraordinaires que procure ce tapas ne sont pas de ces dons périssables tels que les dieux les accordent à ceux qui pratiquent des œuvres méritoires; c'est le bonheur suprême, la vraie immortalité, l'union avec la divinité; grâce que les mortifications les plus austères, entreprises dans des vues désintéressées, ne sauraient procurer.

Le yoga n'est donc véritablement que l'état d'extase où l'âme se sent rapprochée de la divinité, identifiée même avec son essence éternelle. Le yoga et le karma forment donc les deux principes sur lesquels repose l'ascétisme hindou, dans lequel se résume après tout la morale brahmanique. Nous allons maintenant en étudier les formes et les caractères.

CHAPITRE VINGT-CINQUIÈME.

Vie ascétique des Hindous. — Rapprochement entre l'ascétisme brahmanique et l'ascétisme chrétien.

Les théologiens hindous ont établi comme un axiome, que tous les maux physiques et moraux qui affligent les mortels ne sont que les conséquences inévitables du péché commis dans une existence antérieure; c'est là une théodicée fondée sur la théorie de la transmigration des âmes.

Les lois de Manou spécifient cinquante-deux défauts corporels, comme étant des châtiments mérités par les péchés commis dans la vie antérieure. La distinction des êtres en dieux, hommes et créatures inférieures, celle des hommes en barbares ou *mletchtchas* et en hommes de race pure ou *aryas*, et celle de ces derniers en diverses castes, est fondée sur le même principe. Être né sur un degré plus ou moins élevé de l'échelle des êtres, est la conséquence des mérites qu'on s'est acquis ou des fautes que l'on a commises dans une vie antérieure. La vie elle-même, avec ses maux, n'est qu'une carrière de pénitence et par conséquent d'expiation.

Mais comme les châtiments que le cours naturel des choses inflige au pécheur ne surviennent pas toujours de suite, que souvent ils n'arrivent pas dans le cours de cette vie, et qu'il aurait fallu en craindre l'accomplissement dans l'autre, les Hindous, pour décharger leur conscience et s'assurer un heureux avenir, ont eu recours à des moyens d'expiation particuliers, qui consistent dans la pratique de toutes sortes d'œuvres méritoires et dans les mortifications.

Toutes les œuvres de religion, toutes les bonnes œuvres que l'homme accomplit sans y être forcé par quelques préceptes, lui donnent un certain mérite surérogatoire, capable d'effacer les péchés. Ainsi le code de Manou recommande, comme moyen d'expiation, de réciter un certain nombre de fois des passages des Védas, de faire des aumônes aux pauvres et surtout aux brahmanes; par exemple, de donner sa fortune à un brahmane, ou de lui faire une pension viagère, ou de lui bâtir une maison.

Les sacrifices aussi, surtout les sacrifices dispendieux, accompagnés de libéralités envers les brahmanes, les ablutions, les pèlerinages, sont représentés comme efficaces pour détruire les conséquences des péchés.

Le même pouvoir est attribué aux mortifications, à ces pénitences douloureuses que l'homme, poursuivi par les remords et par la crainte de l'avenir, s'impose volontairement, comme équivalent des châtiments qu'il a mérités.

Ainsi on lit dans le code de Manou :

« Que le brahmane meurtrier d'un brahmane serve volontairement de but aux habiles tireurs d'arc, ou bien qu'il se jette trois fois dans le feu de toute sa longueur, ou que, récitant un Véda, il fasse un pèlerinage de cent yôdjanas, mangeant peu et domptant les sens, ou qu'il se nourrisse de graines sauvages, en faisant un pèlerinage à la source du Sarasvati, ou qu'il récite trois fois la collection des Védas sans prendre de nourriture, ou qu'il expose sa vie pour sauver celle d'une vache ou d'un brahmane ; c'est ainsi que le meurtre involontaire d'un brahmane peut être expié. Si ce crime a été commis avec préméditation, il n'y a aucun moyen de l'expier.

» Celui qui a commis sciemment un inceste doit se coucher sur un lit de fer ardent, ou bien embrasser une statue ardente, et il sera purifié par la mort; ou bien qu'il marche constamment dans la direction du sud-ouest, jusqu'à ce qu'il tombe mort d'épuisement. »

La vie solitaire dans les forêts, accompagnée de toutes sortes de dangers et de privations douloureuses, est aussi au nombre des moyens d'expiation.

Les mortifications que nous avons exposées plus haut sont prescrites pour l'expiation de certaines fautes particulièrement spécifiées. Comme elles sont des peines méritées par la gravité des crimes, elles ne sont pas regardées comme méritoires ou comme marquant un degré particulier de sainteté. Ce ne sont, à un degré sans doute infiniment plus fort, que des pénitences de l'ordre de celles que le confesseur chrétien inflige à son pénitent en expiation de ses; fautes pénitences, disons-le en passant, réduites aujourd'hui à quelques faciles dévotions, mais qui jadis, au moyen âge, étaient souvent des exercices extrêmement pénibles, des souffrances véritables, en un mot, de réels châtiments. Celui qui, chez les Hindous, s'était rendu coupable de quelques-unes de ces fautes qui requéraient une si dure expiation, était regardé comme un excommunié, jusqu'à ce qu'il se fût purifié; et le code de Manou menace de graves châtiments celui qui, étant livré à une de ces mortifications prescrites, faisait semblant de l'avoir entreprise librement, pour se donner un air de sainteté plus parfaite. Cette dernière espèce de mortification, que l'homme entreprend sans y être forcé par aucun crime particulier, est appelée *tapas*; ce mot veut dire proprement chaleur, et on l'a pris par la suite dans une acception plus générale, en l'appliquant à toute pénitence volontaire ou surérogatoire. Celui qui se soumet à de pareilles pénitences s'appelle *tapasi* ou *sramana*. Faire vœu de s'infliger pour un certain temps une telle mortification, s'appelle faire un *vrata* (vœu), et celui qui le fait et l'accomplit est appelé *anouvrata*. On compte un grand nombre de tapas. Voici ce que disent les lois de Manou :

« Que l'anachorète se roule sur la terre ou qu'il se tienne tout un jour sur le bout des pieds; qu'il se lève et s'asseye alternativement, et qu'il se baigne trois fois par jour.

» Dans la saison chaude, qu'il supporte l'ardeur des cinq feux (quatre sont placés aux quatre points cardinaux, le cinquième est le soleil); pendant les pluies, qu'il s'expose tout nu aux torrents d'eau que versent les nuages durant la froide saison; qu'il porte un vêtement humide, augmentant par degré ses austérités.

» Trois fois par jour, en faisant son ablution, qu'il satisfasse les dieux et les mânes par une libation d'eau, et se livrant à des austérités de plus en plus rigoureuses, qu'il dessèche sa substance mortelle.

» Alors ayant déposé en lui-même, suivant la règle, les feux sacrés, en avalant les cendres, qu'il n'ait plus ni feux domestiques ni demeure, gardant le silence le plus absolu, vivant de racines et de fruits.

» Exempt de tout penchant aux plaisirs sensuels, chaste comme un novice, ayant pour lui la terre, ne consultant pas son goût pour une habitation et se logeant au pied des arbres;

» Qu'il reçoive des brahmanes ou anachorètes et des autres dwidjas maîtres de maisons, qui demeurent dans la forêt, l'aumône nécessaire au soutien de son existence. »

Le Ramayana et le Mahabharata abondent en exemples de ces terribles tapas. Ainsi Visvamitra, le grand pénitent, tient les bras étendus sans support, restant immobile à la même place, semblable à un tronc d'arbre. Il s'entoure de cinq feux, jour et nuit, pendant la chaleur brûlante de l'été. Dans les saisons pluvieuses, il couche sous la voûte des cieux; pendant la saison froide, il se tient dans l'eau.

Dans le même poëme, Baghirathas entreprend une longue pénitence sur le mont Gokarna : « Il tenait les bras levés, s'entourait de cinq feux, ne mangeait qu'une fois par mois, domptait ses sens; pendant la saison froide, il couchait dans l'eau; durant la pluie, il s'exposait aux nuages; il tourmentait la terre par la pointe du pied; il tenait les bras levés, sans soutien, mangeant de l'air, sans toit pour s'abriter, immobile, debout comme une colonne jour et nuit. »

Savitri, femme de Satyawana, se tient debout pendant trois jours et trois nuits, sans dormir et sans prendre de nourriture.

Les géants Sunda et Upasunda pratiquent sur le mont Vindhya une terrible mortification, supportant la faim et la soif ; vêtus d'écorce, portant les cheveux en forme de tresse, domptant leurs membres par la force de l'esprit, ne se nourrissant que d'air, sacrifiant aussi leur propre chair, se tenant sur les doigts des pieds, ayant les deux bras étendus sans jamais détourner les yeux.

De nos jours encore les exemples d'un pareil tapas ne sont pas rares.

Traversez quelque bazar hindou, et votre attention sera bientôt attirée par des figures blèmes, décharnées, des espèces de squelettes ambulants, plus semblables à des babouins qu'à des hommes. Leurs vêtements, qui se réduisent à quelques loques, sont peints avec de l'ocre rouge ; leur tète est ornée de plumes de paon et de fleurs. C'est un *gossayn* ou sectateur de Vichnou qui s'est consacré à la vie pénitente recommandée par la loi de Manou. Si, au contraire, le corps de cet homme est barbouillé de cendres, si ses bras, son front, sa poitrine sont sillonnés par d'horribles blessures sans cesse ravivées, si sa chevelure est disposée en tresses épaisses, c'est un *biragi* ou adorateur de Siva.

Turner, Moor et Duncan parlent d'un pénitent qui avait fait vœu de tenir ses bras en l'air pendant vingt-quatre ans. Il avait fait dans cette position de grands voyages, et était venu jusqu'à Astrakhan et à Moscou ; mais il mourut avant que les vingt-quatre ans fussent écoulés. Un autre pénitent de Bénarès couchait jour et nuit sur un lit couvert de pointes de fer ; c'est la mortification appelée *ser-seja* : dans les chaleurs de l'été, il s'entourait de feux ; dans la saison rigoureuse, il laissait tomber goutte à goutte de l'eau froide sur sa tête.

Il existe près de Bombay une fontaine où un de ces insensés adorateurs de Siva, et de la classe de ceux qu'on appelle *urddhabahous*, se condamna à demeurer trente ans le bras tendu et tenant une petite plante sacrée, le tulsi. Au bout d'un certain temps, les muscles de son bras atteignirent un tel degré de roideur, que ses doigts serraient machinalement, comme une barre de fer, le pot dans lequel croissait la plante; celle-ci était devenue presque un arbuste, et les ongles du pénitent descendaient en spirale de ses doigts jusqu'à terre. Un autre sivaïte demeura plusieurs années enfoncé jusqu'au cou dans du sable brûlant. Un de ses disciples, plein d'admiration pour sa piété, le faisait manger comme un enfant.

Le tableau de ces aberrations de l'esprit humain excite notre étonnement; ces aberrations ne sont pourtant pas absolument étrangères au christianisme. Les déserts de l'Égypte et de la Syrie nous offrent, au quatrième, au cinquième et au sixième siècle, un spectacle presque aussi étrange.

Les anachorètes de Scetis, de Tabenne, de Nitre, du Sinaï, sont de véritables Hindous. Leurs austérités sont moins cruelles, sans être moins extravagantes ; elles sont même parfois également exagérées.

Les ermites se privaient de nourriture : saint Antoine ne mangeait que tous les trois jours; saint Hilarion n'avalait, chaque jour, que quelques figues au coucher du soleil ; sainte Marie l'Égyptienne n'eut d'autres aliments, durant plusieurs années, que deux petits pains devenus durs comme la pierre; saint Siméon Stylite passait les carêmes sans manger. Ne retrouvons-nous pas un de ces sannyasis, de ces gossayns hindous, dans cette sainte Marie l'Égyptienne, nue, noire comme la terre, dévorée par les ardeurs du soleil, les cheveux blanchis et épars, et que, sur les bords du Jourdain, l'abbé Zozime prend pour un diable? Ne sont-ce pas de véritables tapas que ces actes de saint Eusèbe, de saint Siméon Stylite et des nombreux solitaires qui les imitent? Le premier, pour se punir d'avoir regardé avec trop d'attention des laboureurs, se serre les reins avec une ceinture de fer, met à son cou un collier du même métal et y attache une chaîne de fer d'où pend un poids énorme; il veut, ainsi courbé forcément vers la terre, se contraindre de regarder sans cesse le sol. Le second demeure une fois cinq jours au fond d'un puits à chanter les louanges de Dieu, pendant que ses frères, les religieux, le cherchent vainement. Une autre fois, il se fait attacher par le pied à une chaîne de fer fixée au sommet d'une montagne. Plus tard, il s'attache au sommet d'une colonne et y demeure le reste de sa vie.

Les mêmes folies se continuent durant le moyen âge : on voit apparaître la discipline et les clous de fer sur lesquels se roulent les moines; les flagellants parcourent les rues par bandes. Un saint François se roule nu l'hiver, dans la neige, se déchire les flancs, tandis que d'autres moines s'ingénient à inventer de nouvelles tortures.

En un mot, c'est la doctrine hindoue qui a fait invasion en Europe. On croit faire triompher l'esprit en immolant le corps, sans songer qu'on ne fait qu'hébéter, aliéner l'un, et amener un suicide coupable. Plus le corps est dans la vigueur et dans la force, disait l'abbé Daniel, et plus l'amour est sec et aride; plus le corps est abattu et languissant, et plus l'âme est forte et vigoureuse.

Toutes ces doctrines ont donc été importées de l'Orient dans le christianisme, qui a épousé une partie de ces folies, folies qu'il voudrait aujourd'hui vainement faire oublier; il ne le peut sans se démentir lui-même.

« Le monachisme, dit le savant et judicieux M. J. J. Am-
» père, est une institution, par son origine, étrangère au
» christianisme; le monachisme est chose orientale; le chris-
» tianisme ne l'a point fait, mais transformé. Aux Indes, en
» remontant aussi haut que le permettent les plus anciennes
» traditions poétiques et religieuses, on trouve des solitaires,
» des anachorètes. La vie contemplative est présentée comme
» l'idéal de la perfection humaine. Comme les sannyasis de
» l'Inde, qui sont de véritables anachorètes, l'Orient a aussi
» ses cénobites. »

C'est vers la fin du deuxième siècle que l'on voit se répandre et se propager l'ascétisme chrétien, dont les thérapeutes, les esséniens, avaient fourni le premier modèle, plus sages et plus réservés cependant que les cénobites exaltés des déserts de la Palestine et de la Libye. Saint Jean-Baptiste, qui vivait dans le désert de miel sauvage et de sauterelles, n'ayant pour vêtement qu'une peau de chèvre, nous apparaît cependant comme un des premiers types de cette vie anormale et extravagante.

Parmi les mortifications effectuées dans le tapas, il en est qui vont jusqu'au suicide. Ainsi on lit dans le code de Manou : « Qu'il marche tout droit devant lui vers la région septentrionale, ne vivant que d'air et d'eau jusqu'à ce que son corps tombe en poussière. » Cette pénitence est appelée *mahaprasthana*.

La pénitence *cardagni* consiste à se couvrir entièrement le corps de bouse de vache, à la laisser sécher et à se laisser brûler avec elle; par ce moyen tous les péchés sont consumés, et l'âme du pénitent va droit au ciel.

Dans l'Ayen Akberi, ou code de l'empereur mogol Akbar, on trouve citées, au nombre des pénitences mortelles, celle de se faire enterrer dans la neige, de s'exposer à l'embouchure du Gange, aux alligators, de se couper la gorge au confluent du Gange et de la Yamouna.

Dans le Ramayana il est parlé d'une pénitence appelée *prayovescha*, qui consiste à se tenir dans une même position, sans rien manger, jusqu'à ce qu'on périsse d'inanition.

Une des pénitences les plus usitées dans les temps anciens était de se brûler vif. Nous en retrouvons des exemples dans le Ramayana et dans les pièces du théâtre hindou. Les auteurs grecs rapportent aussi que Sarmanochagas (Sramanatcharya) se brûla à Athènes. Arrien nous raconte tous les détails d'un sacrifice semblable accompli par l'Indien Calanus (Kalyana), à Pasargada, en présence de l'armée d'Alexandre.

On reconnaît dans Calanus un de ces gossayns dont abonde

l'Hindoustan : même dureté extraordinaire dans les souffrances, même arrogance avec tous les hommes, auxquels il se croit supérieur, envers Alexandre lui-même. Il monte sur le bûcher avec la plus étonnante résolution; il attend avec le plus grand calme que la flamme le gagne et le consume. Il répand, ainsi que le font les Hindous, des parfums sur le bûcher; il y récita des prières, qui sont les mantras ou invocations qu'on prononce dans les sutties. Il s'était paré de riches joyaux et avait distribué des présents aux assistants, ainsi qu'on le fait encore.

Ces pénitences barbares n'ont pu être abolies par les théologiens modernes de l'Inde, qui ont fait à cet égard de vaines tentatives. Quelle est donc la puissance des superstitions chez ce peuple, pour que, malgré les efforts d'une caste qui exerce pourtant sur lui un tel ascendant, il continue à se faire noyer dans les fleuves sacrés, ou à se faire enterrer vivant?

Colebrooke, l'un des plus illustres orientalistes des temps modernes, rapporte qu'à la fête annuelle près de Calabhaïrana, il arrive ordinairement huit à dix exemples de gens qui se précipitent volontairement du haut d'un rocher, et l'*Asiatic journal* nous apprend qu'en 1827 un vieux pénitent, âgé de plus de cent ans, ayant rassemblé sept ou huit cents autres pénitents mendiants, les régala pendant deux jours, et se fit ensuite enterrer par eux.

Le fruit de ces mortifications n'est pas seulement de détruire tous les péchés; mais, de même que les sacrifices, elles sont aussi regardées comme des moyens de forcer les dieux à accorder des grâces extraordinaires, soit dans cette vie, soit dans la vie à venir.

Toutefois ceux qui se vouent à cette série de si incroyables austérités, de si farouches privations, ne se proposent pas toujours le même but; c'est ce que nous verrons dans un des chapitres suivants, en traitant des vanaprasthas et des sannyasis.

CHAPITRE VINGT-SIXIÈME.

Morale des Védantins. — Supériorité de la vie contemplative sur les œuvres.

Quand le sage est arrivé, par l'application constante, au yoga, aux mortifications et aux pratiques ascétiques, à ce degré d'indifférence et d'équanimité où le plaisir n'a plus aucun attrait pour lui, où les biens extérieurs ne l'attachent plus, où les passions et les douleurs ne l'agitent plus; quand il est ainsi parvenu à cette union avec l'Être suprême qui fait le vrai bonheur, alors son âme ne devient pas pour cela tellement indifférente qu'elle n'ait plus aucun sentiment; au contraire, elle se trouve dans un état de contentement paisible, constant, toujours égal, indépendant de ce que le monde peut donner ou ôter. Comme le sage ne voit dans toutes les créatures que des parties pour ainsi dire de son propre être, et qu'il n'est plus agité ni par les désirs, ni par les passions, il se sent pénétré d'une tendre bienveillance pour tous les êtres, d'une douce compassion à la vue de leurs travers et de leurs souffrances. De même que la conscience du moi se dissout chez lui en conscience divine et universelle, de même aussi l'amour du moi, l'attachement à tel ou tel objet, l'aversion pour tel autre, d'où naissent les passions haineuses et les souffrances, disparaissent pour faire place à une bienveillance égale et constante envers toutes les créatures. Celui qui voit tout l'univers dans l'Être suprême, dit le Yadjour-Véda, et l'Être suprême dans l'univers, ne se sent plus aucun mépris pour une créature quelconque.

Que le sage, dit Manou, soit plein de compassion envers tous les êtres. Celui qui abandonne sa maison pour se faire *sannyasi*, qui accorde la sécurité à toutes les créatures, et prononce le nom de Brahma, entrera dans les mondes resplendissants d'eux-mêmes, c'est-à-dire dans le ciel suprême. Le brahmane qui n'a pas causé la moindre crainte à un être quelconque, n'aura rien à craindre après avoir quitté son corps. En mettant un frein à ses sens, en extirpant la joie et la haine, en se gardant d'offenser aucun être, il arrive à l'immortalité. Qu'il endure les reproches et qu'il ne méprise personne; qu'il se garde de commettre une action hostile par soin de sa propre conservation, qu'il ne se fâche pas contre celui qui est en colère contre lui, qu'il parle avec bonté avec celui qui le maudit.

Les mêmes préceptes se retrouvent dans le Bhagavat-Gita : par suite de cette bienveillance universelle, le sage parfait doit exercer envers ses amis et ses ennemis la plus franche hospitalité; toutes les fois qu'il mange, il doit partager son repas avec quiconque se présentera; sa bienveillance doit même s'étendre jusqu'aux moindres créatures, comme étant des émanations de la même âme universelle. Ainsi le yati, c'est-à-dire le dévot, doit s'abstenir de manger du miel, vraisemblablement pour ne pas priver les jeunes abeilles de leur nourriture. Il ne doit pas non plus manger de ce qui a eu vie, pour ne pas causer la mort de quelque animal; il doit même s'abstenir des fruits arrachés avec violence, parce que les plantes doivent aussi être considérées comme des créatures vivantes. Il doit soigneusement regarder le sentier où il met le pied, pour ne pas écraser par mégarde quelque insecte; il doit filtrer l'eau qu'il boit à travers une pièce de toile, et ne pas allumer de lumière pendant la nuit, pour ne point causer la mort des insectes qui pourraient en être attirés.

On retrouve dans cette morale le principe de charité que l'Évangile a fait prévaloir dans le monde : c'est ce même esprit de bienveillance pour les créatures, d'amour et de fraternité, qui a donné à la religion de Jésus une si grande supériorité sur le principe égoïste et exclusif du judaïsme. Seulement, dans le christianisme cette charité est resserrée dans de plus étroites limites; elle n'est pas portée, comme dans l'Inde, jusqu'à ces précautions puériles et extravagantes, ce respect pour la créature même la plus infime; elle s'est arrêtée à l'humanité, tout en prescrivant de ne pas exercer sur l'animal des cruautés inutiles. La charité a été apportée de l'Hindoustan, mais transportée sur le sol occidental, elle y a adopté un caractère plus sobre et s'est imposé des lois plus rationnelles; image de ces plantes qui poussent dans les plaines de ce même Hindoustan, y présentant le spectacle d'une végétation luxuriante, et qui, transplantées dans nos climats tempérés, perdent leur attitude gigantesque, leurs rameaux majestueux, leurs couleurs éclatantes, tout en rappelant cependant par leur port, par leur aspect exotique, leur origine équinoxiale. La morale, comme la théologie, amenée des bords du Gange, du Brahmapoutra et du Godavery, a dépouillé son vêtement éclatant et fastueux, pour la tunique plus chaste et plus sévère du prêtre chrétien.

Toutefois, ce respect pour l'animal lui-même, cette horreur pour toute chair qui a été animée, n'a pas été complétement inconnue aux ascètes chrétiens. En lisant la vie des pères du désert, on voit qu'ils respectaient les animaux sauvages eux-mêmes, et que leurs ermitages, comme encore aujourd'hui ceux des sannyasis, étaient entourés d'une foule d'animaux, errant paisiblement en pleine liberté et tout à fait apprivoisés par la sécurité que les saints hommes leur accordaient.

Ces préceptes sur la bienveillance envers toutes les créatures ne se rapportent pas proprement qu'à ceux qui se vouaient à la vie contemplative. La religion vulgaire des œuvres non-seulement permet, mais encore prescrit de tuer des animaux pour en manger la chair, pourvu qu'on en offre d'abord une portion aux dieux; toutefois les préceptes de la vie ascétique s'étant de plus en plus répandus parmi le peuple, et les sectes hétérodoxes s'étant élevées surtout contre les sacrifices sanglants, l'usage de s'abstenir de la viande devint général chez les dévots, parmi les orthodoxes, et les sacrifices sanglants tombèrent en désuétude, excepté dans les grandes solennités. La bienveillance envers les créatures est généralement regardée comme si méritoire, que c'est une œuvre de piété d'acheter un animal et de lui rendre la liberté. A Bénarès, les rues fourmillent de bœufs, de taureaux, de singes et d'autres animaux, qu'on y laisse errer en pleine liberté. Dans plusieurs villes il y a même des hôpitaux richement dotés pour recevoir les animaux malades; sensibilité touchante, dit M. Bochinger, si elle ne s'alliait quelquefois avec une grande dureté envers les hommes, si elle ne faisait quelquefois oublier que l'homme est avant tout l'être le plus digne de bienveillance de la part de son prochain.

Le Védanta, tout en recommandant l'adoration du seul Être suprême, ne nie pas l'existence des dieux qui font l'objet du culte vulgaire; il les représente comme des êtres supérieurs aux hommes, mais sujets toutefois aux faiblesses et aux imperfections; ou bien il en fait des allégories, des attributs divins et des manifestations de la puissance divine. Le système du panthéisme se prêtait admirablement à cette fusion de la religion vulgaire avec la philosophie du Védanta.

Comme on croyait qu'il serait trop difficile, sinon impossible, à la plupart des hommes de s'élever à la science véritable de l'Être suprême, on se garda bien d'attaquer le culte populaire; on le représenta au contraire comme un moyen subsidiaire présenté à ceux dont l'intelligence ne serait pas à même de comprendre les doctrines plus élevées, en lui assignant toutefois une valeur de beaucoup inférieure à celle de la religion des sages.

« Ceux, dit le Bhagavat-Gita, dont la science est troublée par leurs divers désirs, s'adressent aux autres dieux (aux dieux inférieurs), et s'attachent à suivre tel ou tel précepte, y étant poussés par leur propre nature. Celui qui adore avec une foi sincère une image quelconque, obtient de moi infailliblement l'objet de sa croyance. Ferme dans sa foi, il recherche par son moyen telle ou telle faveur, et je lui accorde l'objet de ses désirs. Mais ces fruits, recherchés par les hommes doués de peu de science, sont limités dans leur durée. Les adorateurs des Dévas vont chez les Dévas; les ignorants me croient visible, tandis que je suis l'invisible; ils ne connaissent pas ma nature supérieure, impérissable.

» Ceux qui adorent les Dévas avec foi m'adorent aussi, mais non à la véritable manière. Je jouis de leurs sacrifices; je suis le Seigneur auquel reviennent toutes les œuvres de religion; mais ils ne me connaissent pas selon la vérité; voilà pourquoi ils retombent dans le monde des mortels. Les adorateurs des Dévas vont chez les Dévas; les adorateurs des mânes des ancêtres vont chez les mânes; ceux qui sacrifient aux esprits vont chez les esprits. »

De même que le Védanta ne nie pas l'existence des dieux et qu'il ne condamne pas leur adoration, de même aussi les effets heureux ou pernicieux qui sont attribués à l'accomplissement ou à la négligence des œuvres de religion ne sont pas contestés; seulement la pratique des œuvres à elle seule est déclarée insuffisante pour arriver à la délivrance finale.

Celui qui s'acquitte d'un acte de religion par un motif d'intérêt, pour éviter des malheurs, pour attirer la faveur des dieux, obtiendra l'objet désiré; ceux qui sacrifient aux dieux ou qui s'imposent des mortifications pour détourner certains maux, pour obtenir des richesses, de la gloire, de la puissance ou les joies du paradis, obtiendront ces biens en proportion de la grandeur du mérite de leurs œuvres. D'après la loi immuable de la rémunération par laquelle Dieu gouverne le monde, ils entreront, après leur mort, dans le ciel d'Indra, y jouiront des fruits de leurs œuvres jusqu'à ce que le mérite en soit épuisé; alors ils redescendront dans le monde inférieur, pour renaître dans des conditions plus ou moins favorables, selon qu'ils l'ont mérité; mais jamais ils ne pourront arriver à la délivrance finale.

«Pour un esprit égoïste comme le tien, est-il dit dans le Yadjour-Véda, il n'y a pas d'autre moyen de salut que l'observance des rites : ceux qui négligent la contemplation de l'Esprit suprême entrent, après la mort, dans la condition des démons, entourés des ténèbres de l'ignorance. »

« Les rites, dit le Moundouk-Oupanichad, que les sages ont trouvés prescrits dans les Védas, sont les vrais moyens pour se procurer de bons effets. Continuez de les pratiquer aussi longtemps que vous sentez un désir de jouir des biens qu'ils peuvent amener ; c'est le moyen de vous procurer les bienfaits que vous attendez de vos œuvres. »

« Celui, dit le Bhagavat-Gita, qui pratique les œuvres de religion avec une foi sincère, quoique dans des vues intéressées et sans connaître le bien suprême, atteindra les demeures des justes ; il y passera une infinité d'années et renaîtra ensuite dans une famille pure, dans une famille de yoguis doués de science. Alors son intelligence sera dirigée sur l'objet suprême, et il s'approchera davantage de la perfection ; il s'élèvera au-dessus des paroles des Védas. »

CHAPITRE VINGT-SEPTIÈME.

Organisation sociale et religieuse des Hindous.—Doctrine du Védanta et des Pouranas comparée.

Toute l'organisation civile et religieuse des Hindous repose sur la division de la nation en quatre castes, dont la dernière, celle des soudras, est vouée à la servitude héréditaire, tandis que les brahmanes occupent le sommet de l'édifice social. On peut comparer ces castes aux ordres du clergé, des chevaliers, de la bourgeoisie et des paysans, dans les temps du moyen âge; la seule différence est que dans l'Inde on convertit en principe ce qui chez nous n'était qu'un fait.

Pour que l'état prospère, il faut que chacun remplisse exactement les devoirs de sa caste. Empêcher que les castes ne se mêlent, soit par des mariages, soit par le passage d'une caste dans une autre, est un principe consacré par toutes les autorités sacrées. Or, c'est là ce qui serait infailliblement arrivé à la doctrine du Védanta, si le vrai moyen de salut par la science contemplative avait été appliqué dans toutes ses conséquences. Si chacun pouvait et devait même renoncer aux œuvres et se vouer à la vie contemplative pour faire son salut, le vaisya et le soudra surtout pourraient se soustraire à la servitude; les devoirs que la vie sociale impose aux diverses castes en auraient souffert, et le ministère des brahmanes surtout serait devenu superflu. Ces conséquences furent effectivement réalisées par les écoles hétérodoxes, principalement celles du Sankhya, du bouddhisme et du djaïnisme.

Les orthodoxes cherchèrent à mettre une limite à ce qui devait leur paraître un abus dangereux : d'abord en ne permettant l'abandon des œuvres que sous de certaines conditions, et en second lieu en enseignant qu'en pratiquant les œuvres sans vues intéressées, on pourrait aussi s'élever à la délivrance suprême.

La permission d'embrasser la vie ascétique fut restreinte aux trois castes supérieures. Le code de Manou défend expressément d'apprendre à un soudra à faire les vœux, c'est-à-dire à se vouer à la vie contemplative. « L'âme de l'homme, dit un livre sacré, était autrefois l'âme universelle; quand elle s'en ressouvient et qu'elle y médite, elle redevient Dieu; mais cela ne peut se faire que dans une caste élevée. » Quelque injuste que paraisse une pareille restriction, elle ne l'est pas dans le système des Hindous. Naître soudra est une conséquence des fautes commises dans une existence antérieure; le soudra doit donc d'abord mériter, par une vie dévouée aux devoirs de sa caste, la faveur de renaître dans une caste plus élevée, où il pourra alors se livrer à la recherche du salut suprême.

Quant aux trois autres castes, il leur est prescrit d'observer les devoirs particuliers à leur condition, et un kchatriya ou un vaisya qui aurait embrassé la vie ascétique ne pourrait se croire, pour cela, dispensé des égards qu'il doit aux brahmanes.

« A quelque caste qu'il appartienne, dit le code de Manou, il doit s'acquitter des devoirs de son ordre, quoiqu'il n'en porte plus les insignes extérieurs. »

On ajoute encore d'utiles restrictions, que le catholicisme n'a pas eu la prévoyance d'imposer en établissant la vie monastique. Aucun brahmane ne doit se vouer à la vie contemplative qu'après avoir rempli tous les devoirs que la société a le droit d'exiger de lui, et sur le déclin de son âge seulement, lorsque les forces viennent à lui manquer, lorsque sa famille ainsi que la société, n'ont plus besoin de ses services.

« Quand le brahmane, dit le code de Manou, a été père de famille, il peut aller habiter la forêt; quand le père de famille voit blanchir ses cheveux, quand il voit les enfants de ses enfants, alors il doit se retirer dans la forêt. Quand il s'est acquitté des trois devoirs, il peut s'occuper de la délivrance.

Celui qui s'en occupe sans avoir rempli ces devoirs tombe bien bas. Après avoir étudié les Védas, engendré légitimement un fils, offert des sacrifices selon sa fortune, il pourra se vouer à la délivrance. Le brahmane qui se voue à la délivrance sans avoir lu les Védas, sans avoir engendré un fils, sans avoir offert des sacrifices, tombe bien bas, c'est-à-dire il ira en enfer. »

Des restrictions semblables s'appliquent aux kchatriyas : ce n'est qu'après avoir rempli les devoirs du gouvernement et après avoir élevé un fils qui puisse prendre soin des affaires du royaume, qu'un roi peut abandonner le monde et se vouer à la vie contemplative.

Malgré ces préceptes tendant à resserrer la vie contemplative dans des limites telles que la pratique des œuvres et les institutions sociales qui s'y rattachent n'en pussent pas souffrir, la grande considération que procurait ce genre de vie dévote, les immenses avantages qu'il promettait pour la vie à venir, l'exemple enfin que donnaient les hétérodoxes qui déclaraient la renonciation aux œuvres permise et nécessaire à tous ceux qui voudraient aspirer à la délivrance suprême; tout cela devait produire une telle prédilection pour la vie contemplative et pour la renonciation aux œuvres, dans toutes les classes de la société, qu'il fallut aviser encore à d'autres moyens pour préserver le système religieux vulgaire des attaques dont le menaçait le système mystique.

Ces moyens consistaient à déclarer les œuvres insuffisantes pour atteindre le bonheur suprême, mais nécessaires parce que Dieu les a prescrites; à enseigner que l'essentiel de la contemplation n'est pas de renoncer aux œuvres, mais de s'en acquitter sans avoir égard aux effets qui doivent en résulter.

Les théologiens les plus raisonnables s'efforcent de démontrer, contrairement à la doctrine du Sankhya, que le véritable yoga n'exclut pas les œuvres qu'exigent la condition sociale et la religion vulgaire ; qu'il consiste dans la pureté de l'intention dont l'œuvre est le résultat, de sorte que le yoga ou le sannyasa (la renonciation) est compatible avec toutes les conditions de la vie humaine.

« La perfection, dit le Bhagavat-Gita, ne s'obtient pas en renonçant aux œuvres, ce qui n'est pas même possible. Celui qui s'abstient des œuvres, tout en s'occupant dans l'esprit des choses extérieures, est un sot, un hypocrite de sainteté; celui qui dompte dans l'esprit même les inclinations sensuelles, qui agit sans s'attacher aux suites de ces actions, est l'homme parfait. Il faut agir, parce que autrement on ne saurait nourrir le corps; il faut agir, parce que Dieu, en créant le monde, l'a arrangé de sorte que les êtres subsistent réciproquement par leurs œuvres et par leurs actions.

« Djanakas et d'autres saints hommes n'ont pas fait autrement pour arriver à la perfection. Il faut agir, à cause de l'exemple qu'on donne aux autres; il faut agir, parce que Dieu aussi ne cesse d'agir, et que s'il cessait un moment, le monde tomberait en confusion; il faut agir librement, sans autre motif que le devoir, sans autre but que Dieu.

« Quoi que tu fasses, quoi que tu manges, quoi que tu sacrifies, quoi que tu donnes, quelles que soient les pénitences que tu t'infliges, fais-le avec une âme dirigée sur Dieu, et tu seras délivré des entraves qu'imposent les fruits heureux et malheureux, tu seras uni à Dieu. »

C'était là sans doute, dit M. Bochinger, le seul moyen de concilier la philosophie mystique du Védanta avec les préceptes cérémoniels de la religion vulgaire et avec les devoirs de la vie sociale. Selon le Védanta, la condition indispensable du salut suprême était la science. Or, bien que cette science fût une science instituée, acquise par la contemplation et la mortification, beaucoup plus que par l'étude des livres sacrés, les conditions requises pour pouvoir obtenir cette science excluaient pourtant la majeure partie du peuple du bien suprême. En faveur de ceux-ci, on substitua à la science la foi (*sraddha*), que tout le monde peut avoir. Cette opinion, qui se trouvait déjà dans le Bhagavat-Gita, fut surtout développée dans les Pouranas.

Dans ces livres, attribués à Vyasa, mais dont la date, ainsi que nous l'avons déjà remarqué, est incontestablement récente, le panthéisme du Védanta est conservé pour le fond; seulement, ce que les védantins attribuent à l'Être suprême en général, est appliqué par les Pouranas à telle et telle incarnation particulière de la Divinité, et ils vont même jusqu'à déclarer que ceux qui n'adorent pas l'âme universelle dans telle et telle incarnation de Vichnou ou de Siva, par exemple, n'arriveront pas au salut suprême.

Ainsi la doctrine des Pouranas ne fut qu'un moyen employé pour initier le vulgaire aux principes du Védanta, sans détruire toutefois les institutions de la religion vulgaire et l'organisation de la vie sociale.

CHAPITRE VINGT-HUITIÈME.

<small>Du développement de la vie ascétique, contemplative et monastique dans l'Inde.</small>

La vie ascétique remonte dans l'Inde à une bien haute antiquité; elle tient au climat, elle est pour ainsi dire aussi ancienne que lui, aussi vieille que l'humanité sur ce sol énervant et sous cette atmosphère brûlante. Les Védas nous la montrent déjà toute développée et dans sa plus grande vigueur. Ils mettent leurs révélations dans la bouche des anciens sages, voués à la vie contemplative. Les lois de Manou se présentent comme des révélations faites d'abord à Manou, qui était lui-même dévoué à la vie ascétique, et qui les transmit à d'autres anachorètes, jusqu'à ce que, après une pareille tradition successive, ces lois fussent mises par écrit.

Le Bhagavat-Gita déclare la doctrine du yoga une doctrine antique, révélée par Dieu à un saint mouni, transmise successivement à d'autres saints anachorètes. Les grands poëmes épiques s'attribuent une origine semblable. Toute la religion, toute l'histoire mythique, se rattachent à ces pieux solitaires. Le monde même et les êtres qui l'habitent sont créés par Manou, par la seule puissance de la contemplation, après que Manou se fût longtemps appliqué à des mortifications douloureuses, et les premiers ancêtres du genre humain furent sept *mounis*, ou saints anachorètes, descendants de Manou.

Le code de Manou prescrit à tous les brahmanes d'embrasser, sur le déclin de leurs jours, la vie contemplative, ce qui prouve qu'anciennement la profession de la vie contemplative et l'état de brahmane étaient identiques.

C'est ce que semble vouloir dire aussi l'auteur du Bhagavat-Gita, en déclarant la doctrine du Yoga une doctrine ancienne, depuis longtemps oubliée, et qu'il faut rétablir.

Les brahmanes primitifs paraissent avoir été des hommes voués à la vie ascétique, faisant en même temps les fonctions de prêtres et de conseillers spirituels. Probablement ils pouvaient, à l'origine, être indistinctement d'une des castes supérieures; car il est probable que les soudras, à qui il n'était pas permis de se dévouer à la vie contemplative, étaient toujours exclus de ce privilége. Peu à peu la fonction de prêtre étant devenue une profession qui se transmettait de père en fils, les brahmanes formèrent une caste, et alors il s'établit une séparation entre eux et les contemplatifs. La vie ascétique devint pour eux un accessoire, et il y eut des brahmanes qui ne se dévouaient pas à la contemplation, de même qu'il y eut des contemplatifs qui n'étaient pas brahmanes.

Les brahmanes eurent bien soin d'attribuer à leur caste toutes les qualités éminentes et toutes les prérogatives attachées à l'ancienne condition de brahmane ou d'homme voué à la contemplation de l'Être suprême, et les qualités extraordinaires que le code de Manou attribue aux brahmanes sont évidemment les mêmes que celles qu'on attribuait ordinairement à ceux qui, par la puissance de la contemplation et de la mortification, s'étaient élevés à une science et à une puissance extraordinaires.

Le code de Manou divise la vie du brahmane en quatre périodes, dont les deux dernières doivent être consacrées à la vie contemplative. La première de ces deux dernières périodes est celle du *vanaprastha* ou *vanatchara*, c'est-à-dire habitant de la forêt; l'autre est celle du *yati*, ce qui veut dire, un homme qui s'est dompté, qui est absolument maître de ses désirs et de ses passions. Le *vanaprastha* ne renonce pas encore tout à fait au monde; il peut encore vivre au sein de sa famille, si elle l'accompagne dans la solitude; il peut encore posséder quelque propriété; il est encore astreint à la pratique des œuvres de dévotion, telles que les sacrifices et les ablutions. Le *yati* doit avoir entièrement renoncé au monde et à la société des hommes. N'ayant plus besoin des cérémonies de la religion, il en est dispensé. Il doit être sans feu, sans propriété, et ne vivre que de la charité des autres ; c'est pourquoi cette classe d'anachorètes est aussi appelée *bhikchaka*, c'est-à-dire mendiants ; on les nomme *sannyasi*, c'est-à-dire homme qui a renoncé à tout.

Aujourd'hui il n'y a plus guère de véritables *vanaprasthas*, et on n'établit plus généralement de distinction entre les contemplatifs, que celle qui provient de leur plus ou moins grande réputation de sainteté. On appelle aussi ces gens *yogui*, c'est-à-dire voués au yoga. On les nomme aussi *tapasya* ou *tapasedi*, c'est-à-dire religieux pénitents.

Outre ces dénominations, il y en a encore d'autres qui sont des épithètes honorifiques, indiquant un haut degré de sainteté, telles sont celles de *mouni, arhat, bouddha, djina, siddha, vidhyadhara, richi*. La plus usitée est celle de *mouni*, qui veut dire anachorète, sage, saint. *Arhat* signifie vénérable ; *siddha*, parfait ; *vidhyadara*, dépositaire de la science ; *richi* signifie saint. On distingue plusieurs classes de *richis*, tels que les *maharchis*, les *devarchis*, les *radyarchis*, les *brahmarchis*.

Les *devarchis* ou *richis* dieux, sont les dieux qui, pour le bien des mortels, se sont faits hommes et se sont voués à la vie ascétique. Indra se fit ainsi anachorète, et Rama en se vouant à ce genre de vie s'appuie sur son exemple. Siva aussi fut un devarchi ; de même Vichnou, successivement dans les personnes de Rama et de Crichna.

Ces richis divins forment la classe la plus élevée ; après eux viennent les *brahmarchis* ou les *richis* de la caste des brahmanes ; on les représente comme supérieurs en dignité aux *radjarchis* ou richis royaux, c'est-à-dire aux princes radjahs, ou à ceux de la caste des kchatriyas, qui se sont retirés du monde pour se livrer aux exercices de la contemplation.

La vie solitaire est aussi regardée comme un moyen d'expier les fautes et les crimes. « Que le meurtrier d'un brahmane, disent les lois de Manou, habite pendant douze ans dans la forêt, pratiquant la mortification, faisant d'une tête de mort son étendard. » Le commentateur ajoute que, si le meurtrier est d'une des trois castes inférieures, le temps de cette pénitence est de vingt-quatre, de trente-six, de quarante-huit ans, selon que le meurtrier est kchatriya, vaisya ou soudra.

Aussi ce code fait-il une grande distinction entre ces vanaprasthas qui vivent dans les forêts pour expier leurs forfaits, et ceux qui y reste pou racquérir un plus haut degré de sainteté.

Les Vanaprasthas sont souvent accompagnés dans leur retraite par leurs femmes et leurs enfants.

La vie d'une femme est, selon les Hindous, une vie de dépendance absolue. La femme, comme cela s'observait chez presque tous les peuples de l'antiquité, ne doit sortir de la tutelle paternelle que pour passer sous celle d'un époux, qu'elle appelle *pati*, c'est-à-dire son maître, son seigneur. Après la mort de celui-ci, elle doit, ou bien le suivre sur le bûcher pour le rejoindre aussitôt au ciel, ou bien vivre dans une retraite complète chez ses enfants adultes ou chez ses plus proches parents. Ce barbare usage des sutties, qui a un peu diminué de nos jours, et qui était surtout répandu sur la côte de Malabar, n'a pas été inconnu à d'autres peuples. L'histoire grecque des temps héroïques nous montre Evadné se brûlant sur le corps de son époux Capanée.

En général on regarde comme un grand dévouement de la part des familles quand elles suivent leurs chefs dans la solitude, pour se soumettre aux privations inséparables de ce genre de vie. Au reste, elles ne sont pas astreintes aux pratiques ascétiques. Si les femmes s'imposent des mortifications et s'exercent à la contemplation, c'est de leur propre choix. Le plus souvent, quand elles suivent leurs maris, elles s'occupent à les soigner, et à leur rendre moins pénible la vie de privations. Quant aux jeunes gens qui vivent avec leurs parents dans la forêt, ils imitent quelquefois l'exemple de ceux-ci, en s'appliquant aux principes ascétiques; ordinairement ces jeunes anachorètes rentrent ensuite dans le monde.

Le genre de vie de l'anachorète est essentiellement plein d'austérités et de privations. C'était déjà une chose effrayante pour l'imagination du vulgaire que de s'enfoncer dans l'épaisseur de ces forêts, dans la solitude de ces montagnes, où les mauvais génies ont leur séjour favori, où l'on est exposé aux attaques des bêtes féroces, aux intempéries des saisons, à la privation de tout ce qui peut rendre la vie agréable ou aisée. C'est dans cette situation que le sage peut s'exercer à prendre l'empire complet sur soi-même, à devenir indifférent au milieu des souffrances, à se détacher de tout ce qui charme l'homme mondain.

« Il convient aux habitants de la forêt, dit Bharata, dans le Ramayana, de se contenter, jour et nuit, des fruits tombant des arbres, de pousser le jeûne aussi loin que le permet la conservation de la vie; ils doivent porter le djat'ha et le vêtement d'écorce; ils ne doivent cesser de rendre hommage aux dieux, aux ancêtres et aux étrangers; tous les jours, au temps accoutumé, ils doivent faire leurs ablutions avec un esprit calme et persévérant; ils doivent faire des oblations de fleurs tombées d'elles-mêmes, en les déposant sur l'autel, selon la règle prescrite. La faim continuelle, les tempêtes terribles, les ténèbres, et d'autres circonstances effrayantes, augmentent les horreurs de la forêt; de nombreux Rakchasas de formes diverses infestent isolément le chemin; il faut vaincre la crainte, et consacrer l'âme à la dévotion; il faut vaincre la crainte même au milieu des terreurs; il faut faire des vœux extrêmement pénibles, rester à genoux à la même place, dans l'attitude d'un homme qui veut tendre un arc; il faut observer un jeûne presque continuel, s'entourer de cinq feux durant les chaleurs de l'été, s'exposer à la voûte du ciel dans les saisons des pluies, coucher dans l'eau durant la saison froide; c'est là ce que doit pratiquer l'habitant de la forêt. »

Le genre de vie du vanaprastha est décrit de même dans le Bhagavata-Pourana.

Quand un homme avait envie de se retirer dans la forêt, il rassemblait ses parents et ses amis, ainsi que quelques brahmanes, et il célébrait une sorte de fête. Les brahmanes accomplissent alors certains rites. Le futur vanaprastha, s'il est brahmane, dépose le triple cordon, qui est le signe de sa caste; il revêt les vêtements d'écorce et fait d'amples présents à ses parents et aux brahmanes, après quoi il fait ses adieux au monde. Souvent même, comme ceux qui entrent en religion, dans le culte catholique, il prend un nouveau nom.

La demeure du vanaprastha devait montrer, par sa rustique simplicité, que celui qui l'habitait avait renoncé aux commodités de la vie; elle devait être une simple chaumière, faite de branches et couverte de feuillages, construite par les mains de l'anachorète lui-même, au pied de quelque arbre, dans le voisinage d'une source ou d'une eau courante, afin qu'il pût y faire journellement ses ablutions. Quelquefois aussi c'étaient des grottes naturelles qui servaient d'asile aux anachorètes, et il n'est pas sans vraisemblance que de pareilles grottes, ayant acquis peu à peu une certaine célébrité par la sainteté de leurs habitants, des princes ou des particuliers, riches et dévots, les aient transformées ensuite en ces constructions magnifiques, telles que celles qu'on voit à Karli, à Ellora, à Éléphanta.

La demeure d'un anachorète s'appelle *asrama*, ermitage, lieu de pénitence. Ordinairement ces *asramas* sont situés dans des contrées riantes, au confluent de deux rivières sacrées, au milieu de l'ombrage des bois, sur le revers des montagnes d'où l'on jouit d'une vue étendue. Les poëtes se plaisent surtout à décrire la beauté du site de ces ermitages. Les meubles qui ornent l'asrama correspondent à sa simplicité : c'est un peu d'herbe sacrée (kousa) et une peau d'antilope qui servent de siége et de lit; une cruche pour y mettre de l'eau, un bâton (danda) que l'ermite porte dans ses courses et auquel le peuple attribue une vertu miraculeuse; un vase pour recueillir les aumônes; une pièce de drap pour filtrer l'eau qu'on veut boire, pour empêcher que des insectes ne s'y introduisent et ne soient ainsi avalés, etc., etc.

Le code de Manou parle aussi d'un crâne que l'anachorète doit avoir dans sa demeure, destiné à lui rappeler continuellement l'idée de la mort.

Il semble que toutes ces prescriptions soient empruntées aux Institutions de la vie monastique de Cassien, ou à quelque règle de couvent, tant la vie cénobitique et monacale s'offre sous des traits analogues à ceux qu'elle revêt dans le christianisme, et c'est là une des innombrables preuves des liens de parenté qui rattachent au système religieux de l'Inde le catholicisme tout entier.

L'habillement du vanaprastha doit être aussi simple que sa demeure : on n'y observe ni ornement ni luxe ; il ne mettra aucun soin dans sa parure; il ne portera aucun signe distinctif de sa caste. Le principal, l'unique vêtement, doit être le *tchira*, fait d'écorce d'arbre ou de fibres végétales, ou une peau d'antilope.

Au nombre des particularités extérieures qui distinguent l'anachorète se trouve encore le *djat'ha*, coiffure qui consiste dans une manière particulière de tresser et d'entortiller les cheveux ; à cette coiffure se joint une longue barbe, des ongles démesurément allongés, et en général l'apparence de la plus grande malpropreté corporelle.

Sa nourriture est aussi extrêmement simple : elle doit consister en racines et en fruits sauvages, qu'il doit cueillir lui-même, à moins que des personnes pieuses ne viennent lui en offrir. C'est dans un vase particulier, dont il est muni, que l'anachorète demande la charité, qu'on lui refuse rarement, car faire l'aumône aux brahmanes passe pour une œuvre des plus méritoires.

Non-seulement la plus grande frugalité et la plus grande

tempérance doivent présider aux repas de l'anachorète; mais il doit aussi s'imposer comme exercices ascétiques des jeûnes fréquents et prolongés.

De même qu'il vit lui-même d'aumônes, il doit aussi faire preuve de charité envers tous ceux qui viennent le trouver dans son ermitage. Dès qu'un étranger arrive, il doit lui offrir un siége, de l'eau pour se laver les mains et les pieds, et des rafraîchissements.

Il en résulte que les ermitages et les monastères sont regardés comme des asiles toujours ouverts aux pauvres et aux étrangers qui viennent y chercher l'hospitalité.

Quoiqu'il se trouve des anachorètes jeunes encore qui se font accompagner par leurs épouses dans la forêt, la plupart renoncent aux liens du mariage, et ceux même que suivent leurs épouses doivent s'abstenir avec elles des plaisirs conjugaux. « Que le mouni, dit la loi de Manou, ne recherche pas les plaisirs, qu'il vive comme un brahmatchary. » Le brahmatchary est un jeune brahmane voué à l'étude des Védas sous un maître ou *gourou*, auquel il doit aveuglément obéir. La chasteté et le célibat sont pour lui un devoir sacré, et le mot *brahmatchanya* est synonyme de chasteté et de célibat.

Celui qui, se livrant à la contemplation et à la mortification, se laisse emporter par ses désirs à rompre le vœu de chasteté, détruit par là tout le mérite que ses pénitences auraient pu avoir. Aussi les dieux et les Rakchasas, quand ils craignent qu'un saint pénitent ne devienne trop puissant par la force de ses austérités, lui envoient-ils quelquefois, pour le tenter, une nymphe ornée de tous les charmes qui peuvent séduire le pénitent le plus résolu, et, dans les poëmes du moins, il arrive assez souvent que les saints succombent à la tentation.

C'est absolument ce que croyaient les chrétiens. Les légendaires nous représentent les démons cherchant à séduire les solitaires de l'Égypte, sous la forme de beautés agaçantes, de nymphes dont les charmes étaient capables d'émouvoir les sens les plus rassis. C'est ce que les diables firent entre autres pour saint Antoine, un des ermites chrétiens qui ont le plus rappelé, par leur genre de vie, les vanaprasthas hindous.

Les occupations de l'anachorète hindou sont bornées aux besoins physiques, à l'étude et à la pratique du culte, aux exercices de la pénitence. Quelquefois environné de ses disciples, il les instruit et les exhorte.

Telle est la vie du vanaprastha, et aussi, il faut le dire, du sannyasi, qui se confond en bien des points avec celui-ci.

Plus détaché encore de la vie commune que les vanaprasthas, le sannyasi couche sur la dure, habite au pied des arbres, n'a aucune propriété, évite sans cesse le commerce des hommes, et observe un silence continuel. Vêtu d'un seul morceau de toile, pour cacher strictement les parties que la pudeur défend de découvrir, il va mendiant de demeure en demeure.

Cette vie contemplative attire sur celui qui s'y est consacré la plus grande considération : elle donne même à ceux-ci des qualités surnaturelles. Les saints hindous font aussi, comme les nôtres, des miracles, dont sont remplis les poëmes sacrés. La puissance de leur volonté est sans bornes; rien de plus terrible que d'encourir la colère et la malédiction d'un richi ; les dieux même la craignent, parce qu'ils ne sauraient empêcher que la malédiction ne s'accomplisse.

Aujourd'hui la plupart de ces sannyasis ne sont plus que des mendiants vagabonds et dangereux. Ils ne se distinguent plus, comme les anciens, par leur érudition, leur vie austère, leur abnégation d'eux-mêmes. Loin d'appartenir aux castes les plus élevées, ils ne forment plus actuellement que le rebut de la société et ne conservent guère des anciens contemplatifs que leur nom et leurs extravagances.

Si quelqu'un ose faire une injure à une personne de leur ordre, toute la troupe se rassemble aussitôt autour de lui; un d'eux fait semblant d'avoir été tué; les autres font un bruit étourdissant, jusqu'à ce que le coupable se résigne à payer une forte amende qu'on lui impose arbitrairement, et souvent les habitants du village où une pareille scène a lieu se voient obligés de contribuer à payer l'amende, pour se débarrasser de ces hôtes importuns. L'argent que les sannyasis ont ainsi extorqué est employé d'ordinaire à un grand festin.

Les personnes de toutes les castes, même les pariahs, peuvent entrer dans cet ordre de mendiants, que son fanatisme porte souvent à des querelles sanglantes avec les yoguis saïvas, principalement aux grandes fêtes, dans les lieux sacrés, où les pèlerins accourent par milliers.

CHAPITRE VINGT-NEUVIÈME.

Les brahmanes. — Organisation de leur caste. — Différents ordres de brahmanes. — Secte féroce des courradis. — Devoir religieux des brahmanes.

Les brahmanes sont généralement chargés, en leur qualité de membres de la caste sacerdotale, d'accomplir les cérémonies du culte. Les uns sont prêtres, les autres simplement assistants. Les prêtres se divisent en plusieurs classes : les quatre principales sont les *atcharyas*, qui enseignent et lisent les Védas ; les *soudouchyous*, qui règlent les cérémonies du culte ; les *brumhas*, qui entretiennent le feu sacré, et les *hota*, qui, dans la cérémonie, versent le beurre clarifié sur la flamme.

La caste des brahmanes se divise elle-même en plusieurs ordres : les plus importants sont les coulenas, les vangchoujas, les chrotoujas, les rarhis, les vordikas, etc., et ces ordres se subdivisent eux-mêmes en un grand nombre d'autres.

Le coulena occupe toujours le premier rang entre tous les ordres : il ne peut contracter d'union qu'avec la fille d'un brahmane de sa classe. La qualité d'épouse d'un coulena est très-recherchée ; aussi a-t-il toujours un grand nombre d'épouses, et il se trouve ainsi allié à trente, quarante et même cent familles, appartenant à diverses régions de l'Hindoustan. Quelquefois ces femmes ne voient leur époux que le jour de leur mariage, et ne vont le visiter que tous les deux ou trois ans, satisfaites du stérile honneur de porter le titre d'épouse d'un coulena.

Les excessifs hommages dont le brahmane est l'objet lui donnent un incroyable égoïsme ; il croit que tout lui est dû et qu'il n'est obligé à rien en retour ; il est étranger à tout sentiment de pitié et de commisération ; il voit d'un œil sec et indifférent un malheureux d'une autre caste que la sienne périr à sa porte, et il ne lui apportera pas même une goutte d'eau pour soulager sa soif, le plus mince aliment pour apaiser sa faim ; il se joue de sa parole et de son serment; il ment impudemment, se parjure sans cesse, et tout ce qui tourne à l'avantage de sa caste est pour lui une vertu.

Certaines classes de brahmanes montrent une perversité plus grande encore : telle est celle des courradis, qui offrent tous les ans des sacrifices humains, qui immolent à leurs divinités favorites un jeune brahmane. C'est à la fête nommée Dousrah que s'accomplit cette horrible cérémonie. La Sacti à laquelle on sacrifie et qui requiert de si barbares holocaustes, a trois yeux énormes et est couverte de fleurs de couleur pourpre ; d'une main elle tient une épée, de l'autre une hache d'armes. Pendant neuf jours on adresse des prières à cette cruelle divinité ; le dixième jour au soir, on apprête un grand festin, auquel assiste toute la famille du brahmane sacrificateur. Une drogue empoisonnée est mêlée aux aliments destinés à la victime. Celui-ci est souvent un étranger, auquel le maître de la maison donne depuis plusieurs mois l'hospitalité, et qui a été jusqu'alors de sa part l'objet des plus grandes attentions. Aussitôt que le poison a produit son effet, le brahmane s'élance sur l'infortuné, le saisit, le porte dans le temple, et après lui avoir fait faire trois fois le tour de l'autel, il lui coupe la gorge ; il recueille avec le soin le plus minutieux le sang dans un petit vase, dont il présente les bords aux lèvres de la féroce déesse ; il en arrose ensuite son corps ; puis ayant creusé une fosse au pied de l'idole, il y dépose le cadavre de la victime, faisant la plus grande attention à ne pas être découvert. Après avoir accompli cet acte horrible, le brahmane courradi retourne au milieu des siens et achève de passer la nuit dans les fêtes et dans la joie, convaincu qu'il vient, par ce meurtre, de conjurer pour douze ans la fureur sanguinaire de la divinité. Le lendemain matin, il retire le corps de la fosse où il l'avait déposé, et il y met en sa place l'idole, qu'il y laisse jusqu'à ce que le retour de la Dousrah ramène de nouveau cet horrible sacrifice.

Après un si affreux tableau de l'atroce superstition des courradis, hâtons-nous d'ajouter que cette barbare coutume semble avoir un peu disparu. Voici quelle en a été la cause : Un jour, à Pounah, un jeune et beau brahmane du Carnatic, fatigué d'un long voyage et dévoré des ardeurs du soleil, s'assit par hasard devant le verandah d'un riche brahmane, qui se trouvait appartenir à la secte des courradis. Le courradi ayant aperçu l'étranger, l'invita à entrer chez lui et à s'y reposer de ses fatigues. L'imprudent brahmane accepta cette offre traîtresse, et devint, durant plusieurs jours, l'objet des attentions les plus empressées de la part de son hôte. Une si cordiale réception lui fit prolonger son séjour chez le brahmane. Il ne tarda pas à concevoir pour la fille de celui-ci un vif attachement. Un mois s'écoula; il demanda la jeune fille en mariage et l'obtint. Les jeunes mariés vécurent dans la plus douce félicité jusqu'au moment de l'arrivée de la fête de la Dousrah : c'était l'instant où le cruel et superstitieux courradi se promettait depuis longtemps de sacrifier l'étranger, devenu son gendre, à la féroce divinité de sa secte. Selon l'usage consacré, il mêla furtivement du poison aux aliments de la victime qu'il couvait; mais la tentative n'échappa pas à l'œil vigilant de la jeune femme, et pleine d'alarmes pour la vie d'un époux qu'elle chérissait, elle parvint, à l'aide d'une substitution adroite, à donner à son époux le plat destiné à son frère, et laissa prendre à celui-ci le plat dans lequel avait été mêlé le poison. A peine le fils du courradi eut-il avalé quelques-uns des morceaux placés devant lui, qu'il tomba expirant. Voyant son erreur, le père, malgré sa douleur, ne voulut pas cependant perdre le fruit de son crime, et saisissant le cadavre du malheureux, il courut l'achever au pied de l'idole. A la fois étonné et révolté de cet acte de barbarie, le jeune brahmane demanda à son épouse la raison d'un acte aussi sanguinaire. Alors celle-ci lui révéla tout le secret de cet horrible guet-apens et l'atroce superstition dont il avait failli devenir la victime. Inquiet pour sa propre sûreté, le Carnatic courut prévenir les autorités et demanda justice pour un crime aussi atroce. Le coupable fut saisi, ainsi que seize autres de sa secte; ils furent mis à mort. Tous leurs adhérents furent expulsés de la ville, et les ordres les plus sévères furent donnés pour que désormais on n'eût plus aucune relation avec cette classe d'assassins sacrés. Cet exemple, nécessaire pour arrêter le fléau d'une pareille superstition, a mis fin, pour quelque temps au moins, à ces horribles sacrifices, et quand arrive la Dousrah, les courradis se bornent à immoler une brebis ou un buffle.

Nous avons déjà dit que la personne d'un brahmane était inviolable. Il en résulte qu'il n'est pas aisé d'obtenir justice pour une offense commise par un brahmane; ce qui a contraint l'Hindou à avoir recours à un singulier procédé, nommé *dherna*. Celui qui en fait usage s'avance vers la porte de la maison du brahmane qui l'a offensé, et cherche à l'arrêter s'il vient à sortir, en le menaçant, s'il refuse de se laisser prendre, de se frapper lui-même avec un poignard qu'il tient à la main, suicide qui serait imputé moralement comme un meurtre au brahmane qui le laisserait commettre, et dont il devrait rendre compte dans l'autre vie. Une fois arrêté, l'auteur du dherna (ce mot équivaut à peu près à *saisie*) doit se soumettre au jeûne, et le brahmane arrêté doit l'imiter. Cette diète forcée continue jusqu'à ce que l'offensé ait reçu satisfaction. On voit que c'est au détriment de son estomac, de sa santé et peut-être même de sa vie, qu'il parvient à contraindre son adversaire à lui faire justice. Ce procédé manque cependant rarement son effet, car si, en s'obstinant à ne pas réparer le tort dont il s'est rendu coupable, l'auteur de l'offense laissait l'offensé périr d'inanition, le crime, à ce que croient les Hindous, retomberait sur sa tête.

Cette manière singulière d'obtenir justice a été jadis fort répandue dans la ville de Bénarès; elle a été employée aussi bien vis-à-vis des hommes que des femmes de la caste des brahmanes.

Une autre pratique non moins singulière, mais infiniment plus cruelle, est celle qui est connue sous le nom de *kour*. Ce mot sert à désigner un bûcher circulaire. On fait monter dessus une vache et quelquefois une vieille femme, que l'on consume avec le bûcher. L'objet de cette pratique est d'intimider les officiers du gouvernement ou d'autres, à raison de demandes importunes, car les Hindous supposent que ce sacrifice a pour effet d'accumuler les plus énormes péchés sur la personne dont la conduite a nécessité la construction du kour.

Les brahmanes qui se marient et qui ont des enfants portent le nom de *grahasta*. Après son mariage, le jeune brahmane cesse d'être brahmatchary. Le cordon qu'il porte comme marque distinctive de sa caste a alors neuf ficelles au lieu de trois ; ce cordon, pour le dire en passant, descend de l'épaule gauche à la hanche droite, et se compose de trois petites ficelles formées chacune de neuf fils. Le coton dont il est fait doit être cueilli sur la plante, de la propre main d'un brahmane, et être cardé et filé par des personnes de cette caste, afin qu'il ne puisse contracter de souillure en passant par des mains impures. Les brahmanes attachent à ce cordon le plus grand prix, et on n'en ceint pas les enfants avant l'âge de cinq à neuf ans. Mars, avril, mai et juin, sont les mois les plus favorables pour procéder à l'investiture de cette marque d'honneur. Comme la fête que l'on célèbre alors entraîne des dépenses assez considérables, les brahmanes peu fortunés vont de maison en maison faire la quête et ramasser les fonds qui leur sont nécessaires pour subvenir à ces dépenses. Les Hindous de toutes les castes croient faire une œuvre tout à fait méritoire en y contribuant par leurs aumônes.

La cérémonie de l'investiture du cordon porte le nom d'*ouppanayana*, ce qui signifie introduction aux sciences, parce que, à dater du jour de son initiation, un brahmane acquiert le droit de se livrer à leur étude.

Revenons au brahmane *grahasta*. Quoique ayant cessé d'être

brahmatchary, le jeune brahmane marié n'est pas censé être un véritable grahasta, tant que la jeunesse de sa femme la retient chez ses parents ; il n'acquiert ce nom qu'après avoir acquitté la *dette des ancêtres*, en engendrant un fils. Ce sont les brahmanes de cette dernière condition qui constituent réellement le corps de la caste, qui en soutiennent les droits et qui sont les arbitres des différends qui y surviennent ; ce sont eux aussi qui doivent veiller à l'observation des usages et les recommander dans leurs leçons et par leurs exemples.

Le grahasta doit se lever tous les matins une heure et demie environ avant que le soleil paraisse sur l'horizon. En se levant, ses premières pensées doivent être pour Vichnou. Il invoque ensuite les dieux pour qu'ils fassent lever l'aurore. Il prononce le nom de son gourou ou maître spirituel, et il lui adresse une prière. Il s'imagine ensuite être lui-même l'Être suprême, et il dit :

« Je suis Dieu ! il n'en est pas d'autre que moi ; je suis Brahma ! je jouis d'un bonheur parfait et je ne suis point sujet au changement. » Il s'adresse ensuite à Vichnou, et il dit :

« Dieu, qui êtes un pur esprit, le principe de toutes choses, le maître du monde et l'époux de Lakchmi, c'est par vos ordres que je me lève et que je vais m'engager dans les embarras du monde. »

Il pense alors à ce qu'il doit faire ce jour-là, aux bonnes œuvres qu'il se propose et aux moyens de les accomplir ; il se souvient que ses pratiques journalières, pour être méritoires, doivent être faites avec ferveur et piété et non avec nonchalance ou par manière d'acquit. Dans cette pensée, il s'arme de courage et forme la résolution de s'en bien acquitter. Après cela, il fait le *hari-smarana*, qui consiste à réciter tout haut les litanies de Vichnou, en prononçant ses mille noms.

Cette première préparation finie, il se met en devoir de vaquer aux besoins de la nature, et il est encore obligé dans leur accomplissement de se conformer à des règles sévères. Les prescriptions sont aussi minutieuses que singulières : par exemple il doit s'accroupir le plus bas possible ; ce serait un grand péché de se soulager debout ou seulement demi-incliné ; c'en serait un plus grand encore de le faire étant monté sur un arbre ou sur une muraille ; après s'être redressé, il ne doit pas jeter les yeux derrière ses talons, sous peine de péché. Quelques autres de ces prescriptions ont un but évidemment hygiénique : telles sont les purifications, les ablutions, les lotions avec un mélange d'eau et de terre, le nettoyage des dents avec la branche du bois *oudouya*.

L'ablution par excellence est celle qui porte le nom de *sandia*. Le *sandia* doit se faire trois fois par jour ; c'est, comme on voit, le même système d'ablutions suivi par les musulmans. Avant de le commencer, le brahmane doit rappeler à son souvenir le dieu des eaux et lui offrir ses adorations. Il passe ensuite au Gange et lui adresse la prière suivante :

« O Gange ! vous êtes né dans la cruche de Brahma ; de là vous êtes descendu sur la chevelure de Siva ; des cheveux de Siva, vous êtes descendu sur les pieds de Vichnou, et de là vous avez coulé sur la terre pour effacer les péchés de tous les hommes. Vous êtes la ressource et le soutien de toutes les créatures animées qui vivent ici-bas ! Je pense à vous et j'ai l'intention de me laver dans vos eaux sacrées. Daignez donc effacer mes péchés et me délivrer de mes maux. »

Cette prière terminée, il passe aux fleuves sacrés, qui sont au nombre de sept : le Gange, la Yamouna, le Sind ou Indus, le Godavery, le Sarasvati, le Nerboudda et le Cavery. Ensuite entrant dans l'eau, il se dirige d'intention vers le Gange et s'imagine qu'il fait réellement ses ablutions dans le fleuve. Après s'être bien baigné, il se tourne vers le soleil, prend trois fois de l'eau dans ses mains et en fait une libation à cet astre, en la répandant par le bout des doigts.

Il sort ensuite de l'eau, se ceint les reins d'une toile pure, en met une autre sur ses épaules, s'assied, le visage tourné vers l'orient, remplit d'eau son chimbou ou vase de cuivre, dont il se munit pour les ablutions, le pose en face de lui, se frotte le front avec des cendres de bouse de vache ou de santal, ou y trace la marque rouge appelée tiloky, selon l'usage de sa caste, et termine par se suspendre au cou une guirlande de fleurs ou un chapelet de grains appelés roudrakchas. Il pense à Vichnou et boit trois fois en son honneur un peu de l'eau contenue dans le vase; il fait trois fois aussi une libation au soleil, en répandant de cette eau par terre; il réitère ses libations en l'honneur des autres dieux, récite de nouvelles prières en l'honneur du soleil, de l'arbre assouata, autour duquel il tourne sept, quatorze, vingt et une, vingt-huit, trente-cinq fois ou plus, selon ses forces, en augmentant toujours de sept le nombre des tours. Il se livre pendant un certain espace de temps à quelque lecture pieuse; il se lève ensuite, se revêt de toile pure, cueille quelques fleurs pour les offrir en sacrifice à ses dieux domestiques, remplit d'eau son chimbou, et retourne à la maison.

De retour chez lui, le brahmane grahasta fait un nouveau sacrifice et peut ensuite vaquer à ses affaires. Vers midi, après avoir donné ses ordres pour faire la cuisine, il retourne à la rivière pour y faire une seconde fois le sandia, de la même manière que le matin; les prières seules qu'il doit réciter sont différentes.

Il revient chez lui et tâche de se conserver bien pur, en évitant avec un soin extrême de rien toucher en marchant qui soit susceptible de le souiller. Il faudrait alors qu'il retournât bien vite à la rivière, si, chemin faisant, il avait par mégarde mis le pied sur un tesson, une guenille, des cheveux, un morceau de peau, etc., ou s'il eût été effleuré par une personne d'une caste inférieure à la sienne. La grande pureté qu'il doit conserver dans cette circonstance lui est absolument nécessaire pour accomplir le sacrifice aux dieux domestiques, qu'il fait tous les jours, en revenant de faire son ablution.

Toutes ces précautions ont fait dégénérer en puérilités des prescriptions utiles; car elles étaient fondées, ainsi que nous l'avons déjà remarqué, sur la nécessité de faire observer une grande propreté dans un climat où la moindre ordure, par sa rapide décomposition, devient une source de contagion, où les miasmes morbifiques s'exhalent sans cesse et se propagent. Méconnaissant l'intention primitive et réelle du législateur, les brahmanes, esclaves de la lettre, ont transformé tous ces rites hygiéniques en d'absurdes observances.

Le catholicisme, qui semble n'être étranger à aucune de ces bizarreries des religions orientales, quoiqu'il les ait beaucoup diminuées, prescrit encore des purifications de ce genre; purifications devenues inintelligibles, parce que les fidèles les observent sans en connaître le but, et comme si c'étaient des actes agréables en eux-mêmes à la Divinité, au lieu de les considérer comme des symboles. Celui qui va recevoir l'Eucharistie a soin de se rincer la bouche, de se laver le visage, de se tenir le corps libre ainsi que l'estomac, afin, dit le rituel, de recevoir son Dieu dans une plus belle demeure. Il a oublié que jadis, au lieu d'être l'accomplissement d'un acte individuel, la cène était un repas en commun, célébré par les premiers fidèles en mémoire du Christ. Ces prescriptions avaient alors une toute autre signification; elles étaient des mesures d'ordre et de propreté, pour empêcher que des frères ne se présentassent ivres à un repas marqué d'un caractère religieux, ou dans une mise négligée et avec un extérieur inconvenant.

Dans le sacrifice journalier aux dieux domestiques, le brahmane se tourne vers l'orient ou vers le nord, et il se tient quelque temps dans le recueillement. Toujours placé un peu plus bas que la divinité à laquelle il sacrifie, il dépose à sa droite les fleurs qu'il doit offrir, et devant lui un vase plein d'eau, l'encens, la lampe, le santal, le riz bouilli et les autres objets qui sont dans la nature du sacrifice. Il commence par chasser les géants et les démons; pour cet effet, il fait claquer dix fois ses doigts en tournant sur lui-même, et par là il leur interdit tout accès. Il se met alors en devoir de se former un nouveau corps, en débutant par ces mots : « *Je suis moi-même la divinité à laquelle je vais sacrifier!* » Par la vertu de ces paroles, il unit l'âme vitale, qui réside au nombril, à l'âme suprême, qui réside à la poitrine. Il unit successivement ensemble les éléments dont il est composé : la terre à l'eau, l'eau au feu, le feu au vent, le vent à l'air. Il se comprime la narine droite avec le pouce, prononce seize fois la syllabe *djon*, et aspirant l'air par la narine gauche, il dessèche, par ce moyen, le corps dont il est revêtu ; avec le pouce et l'index il se pince les deux narines, prononce six fois le mot *ron*, retient sa respiration, aspire au feu, et par là il brûle son corps ; il prononce trente-deux fois le mot *lom* et souffle en même temps avec force par la narine droite ; il chasse de la sorte le corps qui vient d'être brûlé ; il pense à de nouveaux sens, et cette pensée suffit pour les lui procurer.

Le brahmane continue une série de pratiques non moins ridicules, dont l'ensemble forme le *chanti-yoga,* et il offre enfin le poudja ou sacrifice à ses dieux domestiques. Après quoi il s'assied pour dîner ; si sa fortune le lui permet, il ne doit pas manquer d'inviter chaque jour à ce repas le plus grand nombre possible de pauvres brahmanes. Il mange en silence, après avoir eu soin, avant de rien porter à sa bouche, de mettre à part, pour ses ancêtres défunts, une petite portion de riz et des autres mets qu'on lui a servis. Cet usage rappelle celui qui s'observait jadis et s'observe même encore dans certaines familles, le jour de la fête des Rois. En coupant le gâteau, on commençait par tirer la part des frères morts ou absents, et celle du bon Dieu, que l'on donnait aux pauvres. En mangeant, le brahmane observe encore mille autres petites pratiques qu'il serait trop long de décrire.

Son repas fini, notre prêtre hindou se lave les mains, ainsi que l'extérieur et l'intérieur de la bouche ; il se gargarise douze fois. Il prend ensuite quelques feuilles de toulochy (basilic) qu'il avait offertes en sacrifice à ses dieux domestiques avant de manger, les avale, et se croit alors bien certain que la nourriture qu'il a prise ne lui occasionnera ni indigestion ni maladie aucune. Ayant donné du bétel et des noix d'arec aux pauvres brahmanes qu'il a invités à dîner, il les congédie et il s'occupe quelque temps à la lecture de quelque ouvrage sacré. Sa lecture finie, il met du bétel dans sa bouche et il peut aller vaquer à ses affaires ou visiter ses amis, en prenant bien garde, dans le commerce qu'il a avec autrui, de ne jamais convoiter les biens ou la femme du prochain.

Le soir, après avoir accompli le sandia pour la troisième fois, il fait de nouvelles prières, s'acquitte de quelques rites spéciaux et lit quelques Pouranas. Cette lecture est suivie de la litanie Hari-smarana, dont nous avons parlé plus haut. Après quoi, il va visiter le temple du lieu de son domicile ; mais il ne peut jamais s'y présenter les mains vides ; il doit offrir en présent ou de l'huile pour la lampe, ou des cocos, des bananes, du camphre, de l'encens, etc., dont se composent les sacrifices. S'il est très-pauvre, il doit au moins y porter quelques feuilles de bétel.

Si le temple est consacré à Ganesa, il en fait une fois le tour ; après quoi, se tournant vers la divinité, il se prend le bout de l'oreille gauche avec la main droite, et le bout de l'oreille droite avec la main gauche, et dans cette posture il s'accroupit par trois fois sur ses talons ; il se donne ensuite de légers coups de poing sur les deux tempes. Si le temple est dédié à Siva, il en fait trois fois le tour, et deux fois s'il est consacré à Vichnou.

Après s'être acquitté de ces devoirs religieux, il retourne chez lui, prend son repas, en observant les règles ordinaires, et il se couche, peu de temps après avoir soupé.

Le brahmane doit purifier la place où il veut se coucher, en la frottant de bouse de vache, et faire en sorte que cette place ne soit exposée aux regards de personne. Il existe certains endroits où l'on ne doit jamais se coucher, par exemple une montagne, un cimetière, un temple, l'ombrage d'un arbre, etc. On met du côté où repose la tête un vase plein d'eau et une arme; on se frotte les pieds, on se lave deux fois la bouche avant de se coucher. On ne doit jamais se coucher les pieds mouillés (cette prescription a un caractère hygiénique évident), ni dormir sous la poutre qui traverse le milieu de la maison. Il faut éviter de s'endormir le visage tourné à l'ouest ou au nord. En se couchant, le brahmane offre des adorations à la terre, à Vichnou, à Nandi-Kichara, l'un des démons préposés à la garde de Siva, et à l'oiseau Garouda. Voici quelle est la prière adressée à ce dernier : « Illustre fils de Kachiapa et de Binata, vous êtes le roi des oiseaux; vous avez de belles ailes, un bec bien pointu; vous êtes l'ennemi des serpents; préservez-moi de leur venin. »

Celui qui récite cette prière à son coucher, à son lever et après ses ablutions, est regardé comme ne pouvant jamais être mordu par les serpents.

Enfin, après cette série de prières, le brahmane se rappelle encore une fois le souvenir de Vichnou, et s'endort dans cette pensée.

Telle est la multitude de pratiques qui enchaînent la vie des membres de la caste sacerdotale, mais dont ils se dispensent fort souvent. Pour excuser la bizarrerie de ces pratiques, ils assurent qu'elles ne sont toutes, ou la plupart, que des allégories dont le sens réel est plus raisonnable que n'en est la forme; mais la tradition du sens réel de ces pratiques est perdue, et pour la majorité des brahmanes, ce ne sont que des momeries dont toute la vertu consiste dans leur exécution matérielle et littérale.

Les kchatriyas et les vaisyas doivent aussi faire le sandia. Toutefois ils n'y sont pas astreints avec autant de rigueur que les brahmanes, les vaisyas surtout; d'ailleurs leurs cérémonies et leurs prières sont différentes. Quant aux soudras, ils ne peuvent faire que de simples ablutions, sans aucune prière ni cérémonie ; les plus dévots les accomplissent une fois le jour.

On n'aperçoit, dit le missionnaire Dubois, auquel nous avons emprunté les détails précédents, dans celui qui fait le sandia rien qui puisse porter à croire que cet exercice lui soit suggéré par un esprit de dévotion. Le brahmane fait toutes ses cérémonies et récite ses prières avec la plus grande précipitation ; il ressemble alors à l'écolier qui débite rapidement la leçon qu'il a apprise par cœur, et dans cette circonstance, ainsi que dans toutes les autres, il n'agit évidemment que par manière d'acquit.

Nous ajouterons, ce que l'abbé Dubois s'est bien gardé de dire, que les vieilles dévotes de nos églises répètent absolument de la même façon des prières qu'elles ne comprennent pas, ayant quelquefois bien soin de les réciter dans la langue latine, qu'elles n'entendent pas, s'imaginant sans doute que ces prières sont plus efficaces répétées dans cette langue. Si notre lecteur a parcouru les cantons des Waldstadt, en Suisse, il aura rencontré des hommes et des femmes allant au marché ou pour affaire à la ville voisine, et qui récitent à tour de rôle et tout haut le chapelet ou quelque autre prière, sans que le récitant paraisse de même prêter la moindre attention à ce qu'il dit. C'est que partout où les prêtres ont substitué des prières déterminées aux élans naturels de l'âme qui implore la Divinité quand elle en sent le besoin, ces prières ne tardent pas à dégénérer en un marmottage ridicule et inattentif, une récitation de mots incompris, et cela chez les Hindous comme chez les chrétiens.

CHAPITRE TRENTIÈME.

Hiérarchie ecclésiastique des Hindous. — Des principales cérémonies accomplies par les brahmanes. — Science de cette caste. — Magie.

Chaque caste ou chaque secte de l'Hindoustan a ses gourous ou docteurs particuliers, mais ils ne sont pas tous revêtus d'une égale autorité; il existe entre eux une sorte de hiérarchie. Outre les membres du clergé subalterne, qui sont nombreux partout, chaque secte a un nombre limité de pontifes, auxquels les gourous inférieurs sont subordonnés et dont ils tiennent leur pouvoir ou leur juridiction spirituelle; ces pontifes ont aussi le droit de les destituer et d'en mettre d'autres à leur place. Le lieu de la résidence du pontife hindou est ordinairement désigné sous le nom de *sinhassana*. On trouve quelques-uns de ces sinhassanas ou siéges pontificaux dans les divers pays de l'Inde. Toutes les castes et toutes les sectes en reconnaissent chacune un qui leur est particulier.

Les différentes branches des sectes des vichnaïvas et des saïvas ont leurs pontifes et leurs gourous exclusifs. Les pontifes, ainsi que le clergé inférieur, dans la secte de Siva, antérieure, ainsi que nous l'avons dit, à la division par castes, ne sont pas tirés, comme on pourrait le croire, de la caste des brahmanes, mais de celle des soudras. Quant aux grands gourous de la secte de Vichnou, ce sont des brahmanes vichnaïvas. Ces derniers instituent le clergé inférieur de la secte. Le plus fameux sinhassana des vichnaïvas est dans la ville sainte de Tiroupatty, dans le Carnatic; c'est là que réside une espèce de primat, dont la juridiction s'étend sur la plus grande partie des provinces de la presqu'île.

Ce sont aussi le plus souvent des brahmanes qui sont les

gourous des diverses sectes d'Hindous tolérants, c'est-à-dire ceux qui ont pour Vichnou et Siva une égale vénération.

Le pontife ou le gourou d'une secte n'a rien à entreprendre sur une autre ; on ne ferait chez celle-ci aucun cas de lui, de sa bénédiction ou de sa malédiction ; aussi est-il rare de voir des exemples de pareils empiétements.

Les grands personnages, tels que les rois et les princes, ont un gourou exclusivement attaché à leur maison et qui les accompagne partout. Ils vont chaque jour se prosterner à ses pieds et recevoir de lui le *prassadam* ou don, et l'*assirvahdam* ou bénédiction. Lorsqu'ils voyagent, le gourou se tient à leurs côtés ; mais s'ils partent pour la guerre ou pour quelque entreprise, le saint homme a soin de rester prudemment en arrière ; il se contente, dans ces circonstances, de les combler de bénédictions et de leur offrir quelques petits dons sacrés et des amulettes qui, conservées précieusement, ont la vertu, infaillible à leurs yeux, de détourner tous les malheurs auxquels ils seraient exposés loin de leur guide spirituel.

Les princes affectent, par ostentation, de traiter splendidement leurs gourous, dont les fautes surpassent souvent les leurs. Outre des présents riches et multipliés, ils leur concèdent encore la propriété absolue de terres d'un revenu considérable. Cette opulence des pontifes hindous fait qu'ils ne se montrent en public qu'environnés de la plus grande pompe. C'est principalement lorsqu'ils font la visite de leurs districts qu'ils se plaisent à déployer tout l'éclat de leur dignité. Habituellement montés sur un éléphant richement caparaçonné, ou assis sur un superbe palanquin, plusieurs ont une escorte de cavalerie et sont entourés d'un grand nombre de gardes à pied et à cheval et armés de piques et d'autres armes ; des bandes de musiciens jouant de diverses sortes d'instruments les précèdent ; autour du cortége flottent un grand nombre de drapeaux de toutes couleurs, sur lesquels sont peintes les images de leurs dieux. La marche est ouverte par quelques officiers, dont les uns chantent des vers en leur honneur, tandis que d'autres, disposés en avant, avertissent les passants de se ranger, de rendre au grand gourou qui s'approche l'honneur et le respect qui lui sont dus. Tout le long de leur route l'encens et d'autres parfums brûlent; des toiles neuves sont sans cesse étalées par terre sur leur passage; des espèces d'arcs de triomphe appelés *tornam*, composés de feuillages d'arbres, s'élèvent à des intervalles rapprochés; des groupes de filles vouées à la prostitution et de danseuses font partie du cortége et se relèvent les unes les autres, afin de continuer sans interruption leurs chansons obscènes et leurs danses lascives.

Les gourous d'un rang inférieur proportionnent leur faste à leurs moyens. Ceux de la secte de Vichnou, connus sous le nom de *vachtoumas*, vont la plupart montés sur un mauvais cheval; quelques-uns sont même réduits à la nécessité de voyager à pied. Les *pandahrams* et les *djangoumas*, prêtres de la secte de Siva, vont à cheval, quelques-uns en palanquin; mais leur monture de prédilection est un bœuf.

Le rang de gourou en général est le premier de la société; ceux qui l'occupent reçoivent, dans plusieurs circonstances, des marques de respect ou plutôt des adorations qu'on rendrait à peine aux dieux eux-mêmes; tout Hindou est intimement persuadé qu'il est des circonstances où ces gourous ont le pouvoir de commander aux puissances célestes, et que celles-ci sont obligées de leur obéir.

Les gourous font de temps en temps la visite des districts où leurs disciples sont en plus grand nombre; on en rencontre qui vont quelquefois à plus de cent lieues de leur domicile ordinaire. Durant leur tournée, leur principal ou plutôt leur unique soin est de ramasser de l'argent. Outre les amendes qu'ils imposent à ceux qui ont commis quelque délit ou quelque faute contraire aux règlements de la caste ou de la secte, ils exigent sans pitié de leurs adhérents un tribut qui excède le plus souvent les facultés de ceux-ci; ils appellent cette manière d'extorquer l'argent *dakchanai* et *pahda-canikay*, et personne, quelque misérable qu'il soit, ne peut se dispenser de payer. Il n'est pas d'affront ou d'ignominie que les gourous ne soient disposés à faire endurer à quiconque ne peut ou ne veut pas s'y soumettre. Sourds à toute espèce de réclamation, ils font comparaître devant eux le récalcitrant, dans une posture humiliante, l'accablent en public d'injures et de reproches, lui font jeter de la boue ou des excréments au visage; et lorsque ces moyens ne réussissent pas, ils se font délivrer un de ses enfants, qui doit les servir gratuitement jusqu'à ce que le tribut soit payé.

Enfin, pour dernier et infaillible expédient, vient la menace de leur malédiction; et telle est la crédulité du timide Hindou, telle est la crainte des maux qu'il voit prêts à fondre sur lui si le fatal anathème est prononcé, qu'à moins d'une impossibilité absolue, il s'exécute et paye.

Le revenu des gourous est encore grossi par les taxes connues sous le nom de *gourou-dakchnasi*, qui se perçoivent à l'occasion de la naissance, de la cérémonie du *dikcha* (initiation) et des décès.

Les gourous des castes inférieures à celle des brahmanes ne sont pas reconnus par ceux-ci, qui les regardent comme des intrus, prétendant seuls au droit de porter ce titre et d'exercer ces fonctions. Malgré cela, les gourous soudras jouissent dans leur caste de beaucoup d'honneurs.

Hors le temps de leurs visites, la plupart des gourous vivent dans la retraite et confinés dans des mattas, espèces de couvents ou ermitages isolés, ne se montrant que rarement en public; quelques-uns résident dans le voisinage des grandes pagodes; mais les pontifes dont l'état de maison et l'entretien journalier de leur suite entraînent des consommations considérables, habitent ordinairement dans de grands *agrahras* ou villes habitées principalement par les brahmanes, et qui, pour cette raison, portent le nom de *pounia-statas*, c'est-à-dire lieu de vertu. C'est là qu'ils donnent audience au grand nombre de leurs ouailles, qui viennent quelquefois de fort loin pour faire leurs adorations, recevoir leur bénédiction, leur offrir des présents, leur porter des plaintes sur l'infraction des usages, ou pour d'autres motifs semblables.

La dignité des gourous mariés est héréditaire de père en fils; les successeurs des gourous célibataires sont nommés par leurs supérieurs, qui choisissent ordinairement une de leurs créatures. Ces pontifes ont coutume de s'assurer, durant leur vie, un coadjuteur qui leur succède de droit.

Les brahmanes sont, comme le fut le clergé au moyen âge, les dépositaires exclusifs de la science. Au reste, leur instruction est fort imparfaite : elle consiste tout entière en un certain nombre de morceaux appris par cœur. Leur savoir se réduit aujourd'hui à l'astrologie, à la magie ou science des mantras.

La croyance à l'influence des astres est très-répandue chez les Hindous. Aux rêveries de l'astrologie occidentale ils ont encore ajouté mille chimères. Ils soutiennent, par exemple, que la fréquence des pluies dépend de la bonne ou de la mauvaise volonté de sept éléphants, connus chacun par un nom qui leur est propre, et dont la fonction annuelle consiste à porter l'eau aux nuages, chacun à tour de rôle. Quatre mettent une grande activité dans leur service et fournissent à la pluie une ample provision ; mais les trois autres ne s'en acquittent qu'avec nonchalance; la terre reste aride quand leur tour arrive, et la disette se fait sentir. Ils disent aussi que des serpents, qui sont au nombre de sept, et qui portent également un nom particulier, exercent successivement, durant une année chacun, un empire souverain sur toutes les espèces de serpents. Enfin ils débitent une foule de folies pareilles.

La magie est surtout fondée sur la vertu des *mantras* ou *mantrams*, c'est-à-dire des formules évocatoires. Les Hindous attribuent tant de vertu à ces prières insignifiantes, qu'ils les croient capables d'enchaîner la puissance des dieux. Les mantrams servent ou à invoquer, ou à évoquer, ou à conjurer; ils sont conservateurs ou destructeurs, utiles ou nuisibles, salutaires ou malfaisants; il n'est sorte d'effet qu'on ne produise par leur moyen : envoyer le démon dans le corps de quelqu'un, l'en chasser, inspirer de l'amour ou de la haine, causer les maladies ou les guérir, procurer la mort ou s'en préserver, faire périr une armée entière; il y a des mantrams infaillibles pour tout cela et pour bien d'autres choses encore. Heureusement que tel mantram opposé à tel autre mantram en neutralise l'effet; le plus fort détruit l'effet du plus faible. Toutes ces formules sont très-familières aux brahmanes, dont elles font la puissance aux yeux du peuple; on connaît le célèbre sorite hindou : « L'univers est au pouvoir des dieux; les dieux sont sous l'empire des mantrams; les mantrams sont au pouvoir des brahmanes; donc les brahmanes sont nos dieux. »

Lorsqu'on objecte aux brahmanes qu'on ne s'aperçoit plus aujourd'hui des vertus efficaces et des effets tant vantés des mantrams, ils répondent qu'il faut en attribuer la cause au cali-youga, âge de fer, où tout a dégénéré. Ils soutiennent toutefois qu'il n'est pas rare de voir encore les mantrams produire un grand nombre de prodiges, ce qu'ils confirment par des histoires dont l'authenticité est plus que douteuse.

Les prêtres catholiques tiennent, au reste, à peu près le même langage. Quand on leur représente la rareté des miracles de nos jours, tandis que dans les vies des saints et les Écritures ils sont si fréquents, si multipliés, les prêtres allèguent l'endurcissement des cœurs, le peu de foi, comme en étant la cause; toutefois ils ont en réserve pour les dévots et les gens crédules, des récits de miracles qui ne sont guère plus authentiques que ceux racontés par les brahmanes, et qu'ils colportent à petit bruit.

Le plus fameux des mantrams, le plus efficace pour effacer les péchés, celui dont la vertu s'étend jusqu'à faire trembler tous les dieux, c'est celui auquel on donne le nom de *gaïtri* ou *gaïatri*. Il est si ancien, assure-t-on, qu'il a enfanté les Védas. Le brahmane seul a le droit de le réciter ; il s'y prépare par d'autres prières et par le plus profond recueillement ; il doit toujours le prononcer à voix basse, et faire bien attention à ce qu'il ne soit pas entendu d'un soudra, ni même de sa propre femme. En voici le sens :

« Adorons la lumière de Dieu, plus grand que vous, ô soleil ! qui peut bien diriger notre esprit. Le sage considère toujours ce signe suprême de la Divinité. Adorons la lumière suprême de ce soleil, le Dieu de toutes choses, qui peut bien diriger notre esprit, comme un œil suspendu à la voûte des cieux. »

Quoique les brahmanes soient réputés les dépositaires uniques des mantrams, bien d'autres qu'eux se mêlent aussi d'en réciter ; il y a même des professions auxquelles ils sont indispensablement nécessaires. Les médecins, par exemple, ceux même qui ne sont pas brahmanes, seraient regardés comme des ignorants, quelque habiles qu'ils fussent d'ailleurs dans l'art de guérir, et ils n'inspireraient aucune confiance, s'ils ne savaient pas les mantrams adaptés à chaque maladie, car la guérison est attribuée plutôt à l'effet des mantrams qu'à la science des médecins.

Les sages-femmes doivent en avoir aussi un recueil : elles sont quelquefois appelées *mantra-sanys* ou femmes qui disent des *mantrams*, et jamais, en effet, ils ne furent plus nécessaires que dans un moment où, selon les préjugés indiens, un tendre enfant et une nouvelle accouchée sont essentiellement susceptibles de la fascination des regards, de l'influence, du mauvais concours des planètes et des jours néfastes. Une bonne accoucheuse, munie de mantrams efficaces, prévient tous ces maux, éloigne tous ces dangers, en les récitant à propos.

Mais les plus habiles dans cette espèce de science, et en même temps les plus redoutés, sont les charlatans, qui passent pour initiés aux secrets de la magie : à les entendre, ils sont possesseurs de mantrams capables d'opérer tous les prodiges imaginables.

Les Hindous ont de longs traités de magie, et il faut placer en tête l'Atharvana-Véda, dans lequel cette science occulte joue un grand rôle.

La haine qu'on porte aux magiciens réputés malfaisants égale la frayeur qu'ils inspirent. Malheur à celui qu'on accuse d'avoir nui par ses enchantements. Le genre de punition qu'on lui inflige ordinairement consiste à lui arracher les deux dents de devant de la mâchoire supérieure. Ainsi édenté, on s'imagine qu'il ne peut plus prononcer de *mantrams* diaboliques; car si ces mantrams sont mal débités, le démon familier, irrité, fait tomber sur le magicien le mal que celui-ci voudrait faire aux autres.

Au reste, la croyance aux magiciens est une des plus générales que l'on ait encore rencontrées dans l'humanité. Il y a cinq siècles, toutes les nations croyaient à la magie. Ce fait d'une quasi-unanimité des peuples des âges passés à admettre des magiciens, nous prouve combien on aurait tort de conclure à l'existence d'une vérité, parce qu'elle est admise d'un commun accord; il nous démontre que certaines erreurs peuvent, quoi qu'on en ait dit, être universelles. Le christianisme a en effet longtemps admis les magiciens, il a cru à leur influence diabolique; la Bible et mille décisions de conciles en font foi. Aujourd'hui, entraîné par le bon sens général, il a abandonné ces superstitions grossières et il se rit des magiciens hindous, quand hier encore il faisait brûler les sorciers et traitait les aliénés comme des possédés du démon.

CHAPITRE TRENTE ET UNIÈME.

La vie civile des Hindous dans ses rapports avec la religion. — Naissances. — Mariages. — Funérailles.

Lorsqu'une brahmadi ressent les douleurs de l'enfantement, son mari doit se trouver auprès d'elle et être attentif à noter le quantième du mois, le jour, l'étoile du jour, le youga, le carna, l'heure et le moment où l'enfant vient au monde. Et pour ne rien oublier de tout cela, il le met par écrit.

La maison où accouche une femme et tous ceux qui l'habitent sont souillés pour dix jours ; avant ce terme, ils ne peuvent communiquer avec personne. Le onzième jour, on donne au blanchisseur tous les linges et vêtements qui ont servi durant cette période, et la maison est purifiée. On fait ensuite venir un brahmane *pourohita* ; c'est le nom qu'on donne à ceux qui officient dans les cérémonies publiques. L'accouchée, tenant son enfant dans ses bras et ayant à côté d'elle son mari, va s'asseoir sur une espèce d'estrade en terre, dressée au milieu de la maison et couverte de toile. Le pourohita s'approche d'eux, et fait le *san-calpa* : on donne ce nom à une espèce de préparation mentale qui doit indispensablement précéder tous les actes religieux des brahmanes ; c'est une méditation sur les principales divinités. Il offre ensuite le *poudja* ou le sacrifice à Ganesa et fait le *pounïa-aratchana*, ou la consécration d'eau lustrale ; il verse un peu de cette eau dans le creux de la main du père et de la mère de l'enfant ; ceux-ci en boivent une partie et répandent l'autre sur leur tête. Il asperge avec cette même eau la maison et tous ceux qui l'habitent, puis va jeter dans le puits ce qui en reste. Enfin on donne au pourohita du bétel et quelques présents, et il se retire.

Par cette cérémonie, qui se nomme *djata-carma*, toute trace de souillure disparaît; mais l'accouchée ne recouvre son état parfait de pureté qu'au bout du mois; jusque-là, elle doit vivre dans un lieu isolé, et n'avoir de communication avec personne.

Cet usage offre la plus grande ressemblance avec celui qu'observaient les femmes juives, d'après le commandement du Lévitique. Seulement, les Hindous ne font pas attention, ainsi que le faisaient les Israélites, à la différence de sexe, par rapport au temps de la souillure de la mère; la durée en est la même, qu'elle accouche d'un garçon ou d'une fille.

Le douzième jour après la naissance, on donne un nom à l'enfant, c'est le *nama-carma*. La maison étant bien purifiée, le père va inviter ses parents et amis à la cérémonie et au repas qui doit suivre. Les convives vont tous ensemble faire leurs ablutions. A leur retour, ils offrent d'abord le sacrifice au feu, appelé *homam*, en l'honneur des neuf planètes. Ensuite, le père de l'enfant, tenant celui-ci dans ses bras, s'assied sur une petite estrade de terre; il fait le san-calpa. A côté de lui est un plat de cuivre plein de riz; avec l'index de la main droite, dans laquelle il tient un anneau d'or, il écrit sur ce riz le quantième de la lune, le nom du jour, celui de la constellation sous laquelle est né l'enfant, enfin le nom qu'il veut lui donner; il appelle ensuite trois fois l'enfant par ce nom, qu'il prononce à haute voix.

La cérémonie achevée, il fait un cadeau au pourohita qui y a présidé, donne du bétel aux brahmanes présents, et tout le monde prend place au repas qui a été préparé. La mère de l'enfant, regardée encore dans ce moment comme impure, ne paraît pas à cette cérémonie.

Dès que l'enfant a six mois, on le sèvre. Alors a lieu l'*anna-prassana*, cérémonie dont le nom exprime l'idée de donner pour la première fois des aliments solides.

On choisit à cet effet un mois, une semaine, un jour et une

étoile qui réunissent des présages favorables. Un *pandel*, sorte de pavillon de verdure, soutenu par des piliers de bois, est dressé. On l'orne tout autour de tornams ou festons de feuilles de manguier; on en met aussi sur la porte d'entrée de la maison, dont l'intérieur a été soigneusement purifié par les femmes. Le père de l'enfant va inviter ses parents et amis à la fête. Tous les convives qui se sont purifiés par le bain se rendent sous le pandel. La mère, tenant son enfant dans ses bras et accompagnée de son mari, vient s'asseoir à côté de celui-ci, sur une petite estrade de terre élevée au milieu. Le pourohita s'avance, fait le san-calpa, offre le homam en l'honneur des neuf planètes, puis un sacrifice au père, auquel il offre du beurre clarifié et du bétel. Lorsqu'il a fini, des femmes mariées chantent des cantiques qui expriment des vœux pour le bonheur de l'enfant, et lui font la cérémonie de l'*aratty*.

L'aratty est une cérémonie qui ne peut être accomplie que par des femmes mariées ou des courtisanes. Les veuves n'y peuvent prendre aucune part. Pour l'effectuer, on met dans un plat de métal une lampe, faite avec de la pâte de farine de riz; on y verse de l'huile ou du beurre liquéfié et on l'allume. Les femmes prennent successivement le plat avec les deux mains, l'élèvent à la hauteur de la tête de celui qui est l'objet de la cérémonie, et décrivent avec ce plat un certain nombre de cercles. Au lieu d'une lampe allumée, on se contente quelquefois de verser dans le vase de l'eau qu'on a rougie en y mêlant du safran, du vermillon et quelques autres ingrédients.

Le but de cette cérémonie est d'obvier à la fascination du regard dont on pourrait frapper l'enfant.

L'aratty terminé, le père offre le poudja à ses dieux domestiques. Alors les femmes mariées apportent processionnellement et en chantant, un plat neuf de cuivre étamé, donné en présent par l'oncle maternel de l'enfant, et un de ces cordons de fil que tous les Indiens portent attaché autour des reins, et auquel est fixé le petit morceau de toile avec lequel ils se couvrent les parties naturelles. Elles font toucher ces deux objets à l'enfant, puis versent dans le vase du *paramanna*, bouillie composée de riz, de sucre et autres ingrédients. Recommençant à chanter, elles vont, avec la même solennité, auprès des dieux domestiques, et déposent devant eux ce vase, auquel on donne le nom de *dieu plat*. Elles font toutes ensemble une inclinaison profonde à cette nouvelle divinité; puis s'adressant à elle et aux dieux dont elle va faire partie, elles la prient de faire croître l'enfant, de lui accorder la force, la santé, une longue vie et les biens de ce monde. Reprenant ensuite leur *dieu plat*, elles le reportent, toujours en chantant, auprès de l'enfant. Elles commencent par attacher autour des reins de celui-ci le petit cordon; deux femmes lui font ensuite ouvrir la bouche, et une autre y verse un peu de la bouillie contenue dans le vase. Pendant cette cérémonie, les instruments de musique jouent et les femmes chantent. Puis tout se termine par l'aratty.

Trois ans après la naissance de l'enfant, on lui fait pour la première fois le *tchahoula* ou la tonsure. Cette cérémonie a beaucoup d'analogie, par ses préliminaires, avec la précédente.

On fait asseoir l'enfant près du carré couvert de riz. Le barbier, après avoir fait un acte d'adoration à son rasoir, ce qui se fait en portant le rasoir au front, lui tond la tête, en laissant au sommet la petite mèche de cheveux que les Indiens ne font jamais couper. Pendant que le barbier s'acquitte de ces fonctions, les femmes chantent, les instruments de musique jouent, et tous les brahmanes présents se tiennent debout et gardent le silence. Dès que le barbier a fini, on lui jette son salaire; il le ramasse, s'empare du riz contenu dans le carré et se retire.

On met l'enfant dans le bain pour le purifier de la souillure que lui a imprimée l'attouchement impur du barbier. On recommence ensuite de nouveau sa toilette; les femmes lui font la cérémonie de l'aratty; le pourohita fait une seconde fois le homam aux neuf planètes. La fête finit, à l'ordinaire, par un repas et des présents aux brahmanes.

Vers le même temps, on perce les oreilles aux enfants des deux sexes. Cette circonstance occasionne une nouvelle fête semblable aux précédentes, à quelques détails près.

La plus grande affaire pour un Hindou, dit l'abbé Dubois, la plus importante, la plus essentielle, est le mariage. Un homme qui n'est pas marié est regardé comme étant sans état, et presque comme un membre inutile de la société; il n'est point consulté sur les affaires majeures; on n'ose lui confier un emploi de quelque importance.

L'Hindou qui devient veuf se retrouve placé dans la même position que le célibataire, et il s'empresse de se remarier.

Mais par cela même que le mariage est considéré comme l'état naturel du commun des hommes, y renoncer par un motif pieux est une abnégation de soi-même qui attire à ceux qui s'y résignent des marques d'égards et de respect. Toutefois, il faut observer qu'il n'y a que les seules personnes qui ont renoncé au monde pour embrasser la vie contemplative, qui puissent se vouer au célibat. Hors ce cas, le mariage est de rigueur; chacun doit s'acquitter de la grande dette, de la dette des ancêtres, qui consiste à engendrer un fils.

La polygamie est tolérée parmi les personnes d'un rang élevé, telles que les radjahs, les princes, les ministres et autres. On permet aux rois d'avoir jusqu'à cinq femmes titrées, mais jamais plus. Au reste, c'est chez les Hindous un usage qui n'est en rien sanctionné par la loi. Il est vrai que l'on voit dans les rangs inférieurs des hommes vivre avec plusieurs femmes; mais une seule d'entre elles porte le titre et le nom d'épouse; les autres ne sont que des concubines. Dans plusieurs cas, tous les enfants qui naissent de ces dernières sont des bâtards, et si le père meurt sans avoir préalablement disposé d'une partie de ses biens en leur faveur, ils sont exclus du partage commun.

L'indissolubilité du mariage est un principe admis chez les Hindous. Un homme ne peut répudier son épouse légitime dans aucun cas, excepté celui d'adultère; et si l'on voit des exemples contraires à cette règle, ce n'est que parmi les hommes les plus méprisés et les plus ignobles des basses classes.

L'âge auquel on peut marier un brahmane est seize ans, quoique d'ordinaire on tarde plus à le faire. Celle qu'on lui choisit pour femme est un enfant de cinq, sept ou tout au plus neuf ans. Cet usage de marier les filles en bas âge est général dans tout l'Hindoustan, mais il est surtout observé chez les brahmanes. Une fille qui dépasserait l'âge de puberté trouverait difficilement un mari. Aussi remarque-t-on souvent dans cette caste la disproportion la plus choquante entre les deux époux.

Comme les dépenses du mariage sont considérables, on voit, dans toutes les castes, plusieurs jeunes gens dépourvus des moyens de faire ces dépenses, qui, pour se procurer une femme, ont recours au même expédient que celui dont usa Jacob envers Laban. De même que ce patriarche, l'Hindou sans fortune entre au service d'un de ses parents ou de toute autre personne de sa caste qui a des filles à marier, et il s'engage à le servir gratuitement pendant un certain nombre d'années, à condition qu'au bout de ce temps il obtiendra la main d'une de ses filles. Le terme convenu étant expiré, le père remplit ses engagements, fait de ses deniers tous les frais du mariage, et permet ensuite aux deux époux de se retirer où bon leur semble. En les congédiant il leur donne une vache, une paire de bœufs, deux vases de cuivre, l'un pour boire, l'autre pour manger, et une quantité de grain suffisante pour se nourrir durant les premières années de leur ménage. Mais ce qu'il y a de remarquable, c'est que le nombre d'années requis, dans l'Inde, pour avoir une femme à ces conditions, est précisément le même que celui pour lequel Jacob s'engagea à servir Laban, c'est-à-dire sept ans.

Jamais dans les mariages le choix de l'époux n'est consulté; c'est l'affaire exclusive des parents. On choisit chez les brahmanes, pour la célébration du mariage, les mêmes époques de l'année que pour la cérémonie de l'*ouppanayana*, c'est-à-dire de l'investiture du cordon. Ce sont les mois de mars, avril, mai et juin, et surtout les deux derniers. On peut cependant se marier aussi, en cas de nécessité, dans les mois de novembre et de février; mais à ces deux époques, il y a tant de choses à observer, tant de combinaisons à faire dans les signes du zodiaque, l'état de la lune et autres puérilités, qu'il n'est pas aisé de trouver un jour où tous les augures soient propices.

Il y a quatre manières de régler les conventions préliminaires du mariage. La première, la plus honorable, la plus distinguée, mais qui n'a lieu que pour les personnes riches, les gens distingués, est celle où le père de la fille non-seulement refuse de recevoir la somme d'argent qu'il a droit d'exiger des parents du garçon, mais se charge encore de tous les frais de la cérémonie, fait à ses propres dépens l'emplette des joyaux et des autres ornements qu'il est d'usage de donner aux filles dans cette circonstance, et offre en outre des cadeaux considérables à son gendre et à ses parents.

D'après la seconde manière, les parents du garçon et ceux de la fille conviennent de partager entre eux toutes les dépenses du mariage et celles des joyaux, mais il faut que les parents du garçon payent à la rigueur aux autres la somme d'argent qu'ils ont droit d'exiger pour leur fille, selon les usages de la caste. Cette méthode est la plus usitée de toutes; car se marier ou acheter une femme sont deux expressions synonymes dans l'Inde. Ce qui rappelle le mariage que les Latins appelaient *coemtio*, et qui avait précédé l'usage des *nuptiæ*.

La quatrième manière, à laquelle n'ont recours que les gens qui n'ont absolument rien, est fort humiliante pour les parents de la fille; ils vont eux-mêmes la livrer à la discrétion de ceux du garçon, les laissant maîtres d'en disposer comme il leur plaira, de la marier quand ils voudront, et de faire pour le mariage les dépenses que bon leur semblera, et ils les prient en même temps de donner pour le mariage une somme quelconque.

Lorsque des parents ont jeté les yeux sur une fille et se sont assurés des dispositions de sa famille, ils font choix d'un jour où tous les augures sont favorables, et vont faire la demande en forme. Ils se munissent d'une toile neuve à usage de femme, d'un coco, de cinq bananes, de vermillon et de santal réduit en poudre. Chemin faisant, ils font bien attention aux présages qu'ils remarquent. S'ils les jugent défavorables, ils reviennent sur leurs pas et renvoient la cérémonie à un autre jour. Si rien ne les a offusqués dans leur trajet, ils se présentent chez les parents de la fille et font connaître le sujet de leur visite. Ces derniers, avant de donner une réponse, fixent leurs regards vers le sud et attendent qu'un de ces petits lézards qu'on voit courir sur les murailles des maisons, ait poussé de ce côté un certain cri, ce que ces reptiles font fréquemment; lors donc que le lézard du sud a fait entendre son signal, les parents de la fille donnent leur consentement au mariage, et reçoivent les présents apportés par les parents du garçon.

Le soir de ce jour-là même, au temps où on allume les lampes, on assemble quelques-uns des parents et des amis, et on fait venir un pourohita pour le consulter sur le mariage. Pendant que les hommes et les femmes s'entretiennent ensemble, les femmes purifient un endroit de la maison, c'est-à-dire qu'elles frottent bien le pavé avec de la bouse de vache délayée dans de l'eau, et elles tracent par-dessus des bandes rouges et blanches. Dès qu'elles ont fini, on apporte le dieu Ganesa, auquel on fait des offrandes, pour qu'il éloigne tous les obstacles qui pourraient survenir au mariage. Après cette cérémonie, le pourohita consulté détermine un jour heureux où l'on puisse commencer la célébration du mariage. Alors les parents de la fille engagent décidément leur parole; en signe de quoi ils présentent du bétel à tous ceux qui sont présents.

Ces préliminaires remplis, on fait les apprêts de l'hyménée. On supplie de nouveau le dieu Ganesa, sous un pandel que l'on a construit tout exprès; sous cet abri de feuillages, le pourohita commence l'accomplissement des premières cérémonies. On invoque les dieux domestiques. Le second jour, neuf brahmanes, choisis pour cela, font le sacrifice *homam*. Le troisième jour, le père du jeune époux fait ses invitations. On se réunit sous le pandel; une toile pure ou un tapis est étendu sur l'estrade de terre, et on y fait asseoir les futurs époux, le visage tourné vers l'orient. Des femmes mariées s'approchent d'eux, leur frottent en chantant la tête d'huile, et leur jaunissent les parties nues du corps avec de la poudre des afran.

Le soir du même jour, à l'instant où l'on allume les lampes, les convives reviennent pour assister à une cérémonie dans laquelle les femmes mariées portent processionnellement sous le pandel un cylindre de bois enduit de chaux et auquel sont attachées de petites branches de manguier.

Ce ne sont là que des actes préparatoires à la célébration du mariage, qui doit durer cinq jours.

Le premier jour est appelé *mouhourta*, c'est-à-dire le grand jour, le jour heureux, le jour favorable; c'est celui où ont lieu les cérémonies les plus importantes et les plus solennelles.

Le chef de famille va de bon matin faire ses invitations, tandis que les femmes s'empressent de purifier la maison et le pandel, qu'elles ornent tout autour de nouvelles guirlandes de feuilles de manguier.

Les convives étant tous arrivés, se rangent à la file, et commencent par se farder le front avec des akchattas et du santal, puis ils se frottent la tête d'huile de sésame qu'on leur présente, et vont faire les ablutions. A leur retour, le pourohita, après avoir fait le san-calpa, évoque les dieux, et les invite à se rendre à la fête du mariage, et à présider durant les cinq jours que doit durer la solennité. Vient ensuite l'évocation des ancêtres. Les futurs époux s'étant assis sur l'estrade de terre, au milieu du pandel, et ayant à côté d'eux leurs pères et leurs mères, les uns et les autres la face tournée vers l'orient, le père de la fille se lève, et lui met au doigt le pavitram, anneau formé de tiges de l'herbe *darba*, c'est une amulette puissante contre les Rakchasas et les mauvais esprits, et qui joue un grand rôle dans les cérémonies; le père fait le san-calpa, met dans un plat de métal une mesure de riz, et sur ce riz un coco jaune, trois noix d'arec dans leur gousse, et cinq autres séparées de la gousse. Prenant alors d'une main une de ces noix, et de l'autre le plat de métal, il prononce trois fois à haute voix les noms de son père, de son grand-père et de son bisaïeul; à chaque fois il frappe trois coups sur le plat de cuivre avec les noix d'arec; enfin, les interpellant de nouveau par leur nom, il dit :

« O vous, mes ancêtres, qui habitez le *Pitra-loka* (paradis des ancêtres), daignez vous rendre sous ce pandel, accompagnés de tous les autres ancêtres qui vous ont précédés; restez-y durant les cinq jours consacrés à la célébration du mariage; présidez à cette fête, et veillez à ce qu'elle obtienne une heureuse fin. »

Il donne ensuite au pourohita le riz, le coco et les noix d'arec contenues dans le plat. Sur ces entrefaites, des femmes mariées apportent, en chantant, du feu dans un réchaud de terre neuve, et le placent au milieu du pandel. Le pourohita en fait la consécration; à cet effet il répand tout autour du réchaud de l'herbe darba, et accomplit plusieurs autres rites insignifiants. Il invoque les planètes, fait une offrande à Brahma, sur une feuille de bananier, et évoque les huit dieux, gardiens du monde. On appelle ensuite le dieu Ami (Ichta-Devata), ce qui se fait de la manière suivante : les femmes mariées apportent en chantant, et précédées d'instruments de musique, un vase de cuivre, sur l'orifice duquel elles mettent quelques feuilles de manguier, par-dessus lesquelles est placée une noix de coco teinte en jaune; elles entourent le vase d'un linge à usage de femmes, teint de la même couleur. Le vase est déposé à terre sur un petit tas de riz; puis on suspend à son col deux feuilles de papier roulées et teintes en rouge. Le pourohita évoque le dieu Ami, et le fixe par la pensée sur ce vase, auquel les femmes offrent un sacrifice de fleurs, d'encens, d'akchattas, de bétel, et une lampe allumée. Les femmes vont ensuite chercher processionnellement de la terre sur une fourmilière de *cahrias*, ou grosses fourmis blanches, et en remplissent cinq petits pots dans lesquelles elles sèment neuf sortes de graines, qu'elles ont soin de bien arroser avec de l'eau et du lait, afin qu'elles germent vite. Le pourohita adresse alors des mantrams à ces vases; les femmes leur offrent le poudja, en s'inclinant profondément devant eux.

Ces cérémonies achevées, le père de la fille fait le homam en l'honneur des dieux. On apporte un réchaud de terre neuf, auquel le père de la fille attache avec un fil un morceau de safran, et où il dépose le feu consacré. Des femmes prennent ce réchaud, et le portent, en chantant, dans un lieu isolé où l'on a soin d'entretenir, nuit et jour, jusqu'à la fin de la fête le feu qu'il contient; si par négligence ou par tout autre accident il venait à s'éteindre, ce serait un présage des plus funestes.

Arrive enfin le mouhourta, c'est-à-dire ce qui fait l'essence du mariage. On offre en premier lieu un sacrifice à Ganesa. L'épouse, parée par les femmes, se relevant, tournée vers l'orient, fait le san-calpa, prie les dieux de lui pardonner tous les péchés qu'elle a commis, et pour obtenir ce pardon plus efficacement, elle récite un mantram, et fait une aumône à un brahmane.

L'époux, s'équipant alors en pèlerin, et se préparant comme s'il allait réellement faire un voyage, fait paraître l'intention d'entreprendre le pèlerinage sacré de Bénarès, sort de la maison, accompagné des femmes mariées qui chantent en chœur, de ses parents, de ses amis, et précédé d'instruments de musique. Arrivé hors du village, il se dirige du côté de l'orient; mais son futur beau-père vient à sa rencontre, lui demande où il va, et apprenant le but de son voyage, l'engage à y renoncer. Il a, lui dit-il, une jeune vierge, et s'il le veut il la lui donnera en mariage. Le pèlerin accepte la proposition avec joie, et retourne avec son cortége à l'endroit d'où il était parti.

On procède ensuite à une nouvelle cérémonie dans laquelle on prie encore les dieux d'assister à la fête, et de se placer sur le kankana ; ce sont deux morceaux de safran ou de curcuma, autour duquel on attache un fil double, et qu'on place sur un coco posé sur du riz. On fait la procession du dieu Ami. Vient ensuite la cérémonie la plus importante de toutes, appelée *kaniara-dana*, ou don de la vierge. Voici comment on la pratique :

L'époux étant assis et tourné vers l'orient, son beau-père fait le san-calpa, vient en face de lui, et le regarde quelque temps en silence; il doit s'imaginer qu'il voit dans son gendre le dieu Vichnou, et dans cette pensée il lui offre un sacrifice. On apporte un plat neuf de cuivre, dans lequel le marié met les deux pieds, et son beau-père les lui lave d'abord avec de l'eau, puis avec du lait, et une troisième fois avec de l'eau, en récitant les mantrams propres à la circonstance. Il fait le grand san-calpa, qui consiste à ajouter au san-calpa ordinaire plusieurs pensées dévotes; il fait des vœux pour ses ancêtres. Enfin, prenant d'une main du bétel, et de l'autre main celle de sa fille, il invoque Vichnou, et le prie d'avoir pour agréable le don qu'il fait de sa vierge ; mettant alors la main de sa fille dans celle du futur époux, il verse dessus un peu d'eau et lui donne le bétel, ce qui est un gage ordinaire de donation.

Le don de la vierge est suivi de trois autres dons nommés *go-dana*, *bou-dana* et *salagrama-dana*, c'est-à-dire don en vaches, don en terres, et don en salagramas, qui sont de petites pierres auxquelles on attache des idées superstitieuses. Vient ensuite la cérémonie nommée *mangalatcha*. Les époux sont placés vis-à-vis l'un de l'autre. Une pièce de soie déroulée devant eux et soutenue par douze brahmanes les dérobe à la vue des convives. Ceux-ci invoquent alors à haute voix les dieux. Cette cérémonie rappelle le poêle des mariages catholiques.

Le mangalatcha fini, on attache le tahly, c'est-à-dire le petit bijou d'or que toutes les femmes mariées portent suspendu au cou; on enfile ce tahly dans un petit cordon teint en jaune; on y ajoute quelques autres petits bijoux d'or, entralacés de fleurs et de grains noirs; on met dans un vase de métal deux poignées de riz, sur ce riz un coco teint en jaune, et sur ce coco le tahly, auquel on offre un sacrifice de parfums. On présente ce bijou aux convives, qui le touchent tous et le chargent de bénédictions. C'est ce tahly que l'époux attache au cou de la jeune mariée, au milieu du son bruyant des instruments de musique, du tintement des sonnettes, et du bruit assourdissant des plaques de bronze. Les époux s'asseyent à côté l'un de l'autre, se présentent réciproquement du bétel; deux femmes mariées s'approchent d'eux, les bénissent, leur mettent sur la tête des akchattas consacrés par des mantrams, et finissent par leur faire la cérémonie de l'aratty. On apporte du feu dans un réchaud de terre neuf; le pourohita le consacre par deux mantrams, s'entoure avec de l'herbe darba, et puis fait le homam; on environne le réchaud de lampes allumées, et on pose auprès une petite pierre appelée la *pierre de santal*, sans doute parce qu'elle est enduite de cette matière. Alors l'époux, tenant sa femme par la main, fait trois fois le tour de ce feu sacré; et à chaque tour, prenant de la main droite le pied droit de sa femme, il lui fait toucher la pierre de santal, et la touche lui-même avec le sien. En faisant ce dernier acte, les deux conjoints doivent diriger leur intention et leurs pensées vers la grande montagne du nord, appelée la *montagne des sept castes*, lieu de l'origine de leurs ancêtres, montagne qui est figurée symboliquement par la pierre de santal.

Telles sont les diverses cérémonies qui composent le *mouhourta*. Dès qu'elles sont finies, on plante au milieu du pandel deux bambous l'un près de l'autre, au pied de chacun desquels on pose une corbeille faite du même bois; les mariés se placent debout chacune dans la sienne, et on apporte deux autres corbeilles pleines de riz. Ils prennent tour à tour de ce riz avec les deux mains, et se le répandent mutuellement sur la tête. Ils répètent cet exercice à plusieurs reprises, jusqu'à ce qu'ils soient fatigués ou qu'on leur dise de cesser. Dans quelques castes, ce sont les convives qui font aux nouveaux mariés cette cérémonie, à laquelle on donne le nom de *sacha*. On a vu des princes et des personnes très-riches employer au lieu de riz, pour faire le sacha, des perles et des pierres précieuses mêlées ensemble. Après le sacha, les époux vont prendre place sur les siéges accoutumés. On donne aux assistants des akchattas consacrés par des mantrams. L'époux, mettant sur son épaule droite une pièce de toile neuve et pure, la prend par un bout et l'ouvre devant les brahmanes assemblés; ceux-ci lui donnent la bénédiction, récitent un mantram, et déposent sur cette toile une partie des akchattas qu'ils viennent de recevoir. L'époux les prend alors, en met une partie sur sa tête et sur celle de sa compagne; après quoi, les femmes viennent faire aux nouveaux mariés la cérémonie de l'aratty.

Il est facile de saisir, dit l'abbé Dubois, auquel nous empruntons tous ces détails, le sens allégorique de la plupart de ces cérémonies. Le *kaniara-dana*, par exemple, figure l'abandon que fait le père à son gendre de la personne de sa fille et de l'autorité qu'il avait sur elle; le gendre, de son côté, témoigne son acceptation en attachant le tahly au cou de sa femme, comme étant devenue sa propriété. Le sacrifice homam et les trois tours que font ensuite les conjoints autour du feu, sont une ratification mutuelle de l'engagement qu'ils viennent de contracter l'un envers l'autre. La cérémonie du mangalatcha a pour but d'appeler les bénédictions des puissances divines sur les nouveaux mariés; celle du sacha exprime le vœu que l'abondance des biens temporels se répande sur eux, et qu'une heureuse fécondité soit la suite de l'union qu'ils viennent de contracter, et peut-être l'un et l'autre.

Lorsque toutes ces cérémonies sont achevées, on donne aux brahmanes présents, hommes et femmes, de la poudre de santal, des akchattas et du bétel. Tous vont faire les ablutions et reviennent pour le repas qui, ce jour-là, doit être des plus splendides.

Les époux ne mangent qu'après que tous les convives ont fini. Ils s'asseyent en face l'un de l'autre, au milieu du pandel, sur deux petits escabeaux, l'époux ayant le visage tourné vers l'orient. Des femmes mariées leur apportent des plats, au son des instruments de musique. Ils prennent le repas sur une grande feuille de bananier. Manger de la sorte est une marque de l'union la plus intime; c'est la preuve d'amitié la moins équivoque que puissent se donner deux personnes étroitement liées ensemble.

Leur repas fini, les nouveaux mariés sortent précédés de la musique et accompagnés des femmes qui chantent, de tous les convives et du pourohita. Ce dernier montre une petite étoile nommée *Arundatty*, femme du pénitent Vachichta, et qui est placée à côté de l'étoile polaire. Les époux font une inclinaison profonde à cette étoile, et reviennent avec le même cortége à la maison, où des femmes leur font la même cérémonie de l'aratty. Ainsi finissent les cérémonies du premier jour, appelé *mouhourta* ou le grand jour.

Les quatre jours suivants on accomplit des cérémonies beaucoup moins importantes et que nous ne rapporterons pas. Une cérémonie assez bizarre est celle qui a lieu le quatrième jour et qui est nommée *nahlangou*. Les nouveaux mariés se frottent réciproquement par trois fois les jambes l'un à l'autre avec de la poudre de safran.

En général, la plus grande décence préside aux mariages des brahmanes. Les noces sont, comme l'on voit, presque exclusivement remplies par des pratiques religieuses.

Le cinquième jour est principalement consacré à congédier, avec les formalités d'usage, les dieux, les planètes, les grands ancêtres et autres divinités qu'on a invités à la fête; puis suit la distribution des présents. La fête se termine par une procession solennelle dans les rues, procession qui a lieu ordinairement pendant la nuit, à la lueur des flambeaux, au milieu des fusées et de toutes sortes de feux d'artifice. Les mariés sont assis face à face, dans un beau palanquin ouvert et bien décoré; tous deux sont chargés plutôt que parés de fleurs, de joyaux et d'autres ornements.

Telles sont les cérémonies nuptiales chez les brahmanes; chez les soudras, elles sont beaucoup moins nombreuses, quoique également solennelles.

Toutes les fêtes terminées, les parents de la mariée la reconduisent chez eux, où elle demeure enfermée jusqu'à ce que, devenue pubère, elle puisse s'acquitter de tous les devoirs de femme. Cette époque est encore un sujet de nouvelles cérémonies qui ont un caractère plus joyeux que celles-ci.

Les Hindous attachent la plus grande importance aux rites qui s'observent lors des funérailles, et ils accomplissent, à la mort des brahmanes, les plus ridicules cérémonies.

Dès que les symptômes de l'agonie se manifestent chez un brahmane, on choisit par terre une place qu'on enduit de fiente de vache; on y répand de l'herbe *darba* et par-dessus le tout, on étale une toile neuve et pure, sur laquelle on transporte le mourant. Là, on lui ceint les reins d'une autre toile pure, et après lui avoir demandé la permission, on lui fait la cérémonie appelée *sarva-prayachita* ou expiation totale, à laquelle président le pourohita et le chef des funérailles, c'est-à-dire la personne qui, par la proximité du sang ou les usages du pays, a le droit de remplir ces fonctions. On apporte dans un plat de métal de petites pièces d'or, d'argent et de cuivre, et dans un autre du santal, des akchattas, ou grains de riz pilés, colorés en rouge, et une mixtion particulière nommée *pantchagavia*. Le pourohita verse un peu de cette dernière liqueur dans la bouche du mourant, et par sa vertu le corps est parfaitement purifié. On procède alors à la purification générale : à cet effet, le pourohita et le chef des funérailles invitent le malade à réciter, au moins d'intention, s'il ne peut le faire distinctement, certains mantrams, par l'efficacité desquels il est délivré de tous ses péchés.

Cette cérémonie achevée, on amène une vache avec son veau; elle a les cornes garnies d'anneaux d'or et de cuivre; sur son cou flotte une guirlande de fleurs; une pièce de toile lui couvre le corps; on y joint encore divers autres ornements. On fait approcher la vache du malade, qui la prend par la queue, et en même temps le pourohita récite un mantram, afin qu'elle le conduise par un bon chemin dans l'autre monde. Le mourant fait ensuite présent de cette bête à un brahmane, dans la main duquel on verse un peu d'eau, en signe de donation.

Le don d'une vache, don appelé *godana*, est indispensable si l'on veut arriver sans accident devant Yama, le dieu-juge des morts. Après le godana, on distribue aux brahmanes les pièces de monnaie contenues dans les plats de métal, et dont la somme totale doit égaler le prix de la vache.

On prépare ensuite les dix dons ou *dassa-dana* pour être distribués aux funérailles, qu'on suppose n'être pas éloignées. Ces présents consistent en vaches, terres, grains de sésame, or, beurre liquide, etc. Ces dons sont regardés comme fort agréables aux dieux.

Un brahmane ne doit mourir ni sur un lit ni même sur une natte. Voici quelle en est la raison, fondée sur un des préjugés les plus absurdes. L'âme, en se séparant du corps auquel elle est unie, entre dans un autre qui la conduit au monde qui lui est destiné; et si le brahmane mourait sur un de ces meubles à coucher, il serait obligé de le porter avec lui partout où il irait, ce qui, chose facile à croire, serait un assujettissement fort incommode. Alors il faudrait, pour le débarrasser d'un pareil fardeau, faire des aumônes abondantes, des cérémonies dispendieuses. Cette absurde croyance a donné lieu à une imprécation fort usitée par les brahmanes lorsqu'ils se querellent ensemble. « Puisses-tu, disent-ils, n'avoir personne auprès de toi pour te mettre par terre à l'heure de la mort. »

Dès que le malade a rendu le dernier soupir, le chef des funérailles laisse les assistants se livrer à une douleur réelle ou simulée, et va se baigner sans ôter ses vêtements; il se fait ensuite raser la tête, le visage et les moustaches, puis il se rend au bain une seconde fois, pour se purifier de la souillure que lui a imprimée l'attouchement impur du barbier.

A son retour, il se fait apporter du pantcha-gavia, de l'huile de sésame, de l'herbe darba, du riz cru et quelques autres ingrédients; il fait le san-calpa, et offre le homam, afin que le défunt obtienne une place dans le paradis. On lave ensuite le cadavre, et le barbier lui rase le poil partout où il en voit. On lave le corps une seconde fois; on lui met au front du santal, des akchattas; sur le cou des guirlandes de fleurs : on lui remplit la bouche de bétel; on le pare de tous ses joyaux et de ses riches vêtements; on le place enfin sur une espèce de lit de parade, où il reste exposé pendant le temps qu'on fait les préparatifs des funérailles.

Lorsque ces préparatifs sont terminés, celui qui y préside apporte une pièce de toile neuve et pure, dans laquelle il enveloppe le défunt. Il déchire une bande de cette toile, et ploie dans un des bouts un morceau de fer sur lequel il verse un peu d'huile de sésame; ayant ensuite roulé cette bande en forme de triple cordon, il doit la conserver durant douze jours, pour servir à diverses cérémonies dont nous allons parler plus bas.

Sur deux longues perches on fixe en travers, avec des liens de paille, sept tringles en bois. C'est sur cette espèce de brancard qu'est posé le corps du défunt. On lui attache ensemble les deux pouces et les deux orteils. Le linceul, jeté d'abord négligemment sur le corps, sert alors à l'ensevelir; on l'assujettit fortement avec des liens de paille. Si le brahmane était marié, on lui laisse le visage découvert. Le chef des funérailles donne le signal du départ, et portant du feu dans un vase de terre, il marche en tête du convoi; après lui vient le brancard funéraire, orné de fleurs, de feuillages verts, de toiles peintes, et entouré des parents et amis, portant une toile sur la tête en signe de deuil. Les femmes n'assistent pas aux pompes funèbres; elles restent à la maison, où elles poussent des cris effrayants. Chemin faisant, on a soin de s'arrêter trois fois; à chaque pause, on ouvre la bouche du mort et on y met un peu de riz cru et mouillé, afin qu'il puisse à la fois manger et boire, ou plutôt afin de s'assurer que le mort est bien mort. Aussitôt qu'on est arrivé au lieu où l'on a coutume de brûler les cadavres, on commence par creuser une fosse peu profonde; l'espace assez rétréci qu'elle occupe est consacré par des mantrams; on l'arrose avec de l'eau lustrale et on y jette quelques pièces de monnaie d'or. On dresse ensuite une pile de bois, sur laquelle le cadavre est déposé. Le chef des funérailles prend alors une motte de fiente de vache desséchée, y met le feu, la place sur le creux de l'estomac du défunt, et fait sur cette motte embrasée le sacrifice homam, auquel succède une cérémonie aussi ignoble qu'extravagante.

Le chef des funérailles, approchant la bouche successivement de toutes les ouvertures du corps du défunt, adresse à chacune le mantram qui lui est propre, la baise et verse dessus un peu de beurre liquide. Le corps est ainsi purifié; il finit en lui mettant une petite pièce de monnaie d'or dans la bouche, et chaque assistant y introduit à son tour quelques grains de riz cru humecté.

Les proches parents viennent alors dépouiller le cadavre de tous les joyaux dont il est orné, et même de son linceul. On le couvre ensuite de menu bois, qu'on arrose légèrement avec du pantcha-gavia. Le chef des funérailles fait trois fois le tour du bûcher, sur lequel il répand l'eau, qui découle par un petit trou d'une cruche qu'il porte sur l'épaule, et qu'il casse ensuite près de la tête du mort. Ce dernier acte et celui qui va suivre le constituent héritier universel du défunt : on lui apporte une torche enflammée ; avant de la recevoir, il est d'étiquette qu'il fasse encore éclater son affliction par quelques semblants de douleur. Après s'être roulé par terre, en poussant de grands cris, que répètent les assistants, il prend la torche, met le feu aux quatre coins du bûcher. Aussitôt que celui-ci est bien allumé, tout le monde se retire, à l'exception des quatre brahmanes qui ont porté le cadavre, et qui doivent rester sur les lieux jusqu'à ce qu'il soit consumé.

L'héritier va immédiatement se baigner, sans ôter ses vêtements, et encore tout mouillé, il choisit par terre un lieu propre et y fait une libation en l'honneur du défunt ; cette libation rappelle les *parentalia* des Romains.

Après que le cadavre est consumé, les quatre brahmanes qui étaient restés près du bûcher, se rendent au lieu où sont réunies les personnes qui ont assisté aux obsèques. Ils font trois fois le tour de l'assemblée, demandent la permission de prendre le *bain du Gange,* puis vont faire leurs ablutions, pour expier le péché d'avoir porté le cadavre d'un brahmane.

Le chef des funérailles invite tous les brahmanes présents à faire le bain de la mort (*mritica snana*) à l'intention de leur confrère, dont le corps vient d'être livré aux flammes. On distribue ensuite quelques pièces de monnaie aux brahmanes, et tout le monde se retire.

Cependant il reste encore à l'héritier à faire une autre cérémonie : elle consiste à remplir de terre un petit vase, dans lequel il sème neuf sortes de grains ; il les arrose pour hâter leur germination, et afin qu'elles servent à certaines cérémonies qu'il accomplit plus tard.

Une attention de haute importance qu'il doit avoir ce jour-là, c'est de placer dans le logement du défunt un petit vase plein d'eau, au-dessus duquel il suspend un fil attaché par un bout au toit ou au plancher ; ce fil doit servir d'échelle au *pranam* ou souffle de vie qui anima le corps du défunt, et qui descendra par là, pour venir boire, pendant dix jours consécutifs ; mais afin que le pranam ne boive pas sans manger, on met, chaque matin, à côté du vase une poignée de riz.

Ce n'est qu'après l'entier accomplissement de toutes ces formalités, que les personnes de la maison peuvent prendre de la nourriture ; car elles n'ont ni bu ni mangé depuis l'instant où le défunt a rendu l'âme ; encore faut-il que ce jour-là et les suivants elles s'imposent une grande sobriété.

Le deuil dure un an, pendant lequel on pratique un grand nombre de cérémonies. Par exemple, le second jour des funérailles, celui qui y préside, accompagné de ses parents et amis, se rend au lieu consacré au brûlement des morts : là, il recommence les cérémonies de la veille, sans oublier la pâture des corneilles, dont on tire de bons ou de mauvais présages, et que l'héritier avait offerte à la suite des libations d'huile et d'eau qu'il fait le jour des funérailles en l'honneur du défunt ; il pose ensuite à terre la bande de toile détachée du drap mortuaire.

Un des jours suivants il dresse une butte de terre au lieu même où le cadavre a été brûlé. Il prend trois petites pierres : l'une, placée au milieu de la butte, reçoit le nom du défunt ; la seconde, au sud, se nomme Yama, et la troisième, au nord, Roudra. Appelant ces trois pierres par les noms qu'il leur a imposés, il commence par les frotter d'huile de sésame, leur faire prendre un bain en récitant des mantrams, et les revêt de morceaux de toile jaune dont il est muni ; les remettant ensuite en place, il leur offre des sacrifices.

Il serait trop long d'énumérer et de décrire les minutieuses cérémonies qui se succèdent plusieurs jours après les funérailles : c'est le *dassa-dana*, ou la distribution des présents, l'offrande de la boisson nommée *pármaniam*, la cérémonie par laquelle la veuve se dépouille du tahly, au bord d'un étang, devant une petite boule de terre, image ridicule du défunt, la délivrance du taureau. Cette dernière cérémonie est cependant assez bizarre pour mériter d'être rapportée brièvement. On choisit un taureau âgé de trois ans, d'une seule couleur, blanc, rouge ou noir. Après l'avoir fait baigner, on le barbouille de poudre de santal, d'akchattras ; on le pare de guirlandes de fleurs, et avec un fer rougi au feu on lui imprime sur la hanche droite la figure de l'arme appelée *soulah*, une de celles de Siva. Le chef des funérailles supplie ce dieu d'avoir pour agréable la délivrance du taureau, afin que par le mérite de cette bonne œuvre le défunt puisse être placé en un lieu de délices ; on lâche ensuite le taureau, auquel on permet d'aller paître sans gardiens, où il voudra, et l'on en fait présent à un brahmane.

Un grand nombre de cérémonies consistant en ablutions, aspersions d'eau lustrale, récitations de mantrams, se répètent le douzième jour, le vingt-septième, le trentième, le quarante-cinquième, le soixantième, le soixante-quinzième, le quatre-vingt-dixième, le cent vingtième, le cent soixante-quinzième, le cent quatre-vingt-dixième, le deux cent dixième, le deux cent quarantième, le deux cent soixante-dixième, le trois centième, le trois cent trentième après le décès.

Enfin on doit pendant toute sa vie célébrer le jour anniversaire de la mort de son père et de sa mère, en observant à chaque fois de nombreuses formalités et en faisant *force largesses aux brahmanes*, rite que les brahmanes ont introduit comme indispensable dans toute cérémonie.

Chaque jour de la nouvelle lune c'est un devoir obligatoire que d'offrir à son père défunt, à son grand-père et à son bisaïeul, une libation d'eau et d'huile.

Le cérémonial funéraire est à peu près le même pour une femme mariée que pour un homme. Pour les veuves on accomplit beaucoup moins de cérémonies.

Les obsèques des kchatriyas et des vaisyas se célèbrent à peu près avec la même pompe que celles des brahmanes; les cérémonies durent douze jours.

Les divers devoirs que les soudras rendent à leurs morts sont accompagnés de beaucoup moins de faste et d'assujettissement. Il n'y a pour eux ni mantrams ni sacrifices. Cependant, lorsqu'un soudra touche à sa dernière heure, on a coutume d'appeler un brahmane pour lui faire la cérémonie de prayaschitta (expiation). On permet aussi à sa famille de faire le godana et le dassa-dana aux brahmanes, ainsi que les autres dons et présents d'usage.

Le deuil, dans cette caste, ne dure que trois jours; le troisième est appelé le jour de la libation de lait. Pour procéder à cette cérémonie, le chef des funérailles se procure trois cocos tendres, quatre branches de cocotier et autres objets propres à servir la nourriture; il remplit de lait un vase de terre qu'il met dans une corbeille neuve, et accompagné de parents et amis de la famille, que précèdent des joueurs de sangou, il se rend au lieu où le corps du défunt a été brûlé. A son arrivée, il puise de l'eau avec un vase de terre et en arrose les cendres du bûcher; il dresse au dessus un petit pavillon; il recueille les os qui ont résisté à l'action du feu, met le plus gros sur un disque fait de fiente de vache desséchée, et rassemble le reste en un tas; il interpelle par son nom le défunt et verse du lait sur ces divers ossements. Au moment de cette libation, les sangous font retentir l'air de leurs sons sinistres.

Le chef des funérailles amoncelle les cendres sur les ossements entassés; à côté il place la moitié d'un coco, et à la cime les morceaux d'un autre coco, qu'il brise, et dont il répand le suc sur cette pyramide funéraire; il dépose un troisième coco près d'elle, sur une feuille de bananier, et invoque le nom de

Harichandra, c'est-à-dire de Vichnou. Enfin il pétrit en une masse ronde le riz et les autres substances alimentaires qu'il a apportées, et jette le tout aux corneilles, en prononçant le nom du défunt.

Alors les parents et les amis viennent, à tour de rôle, donner l'accolade au chef du deuil, le serrer entre leurs bras, pleurer avec lui; ce dernier prend ensuite l'os mis en réserve, et tous, au son lugubre des sangous, vont jeter un os dans l'étang voisin. Après s'être baigné, tout le monde reconduit le chef du deuil à sa maison.

Les soudras opulents ne s'en tiennent pas là : ils procèdent le trentième jour à une nouvelle solennité, où ils s'efforcent de rivaliser de somptuosité avec les brahmanes.

Au reste, les coutumes relatives aux obsèques des soudras varient suivant les contrées de l'Hindoustan. Dans quelques-unes, les Hindous de cette caste enterrent leurs morts, au lieu de les brûler. Ailleurs, on jette le corps dans la rivière, en supposant, par l'intention, que cette rivière est le Gange. Ce genre de sépulture, le plus expéditif et le moins dispendieux de tous, est assez usité parmi les sectateurs de Siva et les soudras indigents.

Les cérémonies qui accompagnent les funérailles des sannyasis diffèrent, à plusieurs égards, de celles qui ont lieu pour les brahmanes ordinaires. On enterre toujours ces ascètes, de quelque rang qu'ils soient, tandis que les vanaprasthas sont toujours brûlés.

C'est le fils du sannyasi, s'il en avait un avant d'embrasser cet état, qui préside aux funérailles de son père. A défaut de fils, il se trouve toujours quelque brahmane dévot qui s'en charge et en fait les frais; on se dispute même à qui aura l'honneur de remplir cette fonction, car son accomplissement passe pour une des œuvres les plus méritoires.

On dépose le corps du défunt, les jambes croisées, dans une grande corbeille de bambou, suspendue avec des liens de paille à un gros bâton aussi de bambou. Cette corbeille est portée par quatre brahmanes. La fosse a dû être creusée près d'une rivière ou d'un étang; elle a environ deux mètres de profondeur et est d'une forme circulaire. On dépose au fond de cette fosse une couche épaisse de sel, sur laquelle on assied le défunt, toujours les jambes croisées; on l'entoure encore jusqu'au cou de sel que l'on tasse bien, pour que la tête demeure immobile. Sur cette tête restée saillante on vient casser un grand nombre de cocos, jusqu'à ce que le crâne soit entièrement fracassé. Enfin, on jette une troisième fois du sel, en quantité suffisante pour recouvrir entièrement cette tête ainsi mise en pièces.

On élève sur la fosse une espèce de terre-plein ou tumulus, au-dessus duquel on façonne avec de la terre un lingam haut d'environ soixante centimètres; et l'on consacre par des mantrams cette figure symbolique. Durant dix jours on accomplit devant ces tombeaux une série de cérémonies funéraires.

Les tombeaux des sannyasis deviennent quelquefois fameux; un grand concours de dévots s'empressent d'aller y faire des offrandes et des sacrifices comme à des divinités.

Telles sont, en résumé, les cérémonies que le brahmanisme a instituées pour consacrer les actes principaux de la vie de l'homme. Nous n'entrerons pas dans le détail de ce qui touche à l'état de veuvage, au deuil, aux aliments; ces choses appartiennent à l'histoire des Hindous plutôt qu'à celle de la religion que professe la majorité d'entre eux. Le lecteur aura sans doute été frappé des analogies de quelques-uns des rites que nous venons de faire connaître, avec ceux des religions de l'Occident. Ces analogies s'expliquent parfois par des emprunts, des migrations de croyances; plus souvent elles ne sont que le résultat de la constitution de l'intelligence humaine, qui, en proie à l'ignorance, à une crédulité enfantine, à des terreurs superstitieuses, tombe partout dans les mêmes écarts et dans les mêmes ridicules.

CHAPITRE TRENTE-DEUXIÈME.

Sectes hétérodoxes de l'Hindoustan. — Les djaïnas. — Les Seïkhs et autres sectes hindoues.

Quoique le brahmanisme enlace presque tout l'Hindoustan de son vaste réseau, et que les divers dogmes dont nous avons tracé le tableau dans les chapitres précédents soient admis par la majorité des Hindous, il existe néanmoins un grand nombre de sectes qui, tout en se rattachant plus ou moins directement pour la plupart à la religion nationale, s'éloignent cependant de celle-ci sur plusieurs points essentiels.

Nous avons déjà prononcé le nom du bouddhisme, qui, né dans l'Inde, a atteint cependant dans les pays étrangers son plus grand développement. Nous n'avons pas étudié son histoire, parce qu'elle se rattache au sujet du second volume de cet ouvrage. Qu'il nous suffise de dire que cette magnifique doctrine religieuse compte encore dans certaines parties de l'Hindoustan des sectateurs zélés, et qu'elle a laissé presque partout des monuments de son existence.

A côté des bouddhistes viennent se placer les djaïnas, dont les doctrines, qui ont la plus grande ressemblance avec celles des premiers, ne se sont pourtant pas étendues au delà de l'Inde.

Le nom de djaïnas est un mot composé; il désigne une personne qui a renoncé à la manière de vivre et de penser du commun des hommes.

Cette secte, jadis si florissante, existe encore dans plusieurs parties de l'Inde, au Carnatic, à Dehli, Belligola, Tulava, Patna, etc. La vie religieuse et contemplative constitue un des éléments de cette secte.

L'idée fondamentale du djaïnisme, comme du bouddhisme et du brahmanisme, est, que ce qui existe, existe véritablement et ne cessera jamais d'exister. Rien ne saurait être créé de rien, c'est l'axiome de tous les philosophes hindous. Cette seule existence véritable comprend Dieu et la nature; elle est une, indivisible, éternelle, infinie; elle est Dieu, comme étant douée des bonnes qualités de la sagesse, de la science, du bonheur de l'existence absolue, de l'éternité, de l'infinité, de la réalité; sous ce rapport, elle est appelée *Djineswara*, seigneur des sages; *Paramatma*, âme suprême; *Adhiswara*, seigneur suprême. Cette existence absolue passe, d'après une loi éternelle, inhérente à cet être même, successivement de l'état d'activité à celui de repos. Active, elle produit la création, *karma*, l'œuvre, sans devenir néanmoins dépendante de cette création. Le monde matériel, quoique émané pour ainsi dire de l'existence absolue, est donc éternel comme celle-ci; il ne fait que subir des révolutions successives, sans jamais périr dans son essence. Les périodes d'activité et de repos de l'existence absolue se suivent alternativement d'éternité en éternité, comme les jours et les nuits.

L'âme, *djiva* (vie, principe vital), est éternelle; elle est la même dans tous les êtres, depuis Indra jusqu'au dernier des insectes. Impliquée dans la matière par la loi de nécessité, elle parcourt diverses formes d'existence qui dépendent du mérite de ses actions; elle est entourée d'une double enveloppe, dont l'une, plus subtile, accompagne l'âme dans toutes ses transmigrations, tandis que l'autre, plus grossière, périt chaque fois dans la mort. L'âme tend à être délivrée des liens de la matière et à rentrer dans l'existence absolue. Cet état parfait est le *mokcha*, la délivrance, qui consiste à être débarrassé de tout ce qui est matériel et imparfait, à être uni à l'existence absolue, à être entièrement absorbé en elle. Pour y arriver, il faut renoncer aux fruits des œuvres, se livrer à la contemplation, et observer les préceptes donnés par les saints qui ont atteint la perfection.

Tandis que l'âme s'attache aux fruits des œuvres, qu'elle

se laisse guider par les désirs et les passions, elle peut tout au plus se procurer les joies du ciel d'Indra; mais le mérite des bonnes œuvres étant épuisé, elle doit subir une renaissance, tandis que ceux qui ont atteint le mokçha ou le niwana ne renaissent jamais; ce sont là les dieux qu'on doit adorer. Un tel saint devenu dieu est appelé *djina* (sage), *siddha* (parfait), *arhat* (vénérable). Ce sont absolument les principes panthéistiques du védanta et du bouddhisme.

Selon les djaïnas, le monde est alternativement détruit et renouvelé, non par suite d'une volonté divine, mais d'après une loi nécessaire, éternelle, immuable. La durée d'un monde se divise en six périodes. Nous sommes dans la cinquième, qui a commencé en 643 avant notre ère.

Dans chacune de ces périodes, paraissent à différentes époques vingt-quatre saints appelés *tirthakaras* (purificateurs), qui viennent en purificateurs réformateurs, pour le salut des créatures. Le premier tirthakara de l'âge actuel, celui qui est principalement révéré par les djaïnas, est appelé *Vrischaba*. On le nomme encore *Djina*, *Adhinatha* (le Nathadou dieu suprême), *Adhiswara* (le seigneur suprême), *Djineswara* (le seigneur des djinas). Ces noms divins lui sont donnés parce que, par sa sainteté, il fut identifié avec l'Être absolu. Selon la tradition, il était prince d'Ayodhya, abdiqua en faveur de son fils Pharata, se retira dans la forêt, se voua à la contemplation et atteignit la perfection suprême. On lui attribue la rédaction de quatre livres sacrés appelés *Yoga*, et qui sont faits à l'imitation des Védas.

Parmi les autres tirthakaras les plus vénérés, il faut citer Parswanatha et Vadhyamana. Le premier est né dans la ville sainte de Bénarès, et le second, qui est en même temps le dernier des vingt-quatre tirthakaras, est *Vardhamana* ou *Mahavira*, ou *Sramana*, le pénitent. On dit que c'était un prince qui se consacra à la vie ascétique et qui obtint le nirvana environ 600 avant J.-C.

Tout dans la mythologie des djaïnas, dit M. Bochinger dans son excellent ouvrage, se ressent du vichnouïsme. Les vingt-quatre tirthakaras sont une imitation des avatars de Vichnou. La doctrine des djaïnas sur la vie ascétique et contemplative est, à quelques différences près, la même que celle des vichnaïvas.

Les principaux devoirs enseignés par le djaïnisme sont d'adorer les saints parfaits, les djinas, comme les modèles de la perfection à laquelle on aspire; de montrer la plus profonde soumission envers le père spirituel ou le gourou qui enseigne les voies du salut; d'étudier avec ardeur les livres sacrés qui contiennent les préceptes pour arriver à la perfection; de respecter la vie de toutes les créatures et de leur faire tout le bien possible, parce qu'elles sont toutes d'une même nature, capables de s'élever à l'état divin; de vaincre ses désirs et ses passions, et de s'élever à cette indifférence complète qui ne s'inquiète de rien et ne s'affecte de rien. Comme dans le bouddhisme, le respect pour la vie des créatures est poussé à l'extrême chez les djaïnas. Comme les ascétiques bouddhistes, ceux des djaïnas ne doivent pas boire sans avoir fait filtrer l'eau, de crainte d'avaler un insecte.

Komarpal, le dernier prince djaïn d'Anhuhvara, se laissa battre, plutôt que de faire marcher son armée dans la saison pluvieuse, où les feux des soldats auraient pu détruire les insectes qui fourmillent alors. On possède encore une ordonnance du prince djaïn de Menvar, appelé Maharadjah Chesttur Sing (1629), où il défend aux imprimeurs, aux potiers, aux presseurs d'huile, d'exercer leur métier pendant les quatre mois de la saison pluvieuse, pour ne pas écraser les insectes.

Par la même raison, les djaïnas rejettent l'autorité des Védas qui prescrivent des sacrifices sanglants. Les sacrifices des djaïnas ne doivent consister qu'en fruits, fleurs, encens, etc. Ce sont précisément les principes des anciens anachorètes brahmaniques, qui se retrouvent aussi dans le bouddhisme.

Comme les bouddhistes, les djaïnas ne reconnaissent pas de caste de prêtres héréditaires et privilégiés. Ainsi que les bouddhistes primitifs, tous les djaïnas doivent être proprement des religieux, divisés seulement en plusieurs classes, selon leur degré de perfection. La première de ces classes, en commençant par en bas, est celle des *srawacs*, c'est-à-dire des auditeurs. Il paraît qu'au commencement c'étaient les novices dans la vie religieuse. Dans la suite ce furent les laïques, qui ne font pas de vœux, qui ne renoncent pas aux affaires de ce monde, qui peuvent se marier, quoiqu'ils ne doivent le faire qu'une fois dans la vie. Les véritables religieux qui forment la seconde classe des djaïnas sont appelés *anouvrata*, c'est-à-dire ceux qui ont fait les vœux. Les vœux consistaient anciennement dans l'obligation volontaire d'observer scrupuleusement les devoirs de la morale, de renoncer au monde, de se faire couper les cheveux et de se vouer à la contemplation. Aujourd'hui on est moins rigide, et ces vœux consistent dans l'obligation de s'acquitter des devoirs de bienveillance envers les créatures, de se distinguer par la véracité, la probité, la chasteté, la pauvreté. La société primitive des djaïnas ne se composait que de pareils *anouvratas* et de novices *srawacs*, qui se proposaient de le devenir.

La troisième classe des djaïnas, composée de ceux qui aspirent à un plus haut degré de sainteté, est appelée *mahavratas*, c'est-à-dire ceux qui font les grands vœux. Anciennement ils devaient aller tout nus, en se couvrant seulement les parties sexuelles, se faire arracher les cheveux, mener une vie austère, s'imposer des jeûnes et toutes sortes de privations, et en se livrant exclusivement à la contemplation.

Le plus haut degré de sainteté est celui de *sannyasi-nirvana* ou *yati*. Ceux-ci doivent aller tout nus; ils sont supposés arrivés au plus haut degré d'indifférence par rapport aux choses terrestres; ils ne meurent point; les éléments de leur corps se dissolvent peu à peu, sans cette crise qui est la mort; il ne reste finalement qu'un fantôme de corps qui disparaît, tandis que l'âme se confond avec Djineswara. Tels furent les anciens djaïnas ou saints, qui font l'objet de l'adoration des modernes. Aussi les statues de ces djaïnas sont-elles toutes représentées dans un état complet de nudité, ce qui les distingue des statues bouddhiques. Ce sont les gymnosophistes ou sages-nus, dont Pythagore alla entendre les enseignements dans l'Inde. De ces saints complétement nus, la secte reçut en effet le nom de *Digambara*, c'est-à-dire vêtus d'air.

Vraisemblablement par un sentiment de décence, les anciens djaïnas déclaraient qu'une femme ne pourrait jamais s'élever au plus haut degré de sainteté.

Dans la suite, il se forma une secte moins austère sous le rapport du vêtement; elle fut appelée *Swatambara*, c'est-à-dire portant des habillements. Cette secte a déclaré les femmes capables d'arriver au plus haut degré de sainteté. Il paraît qu'elle prit naissance au milieu du septième siècle de notre ère. Longtemps les deux sectes subsistèrent l'une à côté de l'autre. Peu à peu celle des digambaras disparut; et il n'y a plus que les saints qui soient encore représentés nus par leurs statues.

Les yatis ou prêtres d'aujourd'hui ne sont plus des anachorètes habitant dans les déserts; ils vivent en réunion près des sanctuaires et sont contraints au célibat; ils peuvent être de toutes les castes, excepté de celle des soudras; ils sont plutôt des guides spirituels, des espèces de confesseurs, que des prêtres, et pour les cérémonies religieuses, les djaïnas modernes se servent du ministère des brahmanes de leur secte, qui ne se distinguent en rien des brahmanes orthodoxes. Dans les villes principales des djaïnas, il y a des pontifes suprêmes qui sont les supérieurs, non-seulement des religieux, mais aussi des laïques. Il y en a aujourd'hui à Penougouda, à Coudjeveram, à Collapoura, à Dehli, à Belligola. Ce dernier surtout jouit d'une grande autorité; il peut imposer des amendes à tous les membres de la secte, et prononcer l'excommunication.

Les djaïnas florissaient surtout du dixième au quatorzième

siècle; ils furent jadis nombreux; ennemis des bouddhistes, qu'ils ont beaucoup persécutés, ils essuyèrent à leur tour la persécution de la part des sectes orthodoxes. En 1367 ils se réconcilièrent formellement avec les vichnaïvas, avec lesquels ils avaient toujours eu beaucoup d'affinité. Dans le quinzième siècle, il y avait encore des princes djaïnas. Aujourd'hui les djaïnas sont des hommes laborieux et paisibles, qui s'adonnent surtout au commerce.

Après avoir fait connaître les djaïnas, passons à l'étude de la religion des Chiks ou Seïkhs, population guerrière qui habite au nord-ouest de l'Hindoustan.

La religion des Seïkhs est une dérivation du brahmanisme; elle participe à la fois de cette religion et de celle des djaïnas. Les Seïkhs admettent l'unité de Dieu; ils affichent envers la Divinité une très-grande dévotion; mais ils élèvent leurs gourous presque au même niveau et même au-dessus de la Divinité elle-même. Ce dieu unique est Narayana, qui a créé les mondes innombrables, à des époques que seul il connaît. Ce dieu est infini, tout-puissant, invisible; rien ne peut donner une idée de sa grandeur et de son pouvoir. Toute chose s'absorbe en lui; c'est de lui qu'émane tout ce qui existe. Toutes les autres divinités, tous les personnages divins que les Seïkhs admettent dans leur vaste panthéon, lui sont inférieurs et ont été créés par lui, Brahma aussi bien que Vichnou, Siva aussi bien que Mahomet. Rien n'est égal à lui, hormis peut-être les gourous ou docteurs de la religion.

Nanock est le fondateur de cette doctrine, qui respire, au reste, les sentiments les plus purs de justice, de sainteté, de bienveillance et de compassion envers les êtres, et dans laquelle la piété consiste moins dans les formes et les observances extérieures, que dans une prière et une méditation sincères.

Nanock était un Hindou de la tribu des kchatriyas, qui naquit en 1469, au village de Talawoundy, appelé aujourd'hui Rhaypour, à environ soixante milles à l'ouest de Lahore.

Après avoir parcouru l'Inde, la Perse et l'Arabie, enseignant partout sa religion de paix et d'humanité, il vint mourir au village de Rawi, au nord de Lahore, en 1539, à l'âge de soixante-dix ans. Pleins d'admiration pour sa doctrine, plus de cent mille personnes adoptèrent Nanock pour gourou et devinrent ses sectateurs. Ce nombre alla s'augmentant sous les successeurs de ce sage. Au commencement du siècle dernier, Govindou-Singh modifia les institutions de Nanock et leur imprima un nouveau caractère, plus en harmonie avec son humeur guerrière. Ce réformateur mourut assassiné en 1706. Il avait, au moment de sa mort, limité à dix le nombre des prêtres.

Sans cesse en guerre avec les empereurs du Mogol, les Seïkhs virent tour à tour leur puissance grandir et décroître; leur religion subit les mêmes vicissitudes. Jamais vaincue, quoique souvent défaite, cette population, d'une bravoure indomptable, semblait renaître après chaque déroute. Tous ces combats livrés, tant avec les musulmans de l'Inde qu'avec les Afghans, finirent cependant par tourner à l'avantage des Seïkhs, qui sont devenus aujourd'hui une des nations les plus puissantes et les plus redoutées du nord de l'Hindoustan.

Ce peuple est actuellement divisé, quant à la religion, en deux grandes sectes : l'une qui suit la pure doctrine de Nanock, et que l'on appelle *Coulasas*; l'autre qui a admis la réforme de Govindou-Singh, et qui porte le nom de *Khalsas*; ceux-ci habitent principalement le Pendjab. Ces sectes sont dirigées par des chefs particuliers, commandant chacun à deux ou trois mille hommes, et quelquefois davantage. Tous ces chefs forment une sorte de confédération; ils se réunissent de temps en temps en une assemblée générale, qui porte le nom de *gouroumata*.

C'est à Amrita-Sourou que se tient cette espèce de concile. L'assemblée est convoquée par les oukalis, sorte de prêtres guerriers qui ont, dans cette ville, la direction de tout ce qui concerne la religion. Ils ont une grande prépondérance, et quoiqu'ils fassent vœu de pauvreté et soient censés vivre de charité, ils sont puissants et riches.

Quand les chefs et les principaux docteurs des Seïkhs sont réunis dans le gouroumata, on expose devant eux leurs livres sacrés, qui sont l'Adi-Grouthou, écrit par Nanock lui-même, et le Douchouma Padchahi-Grouthou, composé par Govindou-Singh. Ces livres sacrés sont de la part des Seïkhs l'objet du plus grand respect. A certains moments du jour, les prêtres, ou *grount'hi*, en lisent des morceaux déterminés. On les conserve avec le plus grand soin dans les temples, et on les entoure d'une sorte de culte.

Ces livres sont composés dans une langue particulière appelée Gourou-mbouki. Ils enseignent, ainsi que nous venons de le dire, le monothéisme, la subordination et l'infériorité absolue de toutes les divinités à Narayana, dont elles ne sont que les créatures, quoique d'un ordre supérieur. Les cérémonies et les actes de dévotion extérieure y sont représentés comme pouvant faire obtenir les cieux inférieurs, et produire d'heureuses renaissances ; mais la piété intérieure peut seule unir l'homme à Dieu.

Les Seïkhs ont, comme les Hindous, plusieurs sectes de religieux mendiants, qui s'abstiennent de chair et de l'usage des liqueurs fortes.

Les principales fêtes de ce peuple se célèbrent en mémoire de la naissance et de la mort de Nanock. Leur grande fête annuelle se tient à Amrita-Sourou, et porte le nom de *Dipoumata*. Le jour de sa commémoration, deux à trois cents personnes se baignent dans l'étang sacré de cette ville. Cet étang était jadis un réservoir d'eau consacré à Rama. Le quatrième successeur de Nanock, Ramdasou, le fit réparer, et le consacra aux ablutions de son culte.

Les temples des Seïkhs sont des bâtiments plats de diverses dimensions. La grande salle des cérémonies est couverte d'un tapis et pourvue de pupitres sur lesquels sont placés les livres sacrés. Quelquefois même cette salle est ornée de glaces et de peintures.

Nous n'entrerons pas dans le détail des autres sectes de l'Inde, qui sont en très-grand nombre. Nous jetterons seulement un coup d'œil des plus rapides sur quelques-unes d'entre elles.

Les gosaïs reconnaissent pour leur fondateur Tchoitunya, qu'on représente sous la figure d'un moine mendiant peint en jaune. Ils regardent ce sage, qui enseigna la destruction des castes, défendit les sacrifices sanglants, ordonna aux veuves de se remarier, contrairement à la doctrine des Hindous, comme une incarnation de Crichna. On assure que s'étant rendu à Djagarnat'ha, il apparut avec quatre nouveaux bras et s'enleva au ciel, devant deux de ses disciples auxquels il venait de confier ses enseignements. Les chefs actuels des gosaïs descendent de ces deux disciples.

Cette secte n'observe aucune des fêtes des Hindous, à l'exception de celles de Crichna. Sans rejeter l'existence des autres divinités indiennes, les gosaïs s'imaginent que le culte de celle-là est seulement nécessaire.

La secte de Nir-Narrain regarde ce personnage comme né d'Odhou, auquel Crichna laissa, en montant aux cieux, le gouvernement de ce monde. Cette doctrine a été prêchée par le brahmatchari Gopal, et ensuite par Atmanound-Swami.

Le fondement de cette doctrine religieuse est l'égalité des âmes. Sa morale repose sur l'abstinence de ce qui est regardé comme les quatre grands péchés de la chair, l'usage des liqueurs fortes, de la viande, le vol et l'adultère, ou plutôt les liaisons avec une autre femme que sa femme légitime.

L'état que tout homme doit rechercher est, selon ces sectaires, celui de *soumadhi*, sorte d'état extatique dans lequel celui qui y tombe s'imagine abandonner son corps et se rendre en esprit dans l'autre monde. Durant cette migration imaginaire de l'âme, les membres éprouvent cette insensibilité absolue qui s'observe souvent chez les extatiques. Quand ils reviennent à eux, les soumadhis racontent leurs visions, dépeignent les jouissances du paradis à ceux qui les entourent, et les jettent dans l'étonnement et l'admiration, en provoquant chez eux le désir d'éprouver un pareil état.

Cette doctrine n'a pu enfanter que des fakirs; aussi c'est à cette classe que se réduit en partie cette secte, fort répandue surtout à Cattywar et dans les districts septentrionaux du Gouzzerate. Elle admet indistinctement dans son sein des Hindous de toutes les classes, des mahométans et des membres des autres sectes.

Les Bhîles, qui habitent le nord de la chaîne des Ghauts, les Coûlis du Gouzzerate, et les Goands de la partie orientale de la presqu'île, ou Goandwanah, sont regardés comme les restes des anciennes tribus aborigènes de l'Inde. Tout en professant le brahmanisme, elles se distinguent cependant des autres Hindous par certaines observances particulières. Ainsi les Bhîles, qui sont sivaïtes, rendent un culte particulier à *Sita-Maya*, la déesse de la petite vérole, dont ils redoutent beaucoup les fureurs. Ils ne bâtissent ni temples ni pagodes, et offrent seulement leurs adorations aux divinités, au pied d'un arbre, ou sur une élévation faite de boue et de pierres. Ils croient à l'existence des *Rwets*, divinités des montagnes, dont la plus célèbre porte le nom de *Bhillet*. Ceux qui se consacrent au culte de ce dieu portent le nom de *barwas;* on leur attribue le don de prophétie, et une grande puissance sur les *dhakans*, ou sorciers. Les Rajpouts ont pour divinités nationales Sacambhari-Bavari, dont la statue s'élève dans la petite île de Sambhar, et A'sa Lourna, la déesse de l'espérance.

Les Mahrattes, qui se composent de brahmanes de la secte des vichvaïvas et de membres des castes inférieures, ont aussi des superstitions particulières. Une des branches des Mahrattes, les Coumbis du pays de Lony, à douze milles de Pounah, rendent un culte spécial à Siva, à Parvati, et à leurs incarnations locales, adorées sous les figures des idoles Candou, Birou, Djemni Yemni, et Toukia.

Deux sectes se distinguent particulièrement des autres par des principes entièrement différents du brahmanisme et du bouddhisme, ce sont les bazigours ou les nuts et les saouds.

Les nuts sont les gypsies, les gitanos de l'Hindoustan. Ce sont des tribus errantes, qui parlent une langue particulière qui n'est comprise que d'elles seules. Leur chef porte le nom de Narthar Routah.

Les bazigours sont divisés en plusieurs castes; ils passent pour musulmans, parce qu'ils ont l'habitude de se circoncire, mais ils ne le sont en aucune façon. Ils reconnaissent un Dieu, et regardent Tansyn, célèbre musicien qui vivait du temps d'Akbar, comme une de leurs divinités tutélaires. Ils l'invoquent au son des instruments, au milieu des danses, des cris et des gambades.

Tous leurs principes religieux sont consignés dans des chants qui sont d'une grande beauté quoique extrêmement simples. Ils sont attribués au poëte Koubier, simple tisserand, qui vivait sous le règne de Cher-Schah.

Selon les bazigours, Dieu est l'âme universelle qui est répandue dans toute la nature, et les créatures n'en sont que des parcelles, qui iront se réunir à ce vaste tout, sitôt qu'elles se seront échappées du corps dans lequel elles sont emprisonnées.

Quoique réputés musulmans, ces sectaires emploient un brahmane qu'ils supposent versé dans l'astrologie, pour donner un nom à leurs enfants et pour diverses autres cérémonies.

Les bazigours abondent surtout dans les environs de Calcutta. Les femmes jouissent parmi eux d'une assez grande liberté. Ils se divisent en petites tribus de vingt à trente personnes, non compris les enfants, ayant chacun à leur tête un sourdour qui change tous les ans. Chacune de ces tribus paye-

une redevance de quelques roupies au Narthar Routah, qui ne manque aucune occasion de prélever quelque impôt sur son peuple.

Leurs fêtes se célèbrent principalement par des libations de liqueurs fortes, dans lesquelles ils pensent noyer leurs méfaits et leurs crimes; hommes, femmes, enfants, y prennent part et se livrent aux mêmes excès.

Au reste, de même que nos gypsies d'Europe, les bazigours semblent être d'une fort grande indifférence en matière religieuse. Ils exercent presque tous la profession de jongleurs, diseurs de bonne aventure et autres fonctions analogues, dignes de larrons de profession.

Aucuns rites ne se célèbrent chez eux lors des mariages et des naissances. Chaque mère est exclusivement chargée de ses enfants, et il n'est pas rare de rencontrer des femmes de cette secte entourées de cinq ou six enfants auxquels, malgré leur âge déjà avancé, elles donnent tour à tour le sein : ce qu'il faut, sans doute, attribuer à la misère ou à la négligence et à la paresse, qui leur font éviter de préparer à ces jeunes créatures une nourriture plus appropriée à leurs besoins.

La secte des saouds est principalement répandue à Dehli, Agrah, Jayapar et Faroukhabad. Tous les ans il se tient dans une de ces villes une assemblée générale de ses adhérents. Le nombre de ceux-ci ne dépasse guère quelques milliers.

Les saouds abhorrent toute espèce d'idolâtrie, et offrent ce caractère particulier, de n'avoir aucun culte ni aucun respect pour le Gange. Leur nom, *Saoud*, signifie serviteur de Dieu. Ce sont de purs déistes dont le culte est extrêmement simple. Ils présentent avec les quakers de l'Angleterre et de l'Amérique une fort grande ressemblance. Ils sont toujours vêtus de blanc, et condamnent toute mise recherchée, tout ornement et toute parure. Ils ne saluent jamais, ne prêtent pas de serments, s'abstiennent de tabac, de bétel, d'opium et de vin. Ils ne se livrent à aucune danse et à aucun divertissement;

leur loi leur défend très-sévèrement la moindre violence envers l'homme et les animaux, à moins que ce ne soit pour leur défense personnelle. Comme la société des amis, ils se consacrent au soin des pauvres et des malades. Tout leur culte est intérieur, et ils se montrent très-peu favorables aux démonstrations extérieures, si ordinaires dans les autres cultes.

L'origine des saouds remonte à environ cent soixante ans. Djogui-das, fils de Gopal-sing, de Bindair, ayant eu, dans un âge déjà fort avancé, le commandement d'un corps de troupes au service du radjah de Doulpour, fut abandonné pour mort sur le champ de bataille dans un engagement avec les ennemis de ce prince. Un étranger en habit de mendiant le rappela à la vie, et par son aspect saint et vénérable inspira à la fois à l'esprit étonné de Djogui-das le respect et la confiance. L'étranger le conduisit dans des solitudes qui s'étendaient sur une montagne fort éloignée, et là il lui inculqua ses principes, en lui enjoignant d'aller ensuite les enseigner aux Hindous. Djogui-das suivit les conseils de son maître, et répandit peu de temps après les préceptes du sage mystérieux.

Les saouds n'ont pas de temples; seulement, dans chaque village, l'assemblée des fidèles a lieu dans la hutte du plus ancien de la secte, hutte qui porte le nom de *djoumla-ghour*.

Les saouds admettent un seul Dieu et enseignent l'immortalité de l'âme. Ils n'ont pas de hiérarchie sacerdotale, ni même de prêtres proprement dits. Les fonctions sacerdotales sont remplies par la personne la plus respectable de l'endroit; tout le culte consiste dans la lecture des prières et le chant des hymnes.

Telle est cette secte, qui semble un des premiers éclairs de la raison dans l'Hindoustan. Suivant une tradition fort répandue parmi ses adhérents, elle est destinée à prendre un rapide accroissement et à convertir toute l'Inde à sa doctrine. Puisse cette idée recevoir un jour confirmation, et un culte sans superstitions, une morale sans extravagances, une piété sans bigoterie, asseoir à jamais leur règne dans tout l'Hindoustan, et convier les Hindous à la grande œuvre de la rénovation religieuse des peuples, que le christianisme a commencée, et que la philosophie peut seule terminer et assurer pour l'avenir!

L. F. A. Maury.

FIN DU PREMIER VOLUME.

Imprimerie Dondey-Dupré, rue Saint-Louis, 46, au Marais.

Sacrifice d'une brahmine sur le bucher de son mari.

Incarnation de Vichnou, allaité par Evaki sa mère.

Sacrifice a Bouddha.

www.ingramcontent.com/pod-product-compliance
Lightning Source LLC
Chambersburg PA
CBHW060346190426
43201CB00043B/915